百问百答系列丛书

城市管理与综合行政执法100问

齐青杰 著

法律出版社 LAW PRESS · CHINA
北京

图书在版编目(CIP)数据

城市管理与综合行政执法100问 / 齐青杰著. -- 北京 : 法律出版社, 2023
ISBN 978 - 7 - 5197 - 7717 - 3

Ⅰ. ①城… Ⅱ. ①齐… Ⅲ. ①城市管理－行政执法－中国－问题解答 Ⅳ. ①D922.297.5

中国国家版本馆CIP数据核字(2023)第050464号

城市管理与综合行政执法100问
CHENGSHI GUANLI YU ZONGHE XINGZHENG ZHIFA 100 WEN

齐青杰 著

策划编辑 邢艳萍
责任编辑 邢艳萍
装帧设计 贾丹丹

出版发行 法律出版社
编辑统筹 法律应用出版分社
责任校对 朱海波
责任印制 刘晓伟
经　　销 新华书店

开本 A5
印张 11.375　**字数** 320千
版本 2023年6月第1版
印次 2023年6月第1次印刷
印刷 北京中科印刷有限公司

地址:北京市丰台区莲花池西里7号(100073)
网址:www.lawpress.com.cn
投稿邮箱:info@lawpress.com.cn
举报盗版邮箱:jbwq@lawpress.com.cn
销售电话:010 - 83938349
客服电话:010 - 83938350
咨询电话:010 - 63939796

书号:ISBN 978 - 7 - 5197 - 7717 - 3　**定价**:52.00元
凡购买本社图书,如有印装错误,我社负责退换。电话:010 - 83938349

前　　言

——让权力在阳光下运行

日常生活中，我们熟知一个法则："法无禁止即可为，法无授权不可为。"前一句话是对老百姓而言，法律没有禁止就是自由的；后一句话是对行政机关而言，没有法律授权的，行政机关不可以乱来，要把行政权力关在制度的笼子里。

长期以来，老百姓认为行政机关"上管天，下管地，中间管空气"，难免会对其权力运行的公正性心存疑虑。权力运行如果存在"暗箱操作"，容易导致权力滥用，进而滋生腐败。

由于各行政区域经济发展不均衡、社会文化不同、民族风情迥异，《立法法》赋予了设区的市对本市城乡建设与管理、环境保护、历史文化保护等方面的事项制定地方性法规的权力，使全国范围内出现了行政管理权差异。例如，对人行横道上违法停车行为，有的城市归交警管，有的城市归城管管。浙江省人民政府办公厅《关于公布浙江省新增综合行政执法事项统一目录（2021 年）的通知》明确规定，公安机关对侵占城市人行道的行为实施行政处罚；《湖南省城市综合管理条例》规定，城市管理部门集中行使涉及侵占城市道路、违法停放车辆等交通管理方面的行政处罚权。

《行政处罚法》规定，行政处罚由县级以上地方人民政府具有行政处罚权的行政机关管辖。行政处罚由具有行政处罚权的行政机关在法定职权范围内实施。国务院或者省、自治区、直辖市人民政府可以决定一个行政机关行使有关行政机关的行政处罚权。各安职责也好，相对集中也罢，行政处罚权都必须在法定职权范围内实施。

2015年，中共中央办公厅、国务院办公厅印发了《关于推行地方各级政府工作部门权力清单制度的指导意见》，要求地方各级政府对其工作部门经过确认保留的行政职权，除保密事项外，要以清单形式将每项职权的名称、编码、类型、依据、行使主体、流程图和监督方式等，及时在政府网站等载体上公布。之后，各级政府陆续建立权力清单制度，在政府网站将权力目录与执法流程公之于众，把权力运行的每一个环节都置于阳光下，使隐性权力公开化、显性权力规范化，接受社会全方位、全过程监督。

1945年夏天，毛泽东在回答黄炎培历史周期率时说："我们已经找到新路，我们能跳出这周期率。这条新路，就是民主。只有让人民来监督政府，政府才不敢松懈。只有人人起来负责，才不会人亡政息。"①一个成熟的法治社会，阳光执法应当成为常态，权力公开透明，接受人民监督，有助于消除权力运行中的"暗箱操作"、权力寻租和灰色地带，国家才能长治久安。

本书从行政处罚中最常见的问题入手，结合行政执法权责清单，剖析常见的行政执法案例，研讨行政执法背后的法律依据，采取一问一答的形式解疑释惑，帮助老百姓认识和了解综合行政执法，运用法律武器解决自己遇到的各种难题，维护自身的合法权益，对行政执法进行监督；同时，便于行政执法人员准确把握执法边界、掌握执法依据、严格执法流程、提高执法效率。

---

① 黄炎培：《延安归来》，国家行政学院出版社2021年版，第51页。

目录

第一章 综合规定

第二章　土地监察

第三章 城市管理

第五章 建设工程

第六章　其他

第一章

综合规定

1. 城市管理和综合执法局的执法主体资格怎么认定?

具体案例

秦某私自搭建的房屋被认定为违章建筑,某城市管理和综合执法局向秦某发出责令限期拆除决定书,秦某不服提起诉讼,认为根据《城乡规划法》(2019 修正)第 64 条的规定,在城市、镇规划区内未取得建设工程规划许可证或者未按照建设工程规划许可证的规定进行建设的,由县级以上地方人民政府城乡规划主管部门进行查处。城市管理和综合执法局不是《城乡规划法》(2019 修正)规定的城乡规划主管部门,没有执法主体资格。那么,城市管理和综合执法局有没有执法主体资格呢?

律师答疑

《行政处罚法》(2021 修订)第 38 条第 1 款规定:"行政处罚没有依据或者实施主体不具有行政主体资格的,行政处罚无效。"行政处罚原本由具有行政处罚权的行政机关在法定职权范围内实施,但为了解决城市管理领域多头执法、职责交叉、重复处罚、执法扰民等问题,国务院《关于进一步推进相对集中行政处罚权工作的决定》(国发〔2002〕17 号)规定,相对集中行政处罚权的范围,根据试点工作的经验,省、自治区、直辖市人民政府在城市管理领域可以集中行政处罚权的范围主要包括:市容环境卫生管理方面法律、法规、规章规定的行政处罚权,强制拆除不符合城市容貌标准、环境卫生标准的建筑物或者设施;城市规划管理方面法律、法规、规章规定的全部或者部分行政处罚权;城市绿化管理方面法律、法规、规章规定的行政处罚权;市政管理方面法律、法规、规章规定的行政处罚权;环境保护管理方面法律、法规、规章规定的部分行政处罚权;工商行政管理方面法律、法规、规章规定的对无照商贩的行政处罚权;公安交通管理方面法律、法规、规章规定的对侵占城市道路行为的行政处罚权;省、自治区、直辖市人民政府决定调整的城市管理领域的其他行政处罚权。

根据《行政处罚法》(2021 修订)第 18 条第 1 款、第 2 款的规定,为推行建立综合行政执法制度,国家在城市管理、市场监管、生态环境、文化市场、交通运输、应急管理、农业等领域推行建立综合行政执法制度,相对集中行政处罚权。国务院或者省、自治区、直辖市人民政府可以决定一个行政机关行使有关行政机关的行政处罚权,省政府可以依照《行政处罚法》和国务院《关于进一步推进相对集中行政处罚权工作的决定》作出决定。这为相对集中行政处罚权提供了法律保障。

《行政诉讼法》(2017 修正)第 63 条规定:"人民法院审理行政案件,以法律和行政法规、地方性法规为依据。地方性法规适用于本行政区域内发生的行政案件。人民法院审理民族自治地方的行政案件,并以该民族自治地方的自治条例和单行条例为依据。人民法院审理行政案件,参照规章。"最高人民法院《关于适用〈中华人民共和国行政诉讼法〉的解释》第 100 条第 2 款规定,人民法院审理行政案件,可以在裁判文书中引用合法有效的规章及其他规范性文件。(2018)最高法行再 205 号行政判决书中明确指出:"'法定职责'的渊源甚广,既包括法律、法规、规章规定的行政机关职责,也包括上级和本级规范性文件以及'三定方案'确定的职责,还包括行政机关本不具有的但基于行政机关的先行行为、行政允诺、行政协议而形成的职责。"

由以上规定可知,《行政处罚法》(2021 修订)第 17 条规定的行政处罚由具有行政处罚权的行政机关在法定职权范围内实施,这个"法定职权"就非常宽泛了。自 2017 年 5 月 1 日起实施的《城市管理执法办法》第 2 条第 2 款明确规定,城市管理执法是指城市管理执法主管部门在城市管理领域根据法律、法规、规章规定履行行政处罚、行政强制等行政执法职责的行为；第4条规定了直辖市、设区的市城市管理执法推行市级执法或者区级执法；同时，第8条规定了城市管理执法的行政处罚权范围，包括住房城乡建设领域法律、法规、规章规定的行政处罚权，以及环境保护管理、工商管理、交通管理、水务管理、食品药品监管方面与城市管理相关部分的行政处罚权；第9条规定了需要集中行使的城市管理执法事项，应当同时具备下列条件：(1)与城市管理密切相关；(2)与群众生产生活密切相关、多头执法扰民问题突出；(3)执法频率高、专业技术要求适宜；(4)确实需要集中行使的。

此后，各地陆续成立城市管理和综合执法局，集中行使城市管理的行政处罚权，并出台了相应的地方性法规来保障实施。如深圳市出台的《深圳经济特区城市管理综合执法条例》第9条明确规定，综合执法的职责范围依据包括城市管理、林业管理、道路管理、户外广告管理、环境保护管理、畜禽屠宰管理、文化市场管理等方面的法律、法规、规章，对与城市管理密切相关的事项进行执法查处。个别需要调整的执法事项，报经地级市以上人民代表大会常务委员会决定，以政府公告形式进行公示即可。在司法实践中，只要经"三定方案"确定的职权范围，即可证明具备执法主体资格。

《城市管理执法办法》第11条规定，城市管理执法事项范围确定后，应当向社会公开。为了规范权力运行，厘清各级地方政府的行政权力，2015年，中共中央办公厅、国务院办公厅印发了《关于推行地方各级政府工作部门权力清单制度的指导意见》，第7条要求地方各级政府对其工作部门经过确认保留的行政职权，除保密事项外，要以清单形式将每项职权的名称、编码、类型、依据、行使主体、流程图和监督方式等，及时在政府网站等载体公布。之后，各级政府陆续建立权力清单制度，在政府网站将权力目录与权力流程公之于众，接受社会全方位、全过程的监督。

因此，判定一项行政职权是否属于行政机关行使，一个直观的判断就是到政府网站，对照权力清单。如果行政机关没有将权力清单进行公示，那么执法主体资格就存疑。

相关规定

《行政处罚法》(2021修订)

第十八条　国家在城市管理、市场监管、生态环境、文化市场、交通运输、应急管理、农业等领域推行建立综合行政执法制度，相对集中行政处罚权。

国务院或者省、自治区、直辖市人民政府可以决定一个行政机关行使有关行政机关的行政处罚权。

限制人身自由的行政处罚权只能由公安机关和法律规定的其他机关行使。

第三十八条第一款　行政处罚没有依据或者实施主体不具有行政主体资格的，行政处罚无效。

《行政诉讼法》(2017修正)

第六十三条　人民法院审理行政案件，以法律和行政法规、地方性法规为依据。地方性法规适用于本行政区域内发生的行政案件。

人民法院审理民族自治地方的行政案件，并以该民族自治地方的自治条例和单行条例为依据。

人民法院审理行政案件，参照规章。

最高人民法院《关于适用〈中华人民共和国行政诉讼法〉的解释》

第一百条第二款　人民法院审理行政案件，可以在裁判文书中引用合法有效的规章及其他规范性文件。

《城市管理执法办法》

第二条 城市、县人民政府所在地镇建成区内的城市管理执法活动以及执法监督活动,适用本办法。

本办法所称城市管理执法,是指城市管理执法主管部门在城市管理领域根据法律法规规章规定履行行政处罚、行政强制等行政执法职责的行为。

第八条 城市管理执法的行政处罚权范围依照法律法规和国务院有关规定确定,包括住房城乡建设领域法律法规规章规定的行政处罚权,以及环境保护管理、工商管理、交通管理、水务管理、食品药品监管方面与城市管理相关部分的行政处罚权。

第九条 需要集中行使的城市管理执法事项,应当同时具备下列条件:

(一)与城市管理密切相关;

(二)与群众生产生活密切相关、多头执法扰民问题突出;

(三)执法频率高、专业技术要求适宜;

(四)确实需要集中行使的。

第十一条 城市管理执法事项范围确定后,应当向社会公开。

2. 乡镇、街道办事处能否开展行政执法?

具体案例

张某经常利用机动三轮车流动销售瓶装燃气,被某街道办综合执法队扣押了三轮车和燃气罐。而后街道办下发了查封、扣押决定书,出具了扣押清单。张某很纳闷儿,以前也没见街道办执法,街道办什么时候具备了执法资格?

律师答疑

《行政处罚法》2021 年修订前,乡镇、街道办鲜有综合行政执法权。《城乡规划法》(2019 修正)第 65 条规定:“在乡、村庄规划区内未依法取得乡村建设规划许可证或者未按照乡村建设规划许可证的规定进行建设的,由乡、镇人民政府责令停止建设、限期改正;逾期不改正的,可以拆除。”像这样由法律赋予乡、镇人民政府行政执法权的特例是罕见的,一般情况下,是县、区级人民政府城市管理执法主管部门向乡、镇、街道派出执法机构,以县、区级城市管理执法主管部门的名义作出行政处罚决定。《城市管理执法办法》第 15 条规定:“市辖区人民政府城市管理执法主管部门可以向街道派出执法机构。直辖市、设区的市人民政府城市管理执法主管部门可以向市辖区或者街道派出执法机构。派出机构以设立该派出机构的城市管理执法主管部门的名义,在所辖区域范围内履行城市管理执法职责。”

《行政处罚法》(2021 修订)第 24 条新增了将行政处罚权交由乡镇人民政府、街道办事处行使的条件和程序的规定。将县级人民政府部门的行政处罚权交由乡镇人民政府、街道办事处行使的,应当符合基层管理迫切需要和镇街承接能力,按程序提请省政府决定和公布,并定期组织评估。承接行政处罚权的乡镇人民政府、街道办事处应当加强执法能力建设,按照规定范围、依照法定程序行使行政处罚权。县级人民政府及其部门应当加强镇街行使行政处罚权的组织协调、业务指导、执法监督,建立健全行政处罚协调配合机制,完善评议、考核制度。

以广东省为例,广东省人民政府出台了《关于乡镇街道综合行政执法的公告》,授权镇街以自身名义行使相关领域县级行政处罚权及其相关的行政检查权、行政强制权。要求地级以上市司法局应当根据市人民政府分工安排，积极推动并配合市委编办、市政府办公室或者市政务服务统筹管理机构尽快根据公告明确实行综合行政执法的镇街名单，梳理、确定调整实施的执法事项目录，并以市政府公告形式公布。深圳市人民政府制定了《关于完善街道综合行政执法体制机制的决定》（深府〔2021〕18号），将城市容貌、环境卫生、园林绿化、道路管理、林业管理、小散工程、校外托管、燃气管理、环境保护、文化市场、矿产管理、殡葬管理等属于城市管理综合执法的事项纳入街道综合行政执法范围，将违反城市规划和土地管理法律、法规、规章行为的查处纳入街道综合行政执法范围，将互联网营业场所管理、水务管理、房屋租赁、建筑废弃物管理等方面的违法行为的查处纳入街道综合行政执法范围，并以公告形式将执法范围、街道名单进行公告。至此，镇街具备了综合行政执法主体资格。

相关规定

《行政处罚法》（2021 修订）

第二十四条　省、自治区、直辖市根据当地实际情况，可以决定将基层管理迫切需要的县级人民政府部门的行政处罚权交由能够有效承接的乡镇人民政府、街道办事处行使，并定期组织评估。决定应当公布。

承接行政处罚权的乡镇人民政府、街道办事处应当加强执法能力建设，按照规定范围、依照法定程序实施行政处罚。

有关地方人民政府及其部门应当加强组织协调、业务指导、执法监督，建立健全行政处罚协调配合机制，完善评议、考核制度。

《城市管理执法办法》

第十五条　市辖区人民政府城市管理执法主管部门可以向

街道派出执法机构。直辖市、设区的市人民政府城市管理执法主管部门可以向市辖区或者街道派出执法机构。

派出机构以设立该派出机构的城市管理执法主管部门的名义,在所辖区域范围内履行城市管理执法职责。

3. 如何判定行政处罚自由裁量权的合理性?

具体案例

某医疗器械经营企业在其网店上发布含有表示功效断言内容的医疗器械广告,市场监管局认定当事人违反了《广告法》(2021 修正),根据《广告法》(2021 修正)第 58 条第 1 项的规定,违反《广告法》(2021 修正)第 16 条规定发布医疗器械广告且广告费用无法计算或者明显偏低的,由市场监管部门责令停止发布广告,责令广告主在相应范围内消除影响,处 10 万元以上 20 万元以下的罚款。该市场监管局认定当事人系初次违法,违法行为未造成不良后果,发布广告持续时间短,遂作出从轻处 10 万元罚款的行政处罚。当事人不服,申请行政复议,提起行政诉讼至二审。二审法院认为,行政机关行使行政处罚裁量权,应当综合权衡违法情节及当事人具体情况,发挥行政处罚的惩戒与教育功能。本案中,上诉人不仅存在法定应当从轻或减轻的情形,而且是从事网店销售的小微企业,企业规模小,又是身处竞争极为激烈的电商行业,10 万元罚款相较于上诉人的经营规模和经济承受能力而言,明显过重。虽然该市场监管局作出被诉行政处罚时,已在法定处罚幅度内对上诉人予以从轻处罚,但罚款 10 万元仍属处罚过重,酌情将被诉行政处罚决定确定的罚款 10 万元变更为罚款 1 万元。那么,如何判定行政处罚自由裁量的合理性呢?①

律师答疑

自由裁量权,是指执法部门在实施行政处罚时,在法律、法规或者规章规定的处罚种类、处罚幅度范围内,综合考虑违法情节、违法手段、违法后果、改正措施等因素,合理确定处罚种类、处罚幅度或作出不予处罚的权限。

首先,行使行政处罚自由裁量权,应与违法行为的事实、性质、情节及社会危害程度相当。行使自由裁量权时必须以事实为依据,以法律为准绳,全面分析违法行为的主体、客体、主观方面、客观方面等因素,对违法行为处罚与否以及处罚的种类、幅度进行判断,并作出相应的处理决定。对于性质相同、情节相近、危害后果基本相当的违法行为,在行使行政处罚自由裁量权时,适用的法律依据、处罚种类及处罚幅度也应当基本相同。

其次,行使行政处罚自由裁量权,应坚持教育为主、惩戒为辅的原则。《行政处罚法》(2021 修订)第 30 条至第 33 条对行政处罚自由裁量制度作出了规定。对于不满 14 周岁实施违法行为的未成年人,在不能辨认或者不能控制自己行为时实施违法行为的精神病人、智力残疾人,违法行为轻微并及时改正、没有造成危害后果的当事人,或者有证据足以证明没有主观过错的当事人,应当不予行政处罚。对于初次违法且危害后果轻微并及时改正的当事人,可以不予行政处罚。对于已满 14 周岁不满 18 周岁实施违法行为的未成年人,主动消除或者减轻违法行为危害后果的当事人,受他人胁迫或者诱骗实施违法行为的当事人,主动供述行政机关尚未掌握的违法行为的当事人,配合行政机关查处违法行为有立功表现的当事人,以及法律、法规、规章规定其他应当从轻或者减

① 参见广东省深圳市中级人民法院行政判决书,(2020)粤 03 行终 18 号。

轻行政处罚的当事人，应当从轻或者减轻行政处罚。对于尚未完全丧失辨认或者控制自己行为能力的精神病人、智力残疾人实施的违法行为，可以从轻或者减轻行政处罚。

最后，行使行政处罚自由裁量权，应当遵循公平、公正、公开的原则。各级行政机关制定行政处罚裁量基准，应当符合《行政处罚法》(2021 修订)第 34 条和有关法律、法规、规章的规定，并向社会公布。比如，广东省住房和城乡建设厅制定了《关于住房和城乡建设系统行政处罚自由裁量权的基准(城乡规划建设类)》，广东省自然资源厅制定了《广东省自然资源行政处罚自由裁量权实施办法》。深圳市城市管理和综合执法局制定了《深圳市城市管理行政处罚裁量权实施标准》，深圳市规划和自然资源局制定了《深圳市自然资源行政处罚自由裁量权实施标准》等。这些基准的制定和发布为执法机关实施行政处罚提供了依据，也很好地约束了行政机关的自由裁量权。

相关规定

《行政处罚法》(2021 修订)

第三十条　不满十四周岁的未成年人有违法行为的，不予行政处罚，责令监护人加以管教；已满十四周岁不满十八周岁的未成年人有违法行为的，应当从轻或者减轻行政处罚。

第三十一条　精神病人、智力残疾人在不能辨认或者不能控制自己行为时有违法行为的，不予行政处罚，但应当责令其监护人严加看管和治疗。间歇性精神病人在精神正常时有违法行为的，应当给予行政处罚。尚未完全丧失辨认或者控制自己行为能力的精神病人、智力残疾人有违法行为的，可以从轻或者减轻行政处罚。

第三十二条　当事人有下列情形之一，应当从轻或者减轻行政处罚：

（一）主动消除或者减轻违法行为危害后果的；

（二）受他人胁迫或者诱骗实施违法行为的；

（三）主动供述行政机关尚未掌握的违法行为的；

（四）配合行政机关查处违法行为有立功表现的；

（五）法律、法规、规章规定其他应当从轻或者减轻行政处罚的。

第三十三条　违法行为轻微并及时改正，没有造成危害后果的，不予行政处罚。初次违法且危害后果轻微并及时改正的，可以不予行政处罚。

当事人有证据足以证明没有主观过错的，不予行政处罚。法律、行政法规另有规定的，从其规定。

对当事人的违法行为依法不予行政处罚的，行政机关应当对当事人进行教育。

第三十四条　行政机关可以依法制定行政处罚裁量基准，规范行使行政处罚裁量权。行政处罚裁量基准应当向社会公布。

4. 执法人员没有行政执法证能执法吗？

具体案例

某运输公司的泥头车车身带泥上路，被巡查的执法队员发现并扣留，司机要求执法队员出示执法证件。执法队员无法出示执法证件，只好暂行控制违法车辆，打电话让有执法证件的工作人员前来处理。部分行政相对人并不清楚，不是穿上行政执法的制服或亮出工作证就能执法，而是必须持有行政执法证，才能证明具有行政执法资格。

律师答疑

行政执法证是用以表明行政执法人员依法有权在一定范围内对公民、法人或者其他组织实施行政管理，具有行政执法检查权和行政处罚权的资格证明。各省、自治区、直辖市出台行政执法证件管理办法进行规范，如《广东省〈行政执法证〉管理办法》规定，执行行政执法人员持证上岗和资格管理制度，未经执法资格考试合格，不得授予执法资格，不得从事执法活动，严禁使用辅助人员执法。

《行政处罚法》(2021 修订)强化了执法人员资格和证件管理要求，该法第 42 条规定，行政机关实施行政处罚，应当由具有行政执法资格的执法人员实施。除法律另有规定外，实施行政处罚的执法人员不得少于两人。执法人员在实施行政处罚过程中，应当文明执法，尊重和保护当事人合法权益。第 55 条第 1 款规定，执法人员在调查或者进行检查时，应当主动向当事人或者有关人员出示执法证件。执法人员不出示执法证件的，当事人或者有关人员有权拒绝接受调查或者检查。第 76 条第 1 款第 5 项规定，执法人员未取得执法证件实施行政处罚的，由上级行政机关或者有关机关责令改正，并对直接负责的主管人员和其他直接责任人员依法给予处分。

在实际工作中，各地行政机关因工作需要聘用了部分行政执法辅助人员，并出台相应管理规定。比如，湖南省出台《湖南省行政执法人员和行政执法辅助人员管理办法》，河北省出台《河北省行政执法辅助人员管理办法》。行政执法辅助人员可以协助行政执法人员预防、制止违法行为，协助行政执法人员开展行政检查工作，协助行政执法人员调查取证，协助行政执法人员执行行政执法决定。行政执法辅助人员不得从事行政执法的立案、受理工作，不得独立从事行政执法的调查和审核工作，不得作出行政执法决定的工作，不得实施行政强制措施，不得独立从事行政许可、行政处罚、行政强制执行、行政征收、行政收费、行政检查、行政确认等行政执法过程中影响公民、法人和其他组织实质性权利义务的工作，以及法律、法规禁止的其他事项。

此外，城市管理和综合行政执法部门因为大量的巡查工作，采取购买服务的方式与保安公司签订合同，由第三方协助开展巡查巡防、维护秩序、应急事件处置等工作。这些队员统一“城管执法”的服装，车辆装备带有“城管执法”的符号，群众普遍认为他们代表城管局实施行政执法，但实际上并不具备执法资格。虽然不具备执法资格，但这些参与巡防的队员具有发现、制止违法行为，协助保护现场、维护秩序的职能。

相关规定

《行政处罚法》(2021 修订)

第四十二条　行政处罚应当由具有行政执法资格的执法人员实施。执法人员不得少于两人，法律另有规定的除外。

执法人员应当文明执法，尊重和保护当事人合法权益。

第五十五条第一款　执法人员在调查或者进行检查时，应当主动向当事人或者有关人员出示执法证件。当事人或者有关人员有权要求执法人员出示执法证件。执法人员不出示执法证件的，当事人或者有关人员有权拒绝接受调查或者检查。

第七十六条　行政机关实施行政处罚，有下列情形之一，由上级行政机关或者有关机关责令改正，对直接负责的主管人员和其他直接责任人员依法给予处分：

(一)没有法定的行政处罚依据的；

(二)擅自改变行政处罚种类、幅度的；

（三）违反法定的行政处罚程序的；

（四）违反本法第二十条关于委托处罚的规定的；

（五）执法人员未取得执法证件的。

行政机关对符合立案标准的案件不及时立案的，依照前款规定予以处理。

《城市管理执法办法》

第十八条　城市管理执法主管部门可以配置城市管理执法协管人员，配合执法人员从事执法辅助事务。

协管人员从事执法辅助事务产生的法律后果，由本级城市管理执法主管部门承担。

城市管理执法主管部门应当严格协管人员的招录程序、资格条件，规范执法辅助行为，建立退出机制。

第十九条　城市管理执法人员依法开展执法活动和协管人员依法开展执法辅助事务，受法律保护。

5. 行政相对人拒不配合，能否强行入室检查？

具体案例

2022年6月20日，执法队员在巡查时发现深圳市深汕特别合作区鹅埠镇中心区有房屋装修行为。经核查，该装修未经批准擅自开工，属于违法建设行为。执法人员欲进一步调查取证，业主紧锁院门，拒不配合检查。执法人员咨询能否破门而入，强行进入院内进行检查？

律师答疑

公民的住宅不受侵犯是人身自由权的延伸,是公民的基本权利。《宪法》(2018 修正)第 39 条规定:“中华人民共和国公民的住宅不受侵犯。禁止非法搜查或者非法侵入公民的住宅。”《刑法》(2020 修正)第 245 条第 1 款规定,非法搜查他人身体、住宅,或者非法侵入他人住宅的,处 3 年以下有期徒刑或者拘役。因此,在执法过程中,不得违反《宪法》《刑法》的规定,不能侵犯公民享有的合法权利。

在行政执法活动中,经常会遇到行政相对人拒不配合的情况,最突出的是“取证难”和“送达难”。

1. 取证难。从行政诉讼的角度出发,行政案件的责任分配是作出行政处罚的行政机关不但要收集证据证明当事人违法,还要证明作出的具体行政行为合法。当事人没有自证清白的义务。当事人不承认违法,不配合办案,会为取证带来麻烦。但只要具备“证据确凿,适用法律、法规准确,符合法定程序”的条件,即为合法。当事人拒绝配合执法工作的,可以收集物证、书证、现场勘查、证人证言、视听资料、鉴定意见等证据,形成闭环证据链,证明当事人的违法行为或违法现象。

2. 送达难。送达的文件包括从案件初查到行政处罚作出决定的法律文件,如调查询问通知书,限期责令整改通知书,行政处罚事先告知书,催告、公告以及行政处罚决定程序中陈述权和申辩权告知等法律文书。如何在法律程序上表明执法人员已经将相关的法律文书送达了呢?主要抓住一点,就是让送达相应法律文书的信息通过文字、图片、声音以及视频等动态或静态方式记录留存下来。比如,使用手机信息互动、电话录音、视听资料等方式记录下来。如果当事人不在现场或联系不上,可以通过留置送达,但务必有合格的接收人、见证人及送达人的签名,且最好是将接收签名时的情况进行拍照或摄像。

《城市管理执法办法》第 35 条规定:“城市管理执法主管部门应当与有关部门建立行政执法信息互通共享机制,及时通报行政执法信息和相关行政管理信息。”《行政处罚法》(2021 修订)第 26 条规定:“行政机关因实施行政处罚的需要,可以向有关机关提出协助请求。协助事项属于被请求机关职权范围内的,应当依法予以协助。”在调查遇阻的情况下,可以商请公安机关进行协助。

此外,根据《自然资源违法行为立案查处工作规程(试行)》第 3.1.2 条的规定,被调查人拒绝、逃避调查取证或者采取暴力、威胁等方式阻碍调查取证时,依法可以采取下列措施:(1)商请当事人所在单位或者违法行为发生地所在基层组织协助调查;(2)向本级人民政府或者上一级自然资源主管部门报告;(3)提请公安、检察、监察等相关部门协助;(4)其他措施。上述规定既是国土资源违法行为查处工作的依据,也可供其他违法行为查处工作借鉴。

相关规定

《行政处罚法》(2021 修订)

第二十六条　行政机关因实施行政处罚的需要,可以向有关机关提出协助请求。协助事项属于被请求机关职权范围内的,应当依法予以协助。

第四十二条第二款　执法人员应当文明执法,尊重和保护当事人合法权益。

《刑法》(2020 修正)

第二百四十五条　【非法搜查罪】【非法侵入住宅罪】* 非法搜查他人身体、住宅,或者非法侵入他人住宅的,处三年以下有期徒刑或者拘役。

---

* 条文主旨为编者所加,下同。

司法工作人员滥用职权，犯前款罪的，从重处罚。

《城市管理执法办法》

第三十五条 城市管理执法主管部门应当与有关部门建立行政执法信息互通共享机制，及时通报行政执法信息和相关行政管理信息。

6. 行政执法中遇到暴力对抗，能否实施强制措施？

具体案例

2019年4月11日16时许，北戴河新区城市管理综合执法局、大蒲河管理处等单位在北戴河新区大蒲河管理处小蒲河村联合开展北戴河新区交通干道沿线12户违法建筑拆除行动。邵某为阻挠拆除工作的进行，一边用手机录像一边喊“城管打人了”，并手持砖块击打参加执法的北戴河新区城市管理综合执法局一大队队员王某头部，致王某头部后侧和颈部受伤。邵某因涉嫌妨害公务罪，于2019年4月12日被秦皇岛市公安局北戴河新区分局刑事拘留，于2019年4月15日被转为取保候审。北戴河新区人民检察院以被告人邵某犯妨害公务罪，于2020年5月11日向北戴河新区人民法院提起公诉。邵某认罪认罚，如实供述了犯罪事实，取得了被害人谅解。北戴河新区人民法院以被告人邵某构成妨害公务罪，判处有期徒刑6个月，缓刑1年。①

① 参见河北省秦皇岛北戴河新区人民法院刑事判决书，(2020)冀0392刑初22号。

律师答疑

在行政执法过程中，经常会发生肢体冲突，“城管打人了”几乎是城市管理执法冲突中标志性口号，给城市管理执法贴上了暴力的标签。遇到暴力对抗行政执法的情形，执法人员应当按照法定程序的处置措施，不能采取诸如限制人身自由的强制措施，以暴制暴。

首先，暴力对抗行政执法的行为可能构成妨害公务罪。《刑法》（2020 修正）第 277 条第 1 款规定，以暴力、威胁方法阻碍国家机关工作人员依法执行职务的，处 3 年以下有期徒刑、拘役、管制或者罚金。2000 年 4 月 24 日最高人民检察院《关于以暴力威胁方法阻碍事业编制人员依法执行行政执法职务是否可对侵害人以妨害公务罪论处的批复》规定，对于以暴力、威胁方法阻碍国有事业单位人员依照法律、行政法规的规定执行行政执法职务的，或者以暴力、威胁方法阻碍国家机关中受委托从事行政执法活动的事业编制人员执行行政执法职务的，可以对侵害人以妨害公务罪追究刑事责任。特别是自新冠疫情发生以来，全国发生了多起以暴力、威胁方法阻碍疫情防控人员的事件。2020 年 2 月 6 日，最高人民法院、最高人民检察院、公安部、司法部《关于依法惩治妨害新型冠状病毒感染肺炎疫情防控违法犯罪的意见》规定，以暴力、威胁方法阻碍国家机关工作人员（含在依照法律、法规规定行使国家有关疫情防控行政管理职权的组织中从事公务的人员，在受国家机关委托代表国家机关行使疫情防控职权的组织中从事公务的人员，虽未列入国家机关人员编制但在国家机关中从事疫情防控公务的人员）依法履行为防控疫情而采取的防疫、检疫、强制隔离、隔离治疗等措施的，依照《刑法》（2020 修正）第 277 条第 1 款、第 3 款的规定，以妨害公务罪定罪处罚。前述案例中，邵某的行为构成妨害公务罪，具有典型的教育和警示意义。

其次，城市管理和综合行政执法人员不具有限制人身自由的权限。《行政处罚法》（2021 修订）第 18 条第 3 款规定，限制人身自由的行政处罚权只能由公安机关和法律规定的其他机关行使。常见的限制人身自由的强制措施中，拘留、留置、强制传唤、管束或约束身体、强制戒毒等，只能由公安机关、国家安全机关或监察机关等具有法定职权的机关实施，城市管理和综合行政执法部门，没有限制人身自由的权力。《行政处罚法》（2021 修订）第 26 条规定："行政机关因实施行政处罚的需要，可以向有关机关提出协助请求。协助事项属于被请求机关职权范围内的，应当依法予以协助。"有的地方性法规直接规定了公安机关介入暴力抗法的情形。例如，《深圳经济特区城市管理综合执法条例》第 56 条规定，有下列情形之一的，由公安部门进行制止，并依照有关法律、法规的规定处理；构成犯罪的，依法追究刑事责任：（1）以暴力、威胁方法阻碍综合执法人员开展执法活动的；（2）阻碍执法车辆通行或者破坏执法车辆等执法装备的；（3）扰乱公共场所秩序，致使执法工作不能正常进行的；（4）扰乱综合执法部门办公秩序，致使工作不能正常进行的；（5）对综合执法人员及其近亲属进行威胁、侮辱、殴打或者打击报复，干扰综合执法人员及其近亲属正常生活的；（6）其他阻碍综合执法人员依法执行职务的情形。

因此，在行政执法过程中，行政相对人应当知法守法，理性维护自己的合法权益，执法人员应当按照法定职责和程序，文明执法，共同维护良好的社会秩序。

相关规定

《行政处罚法》（2021 修订）

第十八条第三款　限制人身自由的行政处罚权只能由公安机关和法律规定的其他机关行使。

《刑法》（2020 修正）

第二百七十七条　【妨害公务罪】以暴力、威胁方法阻碍国家机关工作人员依法执行职务的，处三年以下有期徒刑、拘役、管制或者罚金。

以暴力、威胁方法阻碍全国人民代表大会和地方各级人民代表大会代表依法执行代表职务的，依照前款的规定处罚。

在自然灾害和突发事件中，以暴力、威胁方法阻碍红十字会工作人员依法履行职责的，依照第一款的规定处罚。

故意阻碍国家安全机关、公安机关依法执行国家安全工作任务，未使用暴力、威胁方法，造成严重后果的，依照第一款的规定处罚。

【袭警罪】暴力袭击正在依法执行职务的人民警察的，处三年以下有期徒刑、拘役或者管制；使用枪支、管制刀具，或者以驾驶机动车撞击等手段，严重危及其人身安全的，处三年以上七年以下有期徒刑。

7. 如何保证当事人的陈述、申辩权？

具体案例

李某租用场地养鸡，博罗县泰美镇人民政府认定李某建设的简易棚房、平房属于违法建筑，先后向李某发出责令限期拆除违法建筑物通知书、责令限期搬迁通知书、告知书，限李某在一定期限内自行拆除、自行清理财产并搬离。李某不服提起诉讼，认为泰美镇人民政府未经调查取证、告知、听取当事人陈述和申辩、听证等法定程序，剥夺了自己的申诉权利。一审法院驳回了李某的诉讼请求，李某上诉。二审法院认为，本案被诉的行政行为虽名为通知、告知，并未以决定的形式作出，但从通知、告知的内容来看，实为泰美镇人民政府对李某作出责令限期拆除的行政处罚，不属于行政命令。泰美镇人民政府既未提交证据证明其有依法编制乡规划、村庄规划，亦未提交证据证明涉案养殖场位于乡、村庄规划区内且违反规划要求，作出的涉案被诉行政行为主要证据不足，李某的上诉理由成立，判决撤销一审判决书，撤销泰美镇人民政府作出的责令限期拆除违法建筑物通知书、责令限期搬迁通知书及告知书。①

律师答疑

行政处罚法规定的陈述权是指当事人对行政机关给予行政处罚所认定的事实及适用法律是否准确、适当，陈述自己对事实的认定以及主观的看法、意见，同时可以提出自己主张、要求的权利。申辩权是指当事人对行政机关的指控、证据，提出不同的意见，进行申辩，以正当手段包括要求召开听证会，驳斥行政机关的指控以及驳斥行政机关提出的不利证据的权利。

首先，在简易程序中，执法人员当场作出行政处罚决定之前，必须听取当事人对事实的陈述与申辩，以及当事人对行政处罚的意见。如果意见正当，提出的事实和理由成立，则应当予以采纳。

其次，在一般程序中，只要是在行政机关作出行政处罚决定之前，当事人可以随时提出陈述和申辩。当事人进行陈述和申辩的，行政机关必须充分听取当事人的意见，对当事人提出的事实、理由和证据，应当进行复核，并将复核情况记录在案。行政机关不得因当事人的申辩和听证而加重处罚。

最后，行政机关履行告知程序后，拟作出的行政处罚内容或者有关事实、理由、依据发生改变的，应当重新履行告知程序。

行政法上的听取陈述和申辩程序是保障行政程序当事人权利与提

① 参见广东省惠州市中级人民法院行政判决书，(2021)粤13行终126号。

高行政处罚正确性的重要制度设计，行政机关及其执法人员在作出行政处罚决定之前，未告知拟作出的行政处罚内容，或者拒绝听取当事人的陈述、申辩的，行政处罚无效。

相关规定

《行政处罚法》(2021 修订)

第四十四条　行政机关在作出行政处罚决定之前，应当告知当事人拟作出的行政处罚内容及事实、理由、依据，并告知当事人依法享有的陈述、申辩、要求听证等权利。

第四十五条　当事人有权进行陈述和申辩。行政机关必须充分听取当事人的意见，对当事人提出的事实、理由和证据，应当进行复核；当事人提出的事实、理由或者证据成立的，行政机关应当采纳。

行政机关不得因当事人陈述、申辩而给予更重的处罚。

第六十二条　行政机关及其执法人员在作出行政处罚决定之前，未依照本法第四十四条、第四十五条的规定向当事人告知拟作出的行政处罚内容及事实、理由、依据，或者拒绝听取当事人的陈述、申辩，不得作出行政处罚决定；当事人明确放弃陈述或者申辩权利的除外。

8. 违法行为超过追责期限，能否再给予行政处罚？

具体案例

1993 年 12 月，钱某未取得建设工程规划许可证擅自搭建砖混结构建筑物。2020年6月23日,南通市崇川区综合行政执法局对违章搭建立案查处,经现场勘查,案涉建筑物面积为19.68平方米。南通市崇川区综合行政执法局作出责令改正通知书,并张贴在案涉建筑物门上。钱某不服提起诉讼,认为建设行为发生在20世纪90年代,已超过《行政处罚法》(2021修订)规定的2年处罚时效,请求撤销责令改正通知书。一审法院以违法行为处在继续状态为由驳回了钱某的诉讼请求,钱某上诉后,二审法院维持了一审判决。那么,怎么判定违法行为超过追责期限呢?①

律师答疑

《行政处罚法》(2021修订)第36条第1款规定,违法行为在2年内未被发现的,不再给予行政处罚。同时,将涉及公民生命健康安全、金融安全且有危害后果的违法行为追责期限延长至5年。对于涉及食品、食用农产品、医疗器械、特种设备等公民生命健康安全领域的违法行为,以及操纵股价、内部交易、虚假陈述、非法集资等金融安全领域的违法行为,有关部门要根据违法行为的状态、后果等因素明确追责期限,提高行政执法效率,及时予以行政处罚。

关于对违法行为持续状态的认定,全国人民代表大会常务委员会法制工作委员会办公室作出的《对关于违反规划许可、工程建设强制性标准建设、设计违法行为追诉时效有关问题的意见》(法工办发〔2012〕20号)明确规定,违反规划许可、工程建设强制性标准建设、设计的违法行为,因其带来的建设工程质量安全隐患和违反城乡规划的事实始终存在,应当认定其行为处于继续状态,行政处罚时效应当自行为终了之日起计算,即在违法事实存续期间和纠正违法行为之日起2年内发现的,应当对违法行为进行处罚。对于在未取得建设工程规划许可证的情况下,擅自搭建建筑物,虽然案涉违法建设行为已经实施完毕,但该行为对

---

① 参见江苏省南通市中级人民法院行政判决书,(2021)苏06行终106号。

规划实施的影响仍然处于继续状态,只要该建筑未被拆除或依法采取改正措施,该影响就始终存在,故应认定为未超过行政处罚的追究时效。否则,如果对此类违法建设情形一律适用2年的追究时效,那么,本没有取得建设工程规划许可证的违法建筑,就可能因其在建设完毕2年内未被发现并查处,而成为合法建筑,这显然违背《行政处罚法》关于追究时效规定的本意,也必将导致城乡规划管理的混乱或虚无。因此,前述案例中,南通市崇川区综合行政执法局责令改正违法建设行为并未超过法律规定的追责时效。

为了督促行政机关及时履行职责,《行政处罚法》(2021修订)第60条进一步强化了行政处罚办案的效率要求,第83条进一步严格了行政机关怠于履行职责的法律责任。行政机关经过调查或者检查,发现公民、法人或者其他组织的违法行为符合立案标准的,应当及时予以立案,并在立案之日起90日内或者法律、法规、规章规定的期限内作出行政处罚决定。行政机关对符合立案标准的案件不及时立案的,上级行政机关或者有关机关应当责令改正,并对直接负责的主管人员和其他直接责任人员依法给予处分。行政机关对应当予以制止和处罚的违法行为不予制止、处罚,致使公民、法人或者其他组织的合法权益、公共利益和社会秩序遭受损害的,对直接负责的主管人员和其他直接责任人员依法给予处分;情节严重构成犯罪的,依法追究刑事责任。

相关规定

《行政处罚法》(2021修订)

第三十六条　违法行为在二年内未被发现的,不再给予行政处罚;涉及公民生命健康安全、金融安全且有危害后果的,上述期限延长至五年。法律另有规定的除外。

前款规定的期限，从违法行为发生之日起计算；违法行为有连续或者继续状态的，从行为终了之日起计算。

第六十条 行政机关应当自行政处罚案件立案之日起九十日内作出行政处罚决定。法律、法规、规章另有规定的，从其规定。

第八十三条 行政机关对应当予以制止和处罚的违法行为不予制止、处罚，致使公民、法人或者其他组织的合法权益、公共利益和社会秩序遭受损害的，对直接负责的主管人员和其他直接责任人员依法给予处分；情节严重构成犯罪的，依法追究刑事责任。

《治安管理处罚法》(2012 修正)

第二十二条 违反治安管理行为在六个月内没有被公安机关发现的，不再处罚。

前款规定的期限，从违反治安管理行为发生之日起计算；违反治安管理行为有连续或者继续状态的，从行为终了之日起计算。

《税收征收管理法》(2015 修正)

第八十六条 违反税收法律、行政法规应当给予行政处罚的行为，在五年内未被发现的，不再给予行政处罚。

9. 重大违法行为行政处罚必须经过行政机关负责人集体讨论吗？

具体案例

某公司在未取得建设工程规划许可证的情况下将原有部分房屋推倒重建，新建框架混凝土结构三层楼房。南通市城市管理综合行政执法局（以下简称南通市城管局）接到群众举报，对违法建设调查取证，案涉建筑面积为3337.31平方米。南通市城管局作出限期拆除的行政处罚决定书。某公司以南通市城管局未能在法定期限提供证据证明案涉处罚决定未经集体讨论程序提起诉讼，一审法院判决驳回某公司的诉讼请求，二审法院以行政处罚决定未经集体讨论系程序违法，判决撤销一审判决，撤销行政处罚决定。那么，对于重大违法行为给予行政处罚未经过行政机关负责人集体讨论是否有效呢？[①]

律师答疑

集体讨论程序是《行政处罚法》（2021修订）第57条第2款规定的对情节复杂或者重大违法行为给予较重行政处罚必须履行的法定程序，是与一般行政处罚相区分的特殊程序，旨在更好地保障行政处罚相对人的合法权益，规范行政机关的执法行为。哪些事项需要集体讨论，行政机关负责人的范围，讨论的时机怎么把握，在实务中需要把握这三个问题。

首先，哪些事项需要集体讨论。《行政处罚法》（2021修订）第57条

---

① 参见江苏省南通市中级人民法院行政判决书，（2020）苏06行终666号。

第2款规定了重大行政处罚案件的决定程序,即对情节复杂或者重大违法行为给予行政处罚,行政机关负责人应当集体讨论决定。该法条明确了适用情形:因情节复杂或者重大违法行为给予的行政处罚。对比2021年修订前的《行政处罚法》第38条第2款"对情节复杂或者重大违法行为给予较重的行政处罚,行政机关的负责人应当集体讨论决定",2021年修订后的《行政处罚法》不再以"给予较重的行政处罚"作为集体讨论的条件。

其次,行政机关负责人的范围。最高人民法院《关于适用〈中华人民共和国行政诉讼法〉的解释》第128条第1款规定的行政机关负责人包括行政机关的正职、副职负责人以及其他参与分管的负责人。《立法法》(2023修正)第119条第2款明确规定,最高人民法院、最高人民检察院作出的属于审判、检察工作中具体应用法律的解释,应当主要针对具体的法律条文,并符合立法的目的、原则和原意。根据法律的一致性原则,确定行政处罚案件行政机关负责人的范围,应参照最高人民法院《关于适用〈中华人民共和国行政诉讼法〉的解释》的规定,包括行政机关的正职、副职负责人以及其他参与分管的负责人。同时,一些地方对参加讨论的人数也有规定。比如,广东省司法厅在《新行政处罚法理解与适用工作指引》中明确,参加集体讨论的行政机关负责人不得少于2名。

最后,关于集体讨论的时机。行政机关集体讨论行政处罚案件,应当在依法履行行政处罚告知、听证程序之后,作出行政处罚决定之前进行。在实务中,部分执法机关在作出行政处罚时,对情节复杂或者重大违法行为给予行政处罚不经过机关负责人集体讨论,或以业务科室讨论代替机关负责人讨论,一旦进入复议或诉讼,容易带来败诉的风险。

相关规定

《行政处罚法》(2021 修订)

第五十七条第二款　对情节复杂或者重大违法行为给予行政处罚,行政机关负责人应当集体讨论决定。

最高人民法院《关于适用〈中华人民共和国行政诉讼法〉的解释》

第一百二十八条第一款　行政诉讼法第三条第三款规定的行政机关负责人,包括行政机关的正职、副职负责人以及其他参与分管的负责人。

10. 重大处罚决定必须法制审核吗?

具体案例

某区城市管理和综合执法局参加市司法局组织的年度行政执法案卷评查,其中一个行政处罚案卷的卷宗中缺少一份行政处罚决定法制审核意见表被扣了8分,没有达到优秀的标准。市司法局工作人员讲评时提醒,该案是经过听证程序的,没有法制审核意见表案卷评查只是扣了分,如果进入行政诉讼有败诉的风险。

律师答疑

重大处罚决定法制审核,是指行政执法机关在行使行政处罚权过程中,依法作出重大处罚决定之前,由承担法制工作职责的内设机构或专门的法制审查人员对有关重大执法决定的合法性、适当性进行审核的行为。

2018 年 12 月 5 日，国务院办公厅下发《关于全面推行行政执法公示制度执法全过程记录制度重大执法决定法制审核制度的指导意见》（国办发〔2018〕118 号）中规定，行政执法机关作出重大执法决定前，要严格进行法制审核，未经法制审核或者审核未通过的，不得作出决定。（1）明确审核机构，各级行政执法机关要明确具体负责本单位重大执法决定法制审核的工作机构，确保法制审核工作有机构承担、有专人负责，充分发挥法律顾问、公职律师在法制审核工作中的作用。（2）明确审核范围，凡涉及重大公共利益，可能造成重大社会影响或引发社会风险，直接关系行政相对人或第三人重大权益，经过听证程序作出行政执法决定，以及案件情况疑难复杂、涉及多个法律关系的，都要进行法制审核。（3）明确审核内容，要严格审核行政执法主体是否合法，行政执法人员是否具备执法资格；行政执法程序是否合法；案件事实是否清楚，证据是否合法充分；适用法律、法规、规章是否准确，裁量基准运用是否适当；执法是否超越执法机关法定权限；行政执法文书是否完备、规范；违法行为是否涉嫌犯罪、需要移送司法机关等。（4）明确审核责任，要结合实际，确定法制审核流程，明确送审材料报送要求和审核的方式、时限、责任，建立健全法制审核机构与行政执法承办机构对审核意见不一致时的协调机制；法制审核机构对重大执法决定的法制审核意见负责；因行政执法承办机构的承办人员、负责法制审核的人员和审批行政执法决定的负责人滥用职权、玩忽职守、徇私枉法等，导致行政执法决定错误，要依纪依法追究相关人员责任。

《行政处罚法》（2021 修订）第 58 条规定了重大行政处罚决定法制审核制度。行政处罚涉及重大公共利益，直接关系当事人或者第三人重大权益并且经过听证程序，案件情况疑难复杂、涉及多个法律关系，或者存在法律、法规规定应当进行法制审核的其他情形的，应当在行政机关作出行政处罚决定之前，由从事行政处罚决定法制审核的人员进行法制审核;未经法制审核或者审核未通过的,不得作出行政处罚决定。行政机关中初次从事行政处罚决定法制审核的人员,应当通过国家统一法律职业资格考试取得法律职业资格,或者依照国家规定取得具有同等法律效力的资格。行政机关中没有取得上述资格的人员应当安排曾经从事行政处罚决定法制审核的人员负责行政处罚决定的法制审核工作,防止因重大行政处罚决定法制审核制度落实不到位导致程序违法。

各级政府司法行政部门或行政执法监管部门为了加强对行政执法的监管,制定的执法案卷评查标准中,往往把重大行政处罚决定前进行法制审核作为程序合法的重要内容来评判,把是否有行政处罚决定法制审核意见表作为规范性标准之一。在实务中,执法机关简化了相关程序,并不区分重大行政处罚与一般行政处罚,凡是作出行政处罚决定,在行政处罚决定审批表设有“法制审核意见”一栏,由法制审核人员签署意见。

相关规定

《行政处罚法》(2021修订)

第五十八条　有下列情形之一,在行政机关负责人作出行政处罚的决定之前,应当由从事行政处罚决定法制审核的人员进行法制审核;未经法制审核或者审核未通过的,不得作出决定:

(一)涉及重大公共利益的;

(二)直接关系当事人或者第三人重大权益,经过听证程序的;

(三)案件情况疑难复杂、涉及多个法律关系的;

(四)法律、法规规定应当进行法制审核的其他情形。

行政机关中初次从事行政处罚决定法制审核的人员,应当通过国家统一法律职业资格考试取得法律职业资格。

《城市管理执法办法》

第三十一条　城市管理执法主管部门应当确定法制审核机构，配备一定比例符合条件的法制审核人员，对重大执法决定在执法主体、管辖权限、执法程序、事实认定、法律适用等方面进行法制审核。

《住房和城乡建设行政处罚程序规定》

第二十三条　在作出《中华人民共和国行政处罚法》第五十八条规定情形的行政处罚决定前，执法人员应当将案件调查终结报告连同案件材料，提交执法机关负责法制审核工作的机构，由法制审核人员进行重大执法决定法制审核。未经法制审核或者审核未通过的，不得作出决定。

11. 如何保证当事人的听证权利？

具体案例

2000年1月13日，钟某在私家果园建设框架结构三层房屋，占地面积为79.38平方米，建筑面积为199.87平方米。区自然资源局认为钟某未办理农用地转建设用地审批手续，未办理建设工程规划许可证，依法应予限期拆除。2020年4月24日，区城管局在履行相应程序的前提下作出限期拆除决定书，钟某不服，以区城管局未组织听证程序违法为由诉至法院。法院经审理认为，《行政处罚法》《城乡规划法》对于限期拆除是否可申请听证没有作出明确规定，故听证不是作出限期拆除决定的必需程序，驳回了钟某的诉讼请求。那么，如何保证行政相对人的听证权利，限期拆除不用听证吗？[①]

律师答疑

听证，是指行政机关在作出影响行政相对人合法权益的决定前，由行政机关告知决定理由和听证权利，行政相对人有表达意见、提供证据，并采用准司法的方式听取利害关系人申辩的制度。《行政处罚法》（2021 修订）第 63 条、第 64 条、第 65 条对行政处罚听证的适用情形、实施程序、笔录效力等作了重要调整。

首先，明确应当听证的范围。组织听证的范围包括较大数额罚款，没收较大数额违法所得、没收较大价值非法财物，降低资质等级、吊销许可证件，责令停产停业、责令关闭、限制从业，其他较重的行政处罚，以及法律、法规、规章规定的其他情形。关于较大数额的认定，因各地经济发展水平差异而有所区别。例如，《广东省行政处罚听证程序实施办法》第 7 条规定："第六条所称较大数额罚款、较大数额违法所得、较大价值非法财物，是指对公民的违法行为处以 5000 元以上罚款（等价值违法所得或者非法财物），对法人或者其他组织的违法行为处以 10 万元以上罚款（等价值违法所得或者非法财物）。"上海市规定较大数额罚款，是指对公民的违法行为处以 5000 元以上罚款，对法人或者其他组织的违法行为处以 5 万元以上罚款。重庆市规定的较大数额罚款是公民 1000 元，法人和其他组织 2 万元，拟调整为 5000 元和 10 万元，目前正在征求意见中。至于其他较重的行政处罚如何认定，法律没有明确规定，如果法律、法规、规章没有规定作出行政处罚应当听证，又不属于《行政处罚法》规定的范围，行政机关在作出行政处罚时不组织听证，并无不妥。

其次，规定了听证程序。当事人在行政机关告知后 5 日内提出听证

① 参见广东省佛山市中级人民法院行政判决书，（2021）粤 06 行终 329 号。

要求的,行政机关应当组织听证,并在举行听证的7日前通知当事人及有关人员举行听证的时间、地点。当事人及其代理人无正当理由拒不出席听证,或者未经许可中途退出听证的,视为放弃听证权利,行政机关可以终止听证。听证笔录应当交当事人或者其代理人核对无误后签字或者盖章,当事人或者其代理人拒绝签字或者盖章的,由听证主持人在笔录中注明。有的地方对听证程序进行细化。例如,《广东省行政处罚听证程序实施办法》第32条要求听证结束后,听证主持人组织听证会组成人员依法对案件作出独立、客观、公正的判断,制作听证报告书,连同听证笔录一并报告行政机关负责人。《深圳市行政听证办法》中还对听证人员资格提出要求,从事具体行政行为听证活动的听证人须经市政府法制工作机构培训,并取得听证人资格。

最后,规定了听证结果的处理。经过听证程序的行政处罚案件,在行政机关负责人作出行政处罚的决定之前,应当由从事行政处罚决定法制审核的人员进行法制审核;未经法制审核或者审核未通过的,不得作出决定。听证结束后,行政机关应当根据听证笔录、依照《行政处罚法》(2021修订)第57条作出决定。

关于听证,《自然资源违法行为立案查处工作规程(试行)》第8.3条规定,自然资源主管部门在作出以下行政处罚决定前,应当制作《行政处罚听证告知书》,按照本规程9规定的方式,送达当事人。听证告知和处罚告知可以一并下达或者合并下达:

(1)较大数额罚款;

(2)没收违法用地上的新建建筑物和其他设施;

(3)没收较大数额违法所得、没收较大价值非法财物;

(4)限期拆除违法用地上的新建建筑物和其他设施,恢复原状;

(5)暂扣资质证书、降低资质等级、吊销资质证书、许可证件;

(6)责令停业整顿;

(7)法律法规规定的其他情形。

因此,前述案例中钟某199.87平方米的别墅被责令限期拆除,区城管局应当组织听证,这既是部门规章的要求,也符合《行政处罚法》(2021修订)第63条第1款第5项"其他较重的行政处罚"的立法精神。

相关规定

《行政处罚法》(2021修订)

第五十七条　调查终结,行政机关负责人应当对调查结果进行审查,根据不同情况,分别作出如下决定:

(一)确有应受行政处罚的违法行为的,根据情节轻重及具体情况,作出行政处罚决定;

(二)违法行为轻微,依法可以不予行政处罚的,不予行政处罚;

(三)违法事实不能成立的,不予行政处罚;

(四)违法行为涉嫌犯罪的,移送司法机关。

对情节复杂或者重大违法行为给予行政处罚,行政机关负责人应当集体讨论决定。

第六十三条　行政机关拟作出下列行政处罚决定,应当告知当事人有要求听证的权利,当事人要求听证的,行政机关应当组织听证:

(一)较大数额罚款;

(二)没收较大数额违法所得、没收较大价值非法财物;

(三)降低资质等级、吊销许可证件;

(四)责令停产停业、责令关闭、限制从业;

(五)其他较重的行政处罚;

(六)法律、法规、规章规定的其他情形。

当事人不承担行政机关组织听证的费用。

第六十四条 听证应当依照以下程序组织：

（一）当事人要求听证的，应当在行政机关告知后五日内提出；

（二）行政机关应当在举行听证的七日前，通知当事人及有关人员听证的时间、地点；

（三）除涉及国家秘密、商业秘密或者个人隐私依法予以保密外，听证公开举行；

（四）听证由行政机关指定的非本案调查人员主持；当事人认为主持人与本案有直接利害关系的，有权申请回避；

（五）当事人可以亲自参加听证，也可以委托一至二人代理；

（六）当事人及其代理人无正当理由拒不出席听证或者未经许可中途退出听证的，视为放弃听证权利，行政机关终止听证；

（七）举行听证时，调查人员提出当事人违法的事实、证据和行政处罚建议，当事人进行申辩和质证；

（八）听证应当制作笔录。笔录应当交当事人或者其代理人核对无误后签字或者盖章。当事人或者其代理人拒绝签字或者盖章的，由听证主持人在笔录中注明。

第六十五条 听证结束后，行政机关应当根据听证笔录，依照本法第五十七条的规定，作出决定。

《住房和城乡建设行政处罚程序规定》

第三十二条 执法机关在作出较大数额罚款、没收较大数额违法所得、没收较大价值非法财物、降低资质等级、吊销许可证件、责令停业整顿、责令停止执业、限制从业等较重行政处罚决定之前，应当告知当事人有要求听证的权利。

12. 责令限期拆除是否属于行政处罚?

具体案例

2000年1月13日,钟某在私家果园建设框架结构三层房屋占地面积为79.38平方米,建筑面积为199.87平方米。2020年4月24日,区城管局依法作出限期拆除决定书。① 本案经过一审、二审,在关于是否应当组织听证的法律释明中,一审法院认为,限期拆除既不属于行政强制措施,也不属于行政处罚,听证不是必需的法定程序。二审法院认为,一审法院认定限期拆除为行政命令并无不当,维持了一审判决。那么,限期拆除是否属于行政处罚呢?

律师答疑

对于《城乡规划法》(2019修正)第64条规定的限期拆除的性质,理论界和实务界存在争议,有的认为属于行政强制,有的认为属于行政处罚,也有的认为属于行政命令,不同的观点各有自己的依据和理由。《国务院法制办公室②对陕西省人民政府法制办公室〈关于"责令限期拆除"是否属于行政处罚行为的请示〉的复函》(国法秘研函〔2012〕665号)明确规定:根据《行政处罚法》(2017修正)第23条③关于"行政机关实施行政处罚时,应当责令改正或者限期改正违法行为"的规定,责令改正或者限期改正违法行为与行政处罚是不同的行政行为。因此,《城乡规划法》(2019修正)第64条规定的"限期拆除"不应当理解为行政处罚行为。

---

① 参见广东省佛山市中级人民法院行政判决书,(2021)粤06行终329号。

② 已撤并,下同。

③ 2021年修订后改为第28条。

但随后出台的法律、法规、规章和规范性文件将限期拆除认定行政处罚的趋势更加明显。《行政处罚法》出台之前公布的征求意见稿规定的行政处罚种类还包括“责令停止行为”“责令作出行为”，但正式公布后的行政处罚种类未包括上述两类。此外，2020 年 12 月 25 日最高人民法院印发的《关于行政案件案由的暂行规定》规定的“行政处罚”除囊括新法规定的所有行政处罚种类外，还包含了“不得申请行政许可”“责令限期拆除”。

《自然资源违法行为立案查处工作规程（试行）》第 8.1 条　自然资源行政处罚主要包括：

（1）警告、通报批评；

（2）罚款；

（3）没收违法所得、没收非法财物；

（4）吊销勘查许可证、采矿许可证；

（5）暂扣测绘资质证书、降低测绘资质等级、吊销测绘资质证书；

（6）降低城乡规划资质等级、吊销城乡规划资质证书；

（7）停业整顿；

（8）法律、行政法规规定的其他行政处罚。

从法理上讲，限期拆除将给建筑物带来不可逆转的毁灭性后果，带有明显的惩罚性，是比警告、通报批评、罚款、没收等更为严重的惩罚措施。因此，《城乡规划法》（2019 修正）等法律将其列为惩罚手段，应当属于《行政处罚法》（2021 修订）第 9 条第 6 项“法律、行政法规规定的其他行政处罚”。

相关规定

《城乡规划法》（2019 修正）

第六十四条　未取得建设工程规划许可证或者未按照建设工程规划许可证的规定进行建设的，由县级以上地方人民政府城乡规划主管部门责令停止建设;尚可采取改正措施消除对规划实施的影响的,限期改正,处建设工程造价百分之五以上百分之十以下的罚款;无法采取改正措施消除影响的,限期拆除,不能拆除的,没收实物或者违法收入,可以并处建设工程造价百分之十以下的罚款。

最高人民法院《关于行政案件案由的暂行规定》

(一)行政处罚 1. 警告 2. 通报批评 3. 罚款 4. 没收违法所得 5. 没收非法财物 6. 暂扣许可证件 7. 吊销许可证件 8. 降低资质等级 9. 责令关闭 10. 责令停产停业 11. 限制开展生产经营活动 12. 限制从业 13. 行政拘留 14. 不得申请行政许可 15. 责令限期拆除。

13. 如何落实行刑衔接制度?

具体案例

2014 年 8 月 1 日 11 时许,时任云南省屏边县工商行政管理局(以下简称屏边县工商局)副局长张某在接到屏边县公安局玉屏派出所电话通知拦住走私车辆的消息后,即向时任屏边县工商局局长周某作了汇报,随后带领时任该局反不正当竞争执法股股长和经济检查大队大队长李某(另案处理)到屏边县玉屏镇水冲子处查处。到现场确认 8 辆车所载的是走私冻肉后,张某提议将案件交给食品药品监督管理局[1](以下简称食药局)处理,食药局局长朱某提出必须先把走私冻肉扣下向县上领

[1] 2013 年机构改革撤并为市场监督管理局。

导汇报，由县上处理。张某、李某不同意把查到的走私冻肉向县上汇报，决定由工商局处理。张某和李某在电话征得局长周某的同意后，李某与走私方电话协商，现场决定对每车走私冻肉罚款5万元，共计处罚40万元。当天下午，张某在确认屏边县工商局收到40万元罚款后，通知玉屏派出所将8辆装运走私冻肉的货车放行。2014年9月9日，李某在屏边县工商局案审会上向周某、张某等参会人员汇报查处走私冻肉的具体情况，称因现场处罚并放走运输货物的人，无法按照正常的行政处罚程序处罚，提议将这次查处走私冻肉的案件伪造成查处走私大米、白糖的处罚案件，与会人员表示同意。案发后，云南省屏边县人民法院判决张某犯滥用职权罪，免予刑事处罚。屏边县人民检察院抗诉称，张某明知他人涉嫌走私犯罪而不移交刑事案件，擅自同意罚款放行，并采取伪造假卷宗的舞弊行为，情节严重，构成徇私舞弊不移交刑事案件罪。云南省红河哈尼族彝族自治州中级人民法院认为，根据国家相关部门规定，工商局具有查处食品走私职责，张某时任屏边县工商局副局长，是工商行政管理执法人员，具备查处食品走私职责，其在行政执法过程中对依法应当移交司法机关追究刑事责任的走私案件不移交，以罚代刑，致使走私冻品流入市场，情节严重，其行为已构成徇私舞弊不移交刑事案件罪，判决撤销一审判决，张某犯徇私舞弊不移交刑事案件罪，判处有期徒刑1年，缓刑2年。①

律师答疑

首先，在行政执法过程中对追究刑事责任的案件依法应当移交司法机关。《行政执法机关移送涉嫌犯罪案件的规定》(2020修订)第3条第1款规定："行政执法机关在依法查处违法行为过程中，发现违法事实涉

① 参见云南省红河哈尼族彝族自治州中级人民法院刑事判决书，(2018)云25刑终292号。

及的金额、违法事实的情节、违法事实造成的后果等，根据刑法关于破坏社会主义市场经济秩序罪、妨害社会管理秩序罪等罪的规定和最高人民法院、最高人民检察院关于破坏社会主义市场经济秩序罪、妨害社会管理秩序罪等罪的司法解释以及最高人民检察院、公安部关于经济犯罪案件的追诉标准等规定，涉嫌构成犯罪，依法需要追究刑事责任的，必须依照本规定向公安机关移送。”第11条第1款规定：“行政执法机关对应当向公安机关移送的涉嫌犯罪案件，不得以行政处罚代替移送。”第15条第1款规定：“行政执法机关违反本规定，隐匿、私分、销毁涉案物品的，由本级或者上级人民政府，或者实行垂直管理的上级行政执法机关，对其正职负责人根据情节轻重，给予降级以上的处分；构成犯罪的，依法追究刑事责任。”《刑法》(2020修正)第402条专门规定了“徇私舞弊不移交刑事案件罪”，行政执法人员徇私舞弊，对依法应当移交司法机关追究刑事责任的不移交，情节严重的，处3年以下有期徒刑或者拘役。前述案例中，张某时任屏边县工商局副局长，是工商行政管理执法人员，具备查处食品走私职责，其在行政执法过程中对依法应当移交司法机关追究刑事责任的走私案件不移交，以罚代刑，致使走私冻品流入市场，情节严重，已构成徇私舞弊不移交刑事案件罪。

需要注意的是，依照《行政处罚法》(2021修订)第35条第2款的规定，行政执法机关向公安机关移送涉嫌犯罪案件前，已经依法给予当事人罚款的，人民法院判处罚金时，依法折抵相应罚金。

其次，司法机关对不起诉、无罪判决或者免予刑事处罚的案件认为应当给予行政处罚的，应当移送行政执法机关处理。中共中央办公厅、国务院办公厅转发国务院法制办等部门《关于加强行政执法与刑事司法衔接工作的意见》(中办发〔2011〕8号发布)第1条第5项规定，人民检察院对作出不起诉决定的案件、人民法院对作出无罪判决或者免予刑事处罚的案件，认为依法应当给予行政处罚的，应当提出检察建议或者司法建议，移送有关行政执法机关处理。

最后，把握行刑衔接的工作机制。各地根据《关于加强行政执法与刑事司法衔接工作的意见》第12条的要求，均建立起行刑衔接工作联席会议制度、案件咨询制度、信息共享机制，尤其是普遍建立了衔接工作信息共享平台，充分利用已有电子政务网络和信息共享公共基础设施等资源，运用现代信息技术实现行政执法机关、公安机关、人民检察院之间执法、司法信息互联互通。行政执法机关在规定时间内，将查处的符合刑事追诉标准、涉嫌犯罪的案件信息以及虽未达到刑事追诉标准但有其他严重情节的案件信息录入信息共享平台，推进网上移送、网上受理、网上监督，提高了衔接工作效率。

此外，行政案件与刑事案件在办理标准上也有所不同，同样是鉴定意见，行政案件中只需要有鉴定资质的单位出具报告即可，而刑事案件的要求是应当具备司法鉴定资质的单位出具报告。原国土资源部、最高人民检察院、公安部《关于国土资源行政主管部门移送涉嫌国土资源犯罪案件的若干意见》第2条第3项规定，需要对耕地破坏程度进行鉴定的，由市(地)级或者省级国土资源行政主管部门出具鉴定结论。在实务中，县(区)级行政主管部门往往委托有鉴定资质的单位作报告，这样的鉴定作为认定违法的证据尚可，但能否作为有罪的证据，还需要司法机关进一步认定。

相关规定

《行政处罚法》(2021修订)

第二十七条　违法行为涉嫌犯罪的，行政机关应当及时将案件移送司法机关，依法追究刑事责任。对依法不需要追究刑事责任或者免予刑事处罚，但应当给予行政处罚的，司法机关应当及时将案件移送有关行政机关。

行政处罚实施机关与司法机关之间应当加强协调配合，建立健全案件移送制度，加强证据材料移交、接收衔接，完善案件处理信息通报机制。

《行政执法机关移送涉嫌犯罪案件的规定》(2020修订)

第三条第一款　行政执法机关在依法查处违法行为过程中，发现违法事实涉及的金额、违法事实的情节、违法事实造成的后果等，根据刑法关于破坏社会主义市场经济秩序罪、妨害社会管理秩序罪等罪的规定和最高人民法院、最高人民检察院关于破坏社会主义市场经济秩序罪、妨害社会管理秩序罪等罪的司法解释以及最高人民检察院、公安部关于经济犯罪案件的追诉标准等规定，涉嫌构成犯罪，依法需要追究刑事责任的，必须依照本规定向公安机关移送。

《刑法》(2020修正)

第四百零二条　【徇私舞弊不移交刑事案件罪】行政执法人员徇私舞弊，对依法应当移交司法机关追究刑事责任的不移交，情节严重的，处三年以下有期徒刑或者拘役；造成严重后果的，处三年以上七年以下有期徒刑。

14. 同一个违法行为违反多个法律规范能否给予多次处罚？

具体案例

2020年1月19日，佛山市自然资源局作出佛自然资明(认定)〔2020〕116号关于林某在杨和镇杨梅私家果园内违法建设行为的认定，林某在佛山市高明区杨和镇杨梅私家果园×××号地块建设房屋1幢，占地面积约为190平方米，建筑面积约为570平方米。林某的上述建设行为没有办理合法的建设工程规划许可证，违反了《城乡规划法》(2019修正)第40条的规定，应认定为违法建筑物，且属于无法采取改正措施的情形，根据《城乡规划法》(2019修正)第64条的规定，应予以拆除。高明区城管局履行法定程序后，于2020年4月24日作出限期拆除决定书，于4月26日送达林某。林某不服，认为高明区城管局违反了一事不再罚原则，提起诉讼。一审法院认为，佛山市自然资源局高明分局作出的关于限期改正杨和镇杨梅私家果园内非法占用土地进行违法建设行为的通知所针对的是非法占用土地的违法行为，而限期拆除决定书所针对的是林某未取得建设工程规划许可证进行建设的违法行为，两者属于不同的法律关系，且并非两次以上罚款，驳回了林某的诉讼请求。林某上诉后，二审法院维持了一审判决。①

律师答疑

一事不再罚，是指同一个违法行为不得给予两个同样的行政处罚，以及对同一个违法行为不得给予两次以上罚款的行政处罚。

行政行为一经作出即发生法律效力，无论是从维护行政行为的确定性角度考虑，还是从保护行政相对人信赖利益角度考虑，行政机关重启行政程序都应持谨慎的态度，一般是在行政行为依据的基本事实错误的情况下才宜启动撤销程序纠错。在实务中，有的是因为前一个行政处罚决定已经过了强制执行的期限，为了继续制止违法行为，不得已重新作出同样的行政处罚。有的是因为行政处罚决定存在瑕疵需要重新作出行政处罚决定，但原行政处罚决定未予撤销，又作出一个新的行政处罚决定。这都违反了一事不再罚原则。责令限期改正等程序性的告知行

① 参见广东省佛山市中级人民法院行政判决书，(2020)粤06行终829号。

为并不违反一事不再罚原则。

《行政处罚法》(2021 修订)第 29 条第 2 句对同一个违法行为违反多个法律规范的情形作了规定。同一个违法行为违反的多个法律规范均规定应当给予罚款处罚的,行政机关应当依照罚款数额较高的法律规范给予罚款处罚。同一个违法行为违反的多个法律规范,除规定应当给予罚款处罚外,还应当给予其他种类处罚的,行政机关除给予罚款处罚外,还应当依照有关法律规范的规定,给予相应种类的处罚。

前述案例中,林某的行为就属于一个行为违反了两个法律规范,非法占用土地的行为,依据《土地管理法》(2019 修正)的规定进行处罚,未取得建设工程规划许可证的行为,依据《城乡规划法》(2019 修正)的规定进行处罚,行政机关的处罚决定并无不妥。

相关规定

《行政处罚法》(2021 修订)

第二十九条　对当事人的同一个违法行为,不得给予两次以上罚款的行政处罚。同一个违法行为违反多个法律规范应当给予罚款处罚的,按照罚款数额高的规定处罚。

15. 人民检察院对行政执法机关的行政不作为能否提起公益诉讼?

具体案例

重庆市渝中区人民检察院在履行职责中发现,渝中区菜园坝竹木市场附近长江河道内堆放建筑垃圾,造成长江行洪安全受到影响,河滩地生态环境遭到破坏。重庆市渝中区城市管理综合行政执法局(以下简称渝中区城管局)怠于履行河道监管职责,致使社会公共利益持续处于受侵害的状态。重庆市渝中区人民检察院于2018年3月30日发出检察建议,建议渝中区城管局依法履行河道监管职责。2018年6月4日现场复勘,发现渝中区菜园坝水果市场附近的长江河道内和长滨路滨江公园长江河道内大面积堆放的垃圾虽已处理,但是渝中区菜园坝竹木市场附近的长江河道内堆放的建筑垃圾仍然存在并且用黑布遮盖,长江行洪安全仍受到影响,河滩地生态环境依然持续遭受破坏。渝中区城管局未针对社会公共利益的持续受损状态开展任何有效工作,系怠于履行行政职责。遂提起行政公益诉讼,请求确认渝中区城管局怠于履行行政监管职责违法,履行行政监管职责,督促责任主体清理渝中区菜园坝竹木市场附近长江河道内堆放的建筑垃圾。法院判决支持了重庆市渝中区人民检察院的诉讼请求。①

律师答疑

首先,关于检察机关提起行政公益诉讼的范围。《行政诉讼法》(2017修正)对于人民检察院提起行政公益诉讼的范围确定在生态环境和资源保护、食品药品安全、国有财产保护、国有土地使用权出让等领域。《行政诉讼法》(2017修正)第25条第4款规定,人民检察院在履行职责中发现生态环境和资源保护、食品药品安全、国有财产保护、国有土地使用权出让等领域负有监督管理职责的行政机关违法行使职权或者不作为,致使国家利益或者社会公共利益受到侵害的,应当向行政机关提出检察建议,督促其依法履行职责。行政机关不依法履行职责的,人民检察院依法向人民法院提起诉讼。

① 参见重庆市江津区人民法院行政判决书,(2018)渝0116行初213号。

2021 年 6 月 15 日，中共中央印发《关于加强新时代检察机关法律监督工作的意见》第 11 条规定，要求建立公益诉讼检察与行政执法信息共享机制，加大生态环境和资源保护、食品药品安全、国有财产保护、国有土地使用权出让和英烈权益保护、未成年人权益保护等重点领域公益诉讼案件办理力度。积极稳妥拓展公益诉讼案件范围，探索办理安全生产、公共卫生、妇女及残疾人权益保护、个人信息保护、文物和文化遗产保护等领域公益损害案件，总结实践经验，完善相关立法。

事实上，各地早已对人民检察院提起行政公益诉讼的范围进行了拓展。比如，云南省人民代表大会常务委员会《关于加强检察机关公益诉讼工作的决定》第 3 条规定，检察机关办理下列领域公益诉讼案件：(1)大气、水体、土壤、固体废物、放射性、噪音、农业面源等污染，破坏自然保护区、风景名胜区、饮用水水源地、湿地及其他土地资源、矿产资源、林业资源、草原资源、水资源等生态环境和资源保护领域的公益诉讼案件；(2)生产、加工、流通、销售等环节的食品药品安全领域的公益诉讼案件；(3)经营性、行政事业性、税收类、费用类、财政补贴类、社会保障类等国有财产保护领域的公益诉讼案件；(4)国有土地供应、出让、监管等国有土地使用权出让领域的公益诉讼案件；(5)侵害英雄烈士的姓名、肖像、名誉、荣誉，侵占、破坏、污损英雄烈士纪念设施等英雄烈士名誉荣誉保护领域的公益诉讼案件；(6)安全生产、旅游消费、文物和文化遗产保护、公民个人信息保护、未成年人保护、老年人权益保护以及互联网等领域中侵害国家利益和社会公共利益的公益诉讼案件；(7)农业农村领域中侵害国家利益和社会公共利益的公益诉讼案件；(8)其他依法应当由检察机关办理的公益诉讼案件。广东省人民代表大会常务委员会《关于加强检察公益诉讼工作的决定》中规定，检察机关应当依法办理生态环境和资源保护、食品药品安全、国有财产保护、国有土地使用权出让、英雄烈士保护以及法律法规规定的其他领域的公益诉讼案件，在安全生产、公共卫生安全、特殊群体合法权益保护、互联网个人信息保护、文物和文化遗产保护等领域探索拓展民事公益诉讼和行政公益诉讼案件的范围。

其次,关于行政不作为的认定。行政不作为是指行政主体有实施行政行为的职责,应当履行而不履行法定职责的状态。“不履行”是一个总括性的概念,包括“拒绝履行”“实际未履行”“不完全履行”等形态。行政机关履行法定职责,应当遵循全面履行的原则。前述案例中,从检察机关发出检察建议后2个月内及之后区城管局履职情况来看,区城管局在接到起诉人发出的检察建议后,整改了部分问题、加大了执法力度,对河道垃圾进行了清理,涉案长江河道内没有新增建筑垃圾。但从现场复勘所发现的情况来看,渝中区菜园坝竹木市场附近的长江河道内堆放的建筑垃圾未全面清除,属于不完全履行法定职责的情形,已构成行政不作为。

最后,关于检察监督的程序。根据最高人民法院、最高人民检察院《关于检察公益诉讼案件适用法律若干问题的解释》(2020修正)第21条的规定,人民检察院在履行职责中发现生态环境和资源保护、食品药品安全、国有财产保护、国有土地使用权出让等领域负有监督管理职责的行政机关违法行使职权或者不作为,致使国家利益或者社会公共利益受到侵害的,应当向行政机关提出检察建议,督促其依法履行职责。行政机关应当在收到检察建议书之日起2个月内依法履行职责,并书面回复人民检察院。出现国家利益或者社会公共利益损害继续扩大等紧急情形的,行政机关应当在15日内书面回复。行政机关不依法履行职责的,人民检察院依法向人民法院提起诉讼。因此,行政机关收到检察机关的检察建议书后,应当引起重视,及时整改回复,履行法定职责,避免行政诉讼,影响行政机关的公信力。

相关规定

《行政诉讼法》(2017 修正)

第二十五条第四款　人民检察院在履行职责中发现生态环境和资源保护、食品药品安全、国有财产保护、国有土地使用权出让等领域负有监督管理职责的行政机关违法行使职权或者不作为,致使国家利益或者社会公共利益受到侵害的,应当向行政机关提出检察建议,督促其依法履行职责。行政机关不依法履行职责的,人民检察院依法向人民法院提起诉讼。

最高人民法院、最高人民检察院《关于检察公益诉讼案件适用法律若干问题的解释》(2020 修正)

第二十一条　人民检察院在履行职责中发现生态环境和资源保护、食品药品安全、国有财产保护、国有土地使用权出让等领域负有监督管理职责的行政机关违法行使职权或者不作为,致使国家利益或者社会公共利益受到侵害的,应当向行政机关提出检察建议,督促其依法履行职责。

行政机关应当在收到检察建议书之日起两个月内依法履行职责,并书面回复人民检察院。出现国家利益或者社会公共利益损害继续扩大等紧急情形的,行政机关应当在十五日内书面回复。

行政机关不依法履行职责的,人民检察院依法向人民法院提起诉讼。

第二章

土地监察

16. 买卖或者以其他形式非法转让土地的怎么处罚?

具体案例

北京市居民韩某于1994年11月19日与济南市市中区七贤镇太平庄村民委员会(以下简称太平村委会,现阳光舜城太平居委会)签订两份协议书,其中一份以女儿(当年不足2岁)的名义签订,该协议书约定:太平村委会将位于村西山坡地的两处相邻空地卖给韩某及其女儿使用,由乙方(韩某、女儿)自建楼房居住。韩某共计缴纳征地款31.5万元。韩某于1995年5月开始施工,到1995年8月建成两处院落(院落内各有2层房屋一处、车库一处),截至立案调查时韩某所建设的两处院落实际占用原太平村委会集体土地1399平方米,建成建筑面积约为860平方米。韩某的上述行为违反了《土地管理法》(1988修订)第2条第2款"任何单位和个人不得侵占、买卖或者以其他形式非法转让土地"和第41条"城镇非农业户口居民建住宅,需要使用集体所有的土地的,必须经县级人民政府批准,其用地面积不得超过省、自治区、直辖市规定的标准,并参照国家建设征用土地的标准支付补偿费和安置补助费"的规定,属非法占用集体土地建住宅行为。济南市自然资源和规划局根据《土地管理法》(1988修订)第46条第1款"城镇非农业户口居民未经批准或者采取欺骗手段骗取批准,非法占用土地建住宅的,责令退还非法占用的土地,限期拆除或者没收在非法占用的土地上新建的房屋"的规定,决定处罚如下:(1)责令韩某将非法占用的原太平村委会1399平方米集体土地退还给阳光舜城太平居委会。(2)限韩某15日内自行拆除在非法占用的1399平方米土地上新建的房屋。韩某不服,诉至法院,一审法院以未经法制审核和集体讨论为由判决确认处罚决定程序违法,驳回了韩某的诉讼请求。韩某与济南市自然资源和规划局均不服提起上诉，济南市中级人民法院维持了一审判决。①

律师答疑

泉城济南素有“四面荷花三面柳，一城山色半城湖”的美誉，涉案地块正处在千佛山景区南侧，旅游路西侧，早在20世纪90年代无序建设，一些非本地居民非法购地在金鸡岭林区修建别墅，致使林地遭受不同程度的破坏。

由于该案比较久远，按“从旧兼从轻”的原则，一审法院根据《土地管理法》（1988修订）第41条“城镇非农业户口居民建住宅，需要使用集体所有的土地的，必须经县级人民政府批准，其用地面积不得超过省、自治区、直辖市规定的标准，并参照国家建设征用土地的标准支付补偿费和安置补助费”以及第46条第1款“城镇非农业户口居民未经批准或者采取欺骗手段骗取批准，非法占用土地建住宅的，责令退还非法占用的土地，限期拆除或者没收在非法占用的土地上新建的房屋”的规定，认定韩某系北京市居民，并非涉案土地的村集体经济组织成员，1994年分别以自己及女儿的名义与原太平村委会签订两份《征地（建房）协议书》，获取涉案两块土地并建成住宅居住，未经县级人民政府批准，获取涉案土地并建设住宅的行为违反了《土地管理法》（1988修订）的上述规定，济南市自然资源和规划局作出的处罚决定，认定事实清楚，适用法律正确。

首先，明确国家土地管理制度。根据《土地管理法》（2019修正）第4条的规定，国家实行土地用途管制制度，将土地分为农用地、建设用地和未利用地。农用地是指直接用于农业生产的土地，包括耕地、林地、草地、农田水利用地、养殖水面等；建设用地是指建造建筑物、构筑物的土

① 参见山东省济南市中级人民法院行政判决书，（2021）鲁01行终463号。

地，包括城乡住宅和公共设施用地、工矿用地、交通水利设施用地、旅游用地、军事设施用地等；未利用地是指农用地和建设用地以外的土地。使用土地的单位和个人必须严格按照土地利用总体规划确定的用途使用土地。《土地管理法》(2019 修正)第 9 条规定："城市市区的土地属于国家所有。农村和城市郊区的土地，除由法律规定属于国家所有的以外，属于农民集体所有；宅基地和自留地、自留山，属于农民集体所有。"国有建设用地经县级以上人民政府批准，可以划拨或出让的方式取得。农民集体所有和国家所有依法由农民集体使用的耕地、林地、草地，以及其他依法用于农业的土地，采取农村集体经济组织内部的家庭承包方式承包，不宜采取家庭承包方式的荒山、荒沟、荒丘、荒滩等，可以采取招标、拍卖、公开协商等方式承包，从事种植业、林业、畜牧业、渔业生产。国家所有依法用于农业的土地可以由单位或者个人承包经营，从事种植业、林业、畜牧业、渔业生产。由以上规定可知，无论是国家的土地还是农民集体所有的土地都必须严格按照土地利用总体规划确定的用途使用土地，取得土地的使用权必须依照法定程序并依法登记，买卖或者以其他形式非法转让土地都是不允许的。

其次，明确违反土地管理制度的处罚方式。《土地管理法》(2019 修正)第 74 条规定："买卖或者以其他形式非法转让土地的，由县级以上人民政府自然资源主管部门没收违法所得；对违反土地利用总体规划擅自将农用地改为建设用地的，限期拆除在非法转让的土地上新建的建筑物和其他设施，恢复土地原状，对符合土地利用总体规划的，没收在非法转让的土地上新建的建筑物和其他设施；可以并处罚款；对直接负责的主管人员和其他直接责任人员，依法给予处分；构成犯罪的，依法追究刑事责任。"《土地管理法实施条例》(2021 修订)第 54 条规定："依照《土地管理法》第七十四条的规定处以罚款的，罚款额为违法所得的 10% 以上 50% 以下。"具体的裁量标准根据各地的地方性法规、规章执行。

最后，明确非法转让、倒卖土地使用权罪立案追诉标准。根据最高人民检察院、公安部《关于公安机关管辖的刑事案件立案追诉标准的规定（二）》（2022修订）第80条［非法转让、倒卖土地使用权案（《刑法》第228条）］的规定，以牟利为目的，违反土地管理法规，非法转让、倒卖土地使用权，涉嫌下列情形之一的，应予立案追诉：

（1）非法转让、倒卖永久基本农田5亩以上的；

（2）非法转让、倒卖永久基本农田以外的耕地10亩以上的；

（3）非法转让、倒卖其他土地20亩以上的；

（4）违法所得数额在50万元以上的；

（5）虽未达到上述数额标准，但因非法转让、倒卖土地使用权受过行政处罚，又非法转让、倒卖土地的；

（6）其他情节严重的情形。

相关规定

《土地管理法》（2019修正）

第七十四条　买卖或者以其他形式非法转让土地的，由县级以上人民政府自然资源主管部门没收违法所得；对违反土地利用总体规划擅自将农用地改为建设用地的，限期拆除在非法转让的土地上新建的建筑物和其他设施，恢复土地原状，对符合土地利用总体规划的，没收在非法转让的土地上新建的建筑物和其他设施；可以并处罚款；对直接负责的主管人员和其他直接责任人员，依法给予处分；构成犯罪的，依法追究刑事责任。

《土地管理法实施条例》（2021修订）

第五十四条　依照《土地管理法》第七十四条的规定处以罚款的，罚款额为违法所得的10%以上50%以下。

《刑法》(2020 修正)

第二百二十八条　【非法转让、倒卖土地使用权罪】以牟利为目的,违反土地管理法规,非法转让、倒卖土地使用权,情节严重的,处三年以下有期徒刑或者拘役,并处或者单处非法转让、倒卖土地使用权价额百分之五以上百分之二十以下罚金;情节特别严重的,处三年以上七年以下有期徒刑,并处非法转让、倒卖土地使用权价额百分之五以上百分之二十以下罚金。

17. 违法占用耕地建窑、建坟或者擅自在耕地上建房、挖砂、采石、采矿、取土等,破坏种植条件的怎么处罚?

具体案例

周某通过竞价取得了某土地的承包经营权,签订了承包合同,并修建约 200 平方米的临时厂房。县自然资源局经调查,认定非法占用土地:水田为 5539 平方米(基本农田),公路用地为 941 平方米,坑塘水面为 1841 平方米,遂作出行政处罚决定:(1)责令退还非法占用的土地;(2)限期 15 日内自行拆除在非法占用的土地上兴建的建筑物,自行清除在非法占用的土地上堆放的固体废物,恢复土地原状;(3)对其非法占地其中 5539 平方米基本农田处以开垦费 1.5 倍即每平方米 36 元的罚款,小计人民币 199,404 元,对其非法占地其中公路用地 941 平方米、坑塘水面 1841 平方米处以每平方米 25 元的罚款,小计人民币 69,550 元,合计人民币 268,954 元。周某不服,诉至法院。一审法院以县自然资源局对破坏土地情形未予以认定、占用土地的地类未予以明确、土地面积未予以测绘为由,撤销了第 3 项。二审法院以非法占地事实不清、证据不足为由，撤销了一审判决、处罚决定，责令重新作出行政行为。[1]

律师答疑

“非法占用土地”应当根据被占用土地的性质分别进行判定。《土地管理法》(2019 修正)第 75 条规定：“违反本法规定，占用耕地建窑、建坟或者擅自在耕地上建房、挖砂、采石、采矿、取土等，破坏种植条件的，或者因开发土地造成土地荒漠化、盐渍化的，由县级以上人民政府自然资源主管部门、农业农村主管部门等按照职责责令限期改正或者治理，可以并处罚款；构成犯罪的，依法追究刑事责任。”该条款规定的“非法占用土地”的情形应当理解为，一是实际破坏耕地的行为通过非法占用土地的形式表现出来，这些行为如果破坏了种植条件，应当认定为非法占用土地，如果没有破坏种植条件，不适用该条的规定。二是开发土地造成土地荒漠化、盐渍化，应认定为非法占用土地。《土地管理法》(2019 修正)第 77 条规定：“未经批准或者采取欺骗手段骗取批准，非法占用土地的，由县级以上人民政府自然资源主管部门责令退还非法占用的土地，对违反土地利用总体规划擅自将农用地改为建设用地的，限期拆除在非法占用的土地上新建的建筑物和其他设施，恢复土地原状，对符合土地利用总体规划的，没收在非法占用的土地上新建的建筑物和其他设施，可以并处罚款……”该条款规定的“非法占用土地”的情形应当理解为，未经批准或者采取欺骗手段骗取批准的行为。

首先，认定违法用地占地的地类。《自然资源违法行为立案查处工作规程(试行)》第 4. 2. 2 条规定：“违法用地占用地类认定。判定违法用地占用地类，应当将违法用地的界址范围或者勘测定界坐标数据套合到违法用地行为发生上一年度土地利用现状图或者土地利用现状数据库及国家永久基本农田数据库上，对照标示的现状地类进行判定……”

---

① 参见湖南省郴州市中级人民法院行政判决书，(2020)湘 10 行终 38 号。

执法监察工作机构可以提请地籍管理工作机构进行认定。

其次，进行破坏土地种植条件鉴定。一般情况下，对破坏土地种植条件进行鉴定需要出具测绘报告和鉴定报告，前者是基础，后者是结论，但都必须委托具有测绘和鉴定资格的法人和其他组织进行。《测绘资质管理办法》第6条规定，“申请测绘资质的单位应当符合下列条件：(一)具有企业或者事业单位法人资格……”如果出具鉴定报告的单位不具有企业或者事业单位法人资格，不具备测绘资质，则不能作为行政处罚的依据。江苏省泰州市中级人民法院作出的(2020)苏12行终105号行政判决书，就因为某地籍勘测院不具有企业或者事业单位法人资格，不具备申请测绘资质的条件，最终撤销一审判决和某自然资源和规划局的行政处罚决定。

最后，详细查证，分类处罚。针对违法占地的类型详细进行测量，分别计算出面积，并依据相应的罚则进行分别处罚，做到事实清楚、证据充分、裁量适当。前述案件中，行政机关查明涉案土地面积8321平方米，包括水田5539平方米，公路用地941平方米，坑塘水面1841平方米；涉案土地大部分荒芜闲置，部分堆放固体废物，并兴建约200平方米的临时厂房。但是，并未查明周某堆放固体废物的行为是否已经破坏土地种植条件以及破坏耕地的面积，是否造成土地荒漠化、盐渍化，涉案公路用地和坑塘水面的使用或破坏情况等事实。这样的处罚决定，显然属于认定事实不清，证据不足，缺乏法律依据。

相关规定

《土地管理法》(2019修正)

第三十七条第一款　非农业建设必须节约使用土地，可以利用荒地的，不得占用耕地；可以利用劣地的，不得占用好地。

第二款　禁止占用耕地建窑、建坟或者擅自在耕地上建房、挖砂、采石、采矿、取土等。

第七十五条　违反本法规定，占用耕地建窑、建坟或者擅自在耕地上建房、挖砂、采石、采矿、取土等，破坏种植条件的，或者因开发土地造成土地荒漠化、盐渍化的，由县级以上人民政府自然资源主管部门、农业农村主管部门等按照职责责令限期改正或者治理，可以并处罚款；构成犯罪的，依法追究刑事责任。

《土地管理法实施条例》(2021 修订)

第五十五条　依照《土地管理法》第七十五条的规定处以罚款的，罚款额为耕地开垦费的5倍以上10倍以下；破坏黑土地等优质耕地的，从重处罚。

《自然资源违法行为立案查处工作规程(试行)》

4.2.2　违法用地占用地类认定

判定违法用地占用地类，应当将违法用地的界址范围或者勘测定界坐标数据套合到违法用地行为发生上一年度土地利用现状图或者土地利用现状数据库及国家永久基本农田数据库上，对照标示的现状地类进行判定。违法用地发生时，该用地已经批准转为建设用地的，应当按照建设用地判定。

执法监察工作机构可以提请地籍管理工作机构进行认定。

18. 可以占用永久基本农田发展林果业或者挖塘养鱼吗？

具体案例

沈丘县某农业公司与27户村民签订了土地租赁协议，租赁土地搞规模化种植，在该租赁土地上搞瓜果蔬菜、果树、苗圃、花卉、绿化树木的种植。沈丘县自然资源局对该公司非法占用基本农田植树造林、发展林果业的行为作出行政处罚：(1)责令退还非法占用的土地；(2)限期15日内拆除在非法占用的土地上新建的房屋，纠正植树造林、发展林果业的行为，恢复土地原状。某农业公司不服，提起诉讼。一审法院以法律“禁止占用永久基本农田发展林果业和挖塘养鱼”为由驳回起诉，二审法院以同样理由维持原判决。[①]

律师答疑

当前，在土地流转的过程中，一些工商资本大规模流转耕地改变用途造成耕作层破坏，违法违规建设占用耕地等问题十分突出，严重冲击耕地18亿亩耕地保护红线。为坚决制止耕地“非农化”、防止耕地“非粮化”，2021年11月27日，自然资源部、农业农村部、国家林业和草原局发出《关于严格耕地用途管制有关问题的通知》，第1条第2项要求严格落实永久基本农田特殊保护制度。永久基本农田不得转为林地、草地、园地等其他农用地及农业设施建设用地。严禁占用永久基本农田发展林果业和挖塘养鱼；严禁占用永久基本农田种植苗木、草皮等用于绿化装饰以及其他破坏耕作层的植物；严禁占用永久基本农田挖湖造景、建设绿化带；严禁新增占用永久基本农田建设畜禽养殖设施、水产养殖设施和破坏耕作层的种植业设施。同时，严格管控永久基本农田以外的一般耕地转为其他农用地。

《土地管理法》(2019修正)第33条第1款规定：“国家实行永久基本农田保护制度。下列耕地应当根据土地利用总体规划划为永久基本农田，实行严格保护：(一)经国务院农业农村主管部门或者县级以上地方人民政府批准确定的粮、棉、油、糖等重要农产品生产基地内的耕地；

① 参见河南省周口市中级人民法院行政判决书，(2020)豫16行终180号。

（二）有良好的水利与水土保持设施的耕地，正在实施改造计划以及可以改造的中、低产田和已建成的高标准农田；（三）蔬菜生产基地；（四）农业科研、教学试验田；（五）国务院规定应当划为永久基本农田的其他耕地。”第34条规定：“永久基本农田划定以乡（镇）为单位进行，由县级人民政府自然资源主管部门会同同级农业农村主管部门组织实施。永久基本农田应当落实到地块，纳入国家永久基本农田数据库严格管理。乡（镇）人民政府应当将永久基本农田的位置、范围向社会公告，并设立保护标志。”

认定占用永久基本农田发展林果业或者挖塘养鱼，必须对土地的性质进行核实。将违法用地的界址范围或者勘测定界坐标数据套合到违法用地行为发生上一年度土地利用现状图或者土地利用现状数据库上，对照标示的现状地类进行判定。执法监察工作机构可以提请地籍管理工作机构进行认定。先行认定是永久基本农田，然后根据现场勘验，查清利用土地种植的面积等违法事实，就可以按程序作出处罚。

在一般耕地上发展林果业或者挖塘养鱼是否违法呢？如果占用的土地为一般耕地，手续合法，强行处罚就有待商榷。某中级人民法院审理的代某占用耕地挖塘养鱼行政诉讼案，某国土资源局作出关于××地块违法用地耕地破坏鉴定意见，“该宗地违法占用的一般耕地面积22，239平方米（33.3585亩），未见原有耕作层，已达到耕作严重破坏程度”。一审、二审法院根据《土地管理法》（2004修正）第36条第3款规定“禁止占用基本农田发展林果业和挖塘养鱼”，第74条规定“违反本法规定，占用耕地建窑、建坟或者擅自在耕地上建房、挖砂、采石、采矿、取土等，破坏种植条件的，或者因开发土地造成土地荒漠化、盐渍化的，由县级以上人民政府土地行政主管部门责令限期改正或者治理，可以并处罚款”，判决驳回代某的起诉。《土地管理法》（2019修正）第37条第2款、第3款规定，禁止占用耕地建窑、建坟或者擅自在耕地上建房、挖砂、采石、采矿、取土等，禁止占用永久基本农田发展林果业和挖塘养鱼，并没有禁止在一般耕地上发展林果业和挖塘养鱼。《土地管理法》(2019修正)第75条是针对第37条第2款的罚则,《土地管理法实施条例》(2021修订)第51条是针对第37条第3款的罚则。因此,只有在违反《土地管理法》(2019修正)第37条第2款的情况下,达到破坏种植条件的,方能进行处罚,而在一般耕地上发展林果业和挖塘养鱼并不违反法律规定,达不到鉴定的条件。在代某挖塘养鱼案中,一审、二审法院适用法律是错误的,代某的委托代理人从事实不清、程序违法、裁量过重方面入手,显然没有抓住法律适用这个要害,最终导致败诉。实际上,在综合执法实务中,查证违法的手段多样化,程序很规范,裁量有标准,出现问题的概率很低。

非法占用永久基本农田发展林果业或者挖塘养鱼,逾期不改正的,按占用面积处耕地开垦费2倍以上5倍以下的罚款。如果破坏种植条件,依照《土地管理法》(2019修正)第75条的规定处罚,罚款额为耕地开垦费的5倍以上10倍以下。对于耕地开垦费,各地有明确规定。比如,《广东省非农业建设补充耕地管理办法》第10条规定:"耕地开垦费按照如下标准缴纳(按照每平方米计):(一)县、县级市辖区内18元;(二)地级以上市辖区内(不含所辖县、县级市)28元。占用基本农田的,耕地开垦费每平方米加收20元。"有的地方规定需要计算,应特别注意。受处罚的公民和法人往往不在意罚款的计算,相信行政机关计算出来的数字是正确的。行政处罚进入执行程序,人民法院会进行审查。山西省侯马市人民法院(2020)晋1081行审18号行政裁定书裁定不准予强制执行自然资源局作出的行政处罚决定书,原因是"罚款数额计算依据错误,可能损害被执行人合法权益"。《山西省实施〈中华人民共和国土地管理法〉办法》第16条第2款规定:"……必须按照该耕地被占用前三年平均年产值的八至十二倍……缴纳耕地开垦费……"该案中,某自然资源局计算开垦费确定罚款数额时未依据2012年涉案土地被非法占用前3年的平均年产值计算开垦费和罚款,其计算时所依据的年产值数额是

2018年的年产值标准，明显不当。

因此，行政机关在作出行政处罚时，一定要有准确的法律、行政法规依据，并准确计算，确保规范完善。

相关规定

《土地管理法》(2019修正)

第三十七条　非农业建设必须节约使用土地，可以利用荒地的，不得占用耕地；可以利用劣地的，不得占用好地。

禁止占用耕地建窑、建坟或者擅自在耕地上建房、挖砂、采石、采矿、取土等。

禁止占用永久基本农田发展林果业和挖塘养鱼。

第七十五条　违反本法规定，占用耕地建窑、建坟或者擅自在耕地上建房、挖砂、采石、采矿、取土等，破坏种植条件的，或者因开发土地造成土地荒漠化、盐渍化的，由县级以上人民政府自然资源主管部门、农业农村主管部门等按照职责责令限期改正或者治理，可以并处罚款；构成犯罪的，依法追究刑事责任。

《土地管理法实施条例》(2021修订)

第十二条　国家对耕地实行特殊保护，严守耕地保护红线，严格控制耕地转为林地、草地、园地等其他农用地，并建立耕地保护补偿制度，具体办法和耕地保护补偿实施步骤由国务院自然资源主管部门会同有关部门规定。

非农业建设必须节约使用土地，可以利用荒地的，不得占用耕地；可以利用劣地的，不得占用好地。禁止占用耕地建窑、建坟或者擅自在耕地上建房、挖砂、采石、采矿、取土等。禁止占用永久基本农田发展林果业和挖塘养鱼。

耕地应当优先用于粮食和棉、油、糖、蔬菜等农产品生产。按照国家有关规定需要将耕地转为林地、草地、园地等其他农用地的，应当优先使用难以长期稳定利用的耕地。

第五十一条 违反《土地管理法》第三十七条的规定，非法占用永久基本农田发展林果业或者挖塘养鱼的，由县级以上人民政府自然资源主管部门责令限期改正；逾期不改正的，按占用面积处耕地开垦费2倍以上5倍以下的罚款；破坏种植条件的，依照《土地管理法》第七十五条的规定处罚。

第五十五条 依照《土地管理法》第七十五条的规定处以罚款的，罚款额为耕地开垦费的5倍以上10倍以下；破坏黑土地等优质耕地的，从重处罚。

19. 怎么鉴定基本农田的破坏程度?

具体案例

2016年12月6日，肇庆市高要区蛟塘镇赤坳村委会铁场经济合作社将49.8亩荒地发包戴某修筑鱼塘发展种养业。合同签订后，戴某从2017年2月9日开始在上述承包的土地上推挖鱼塘。原肇庆市国土资源局高要分局（以下简称高要国土分局）在日常巡查中发现戴某在农田保护区推挖鱼塘，进行了调查并制作了询问笔录，并向戴某送达责令改正违法行为通知书。2017年3月8日，高要国土分局决定立案查处，对现场进行了勘测并对耕地毁坏程度进行了鉴定，鉴定意见为，戴某非法占用基本农田15.7亩，导致耕地耕作层、灌溉设施等种植条件被严重破坏，无法耕种，数量较大，难以恢复。2017年5月18日，高要国土分局作出行政处罚决定书:(1)自行改正,并恢复土地原种植条件;(2)对占用的15.7亩基本农田处以耕地开垦费2倍(96元/平方米)的罚款,共计1,004,850.24元。戴某不服,在复议维持后提起诉讼。一审法院以高要国土分局没有提交鉴定部门和鉴定人鉴定资格的说明为由,认为事实不清、程序违法,撤销处罚决定和复议决定。二审法院认为,肇庆市国土资源局通过肇庆市人民政府将对耕地毁坏的鉴定权限下放到各县、市、区国土资源行政主管部门①,一审的认定无法律依据,撤销了一审判决,驳回了戴某的全部诉讼请求。②

律师答疑

本案争议的焦点是高要国土分局会同高要区农业局作出的耕地毁坏鉴定书是否有效。

《自然资源违法行为立案查处工作规程(试行)》第3.2.4.7条"认定意见、鉴定意见"第1款规定:"涉及耕地破坏程度认定或者鉴定的,由市(地)级或省级自然资源主管部门组织实施,根据实际情况出具认定意见;也可委托具有法定资质的机构出具鉴定意见;没有具有法定资质的机构的,可以委托其他具备条件的机构出具鉴定意见。"前述案例中,肇庆市国土资源局通过肇庆市人民政府发布下放审批权文件,将具体认定工作授权高要国土分局,应当属于其"组织实施"的具体体现,而高要区农业局则是《基本农田保护条例》(2011修订)规定的职能部门,与上诉人共同完成耕地毁坏程度鉴定符合相关法律、法规的规定。

原国土资源部、最高人民检察院、公安部《关于国土资源行政主管部门移送涉嫌国土资源犯罪案件的若干意见》关于移送证据规定:"……需要对耕地破坏程度进行鉴定的,由市(地)级或者省级国土资源行政主

① 已撤并为自然资源立管部门,下同。

② 参见广东省肇庆市中级人民法院行政判决书,(2018)粤12行终27号。

管部门出具鉴定结论。"该规定是关于移送证据的要求，与《自然资源违法行为立案查处工作规程（试行）》第3.2.4.7条的规定并不矛盾，说明市（地）级或者省级人民政府国土资源主管部门组织实施或者出具的鉴定意见即具有合法性，无论是利用自身的技术力量进行鉴定，还是委托有资质的机构进行鉴定，都符合相关法律、法规的规定。在实务中，土地破坏程度的鉴定往往委托第三方有鉴定资质的单位进行，作为行政处罚的依据。刑事证据的认定标准一般要高于行政证据，涉及向司法机关移送证据的，行政机关一般会请示上级主管部门，得到的答复多是自行组织。这样的内部请示不符合法定程序，在刑事证据的认定上会存在非法证据排除的风险。

在行政处罚案件中委托第三方进行鉴定，必须是取得相应的鉴定资质的企业。江苏省泰州市中级人民法院作出的（2020）苏12行终105号行政判决书，就因为某地籍勘测院不具有企业或者事业单位法人资格，不具备申请测绘资质的条件，最终撤销一审判决和某自然资源和规划局的行政处罚决定。

相关规定

《自然资源违法行为立案查处工作规程（试行）》

第3.2.4.7条　认定意见、鉴定意见

涉及耕地破坏程度认定或者鉴定的，由市（地）级或省级自然资源主管部门组织实施，根据实际情况出具认定意见；也可委托具有法定资质的机构出具鉴定意见；没有具有法定资质的机构的，可以委托其他具备条件的机构出具鉴定意见。

20. 拒不履行土地复垦义务的怎么处罚？

具体案例

萧县自然资源局以张某未经批准擅自在基本农田上取土，违反了《基本农田保护条例》(2011 修订)为由，依据《基本农田保护条例》(2011 修订)第 33 条的规定作出行政处罚：(1)责令 15 日内改正，恢复原种植条件；(2)并处每平方米 15 元的罚款(合计人民币 34,455.00 元)。张某交了罚款，萧县自然资源局在法定期限内申请法院强制执行。萧县人民法院认为，行政处罚决定明显缺乏事实依据，裁定不准予强制执行。萧县自然资源局不服，申请复议。宿州市中级人民法院认为，依据《土地管理法》(2004 修正)第 75 条的规定："违反本法规定，拒不履行土地复垦义务的，由县级以上人民政府土地行政主管部门责令限期改正；逾期不改正的，责令缴纳复垦费，专项用于土地复垦，可以处以罚款。"萧县自然资源局向法院申请执行的内容为案涉处罚决定中的第 1 项，即"责令 15 日内改正，恢复原种植条件"。该项属拒不履行土地复垦义务的情形，萧县自然资源局应依据上述法律规定进行处理，不应直接申请人民法院执行，裁定驳回萧县自然资源局的复议申请。①

律师答疑

首先，准确把握土地复垦的含义。《土地复垦条例》第 2 条规定，"本条例所称土地复垦，是指对生产建设活动和自然灾害损毁的土地，采取整治措施，使其达到可供利用状态的活动"。《土地管理法》(2019 修

① 参见安徽省宿州市中级人民法院行政裁定书，(2020)皖 13 行审复 8 号。

正)第43条规定,“因挖损、塌陷、压占等造成土地破坏,用地单位和个人应当按照国家有关规定负责复垦;没有条件复垦或者复垦不符合要求的,应当缴纳土地复垦费,专项用于土地复垦。复垦的土地应当优先用于农业”。第75条规定,占用耕地建窑、建坟或者擅自在耕地上建房、挖砂、采石、采矿、取土等,破坏种植条件的,或者因开发土地造成土地荒漠化、盐渍化的,由县级以上人民政府自然资源主管部门、农业农村主管部门等按照职责责令限期改正或者治理,可以并处罚款。如果行政相对人不履行处罚决定,根据《行政强制法》第50条的规定,行政机关可以代履行或委托第三人代履行。而《土地管理法》(2019修正)第76条“拒不履行土地复垦义务的,由县级以上人民政府自然资源主管部门责令限期改正;逾期不改正的,责令缴纳复垦费,专项用于土地复垦,可以处以罚款”,是专门针对土地复垦的规定。由此可知,法律意义上的“土地复垦”并非《土地管理法》(2019修正)责令恢复原种植条件。前述执行案中,宿州市中级人民法院2020年5月25日作出裁定的依据是错误的,且不说其适用的法条已经发生了变化,2019年8月26日《土地管理法》已经由全国人民代表大会常务委员会进行修正,原第75条修正为第76条,其将土地复垦与恢复种植条件不作区分,本身就是法律适用的错误。

其次,土地复垦有专门的法律规范。2011年3月5日国务院出台《土地复垦条例》(国务院令第592号),2012年12月27日国土资源部制定《土地复垦条例实施办法》,2019年7月16日自然资源部进行了修正。国务院的法规和自然资源部的规章是土地复垦的专项规范,要求土地复垦义务人在办理建设用地申请或者采矿权申请手续时,组织编制土地复垦方案。有关自然资源主管部门受理土地复垦方案审查申请后,应当组织专家进行论证。土地复垦义务人应当与损毁地县级自然资源主管部门在双方约定的银行建立土地复垦费用专门账户,按照土地复垦方案确定的资金数额,于项目动工前1个月内在土地复垦费用专门账户中足额预存土地复垦费用。土地复垦义务人应当与损毁土地所在地县级自然资源主管部门、银行共同签订土地复垦费用使用监管协议，明确土地复垦费用预存和使用的时间、数额、程序、条件和违约责任等。因此，《土地管理法》(2019 修正)第 43 条、第 76 条是针对土地复垦的专门规定，不能相互混用。

最后，如果将拒不履行土地复垦义务与责令恢复耕种植条件等同适用，有重复处罚之嫌。《土地管理法》(2019 修正)第 75 条规定，占用耕地建窑、建坟或者擅自在耕地上建房、挖砂、采石、采矿、取土等，破坏种植条件的，或者因开发土地造成土地荒漠化、盐渍化的，由县级以上人民政府自然资源主管部门、农业农村主管部门等按照职责责令限期改正或者治理，可以并处罚款。如果破坏耕地种植条件，行政机关责令恢复种植条件，处以罚款，行政相对人不履行恢复种植条件的处罚决定，再按第 76 条“拒不履行土地复垦义务的，由县级以上人民政府自然资源主管部门责令限期改正；逾期不改正的，责令缴纳复垦费，专项用于土地复垦，可以处以罚款”的规定，此时再处以罚款，就构成重复处罚，这在法律设定上是不允许的，也违背立法者的本意。

综上，前述案例中萧县自然资源局申请强制执行恢复种植条件错误在先，法院裁定不予执行适用法律错误在后，根本原因在于没有正确理解土地复垦的含义。该案中，如果行政相对人不履行处罚决定，行政机关可以根据《行政强制法》第 50 条的规定代履行或委托第三人代履行，相应的费用由行政相对人承担。

相关规定

《土地管理法》(2019 修正)

第四十三条　因挖损、塌陷、压占等造成土地破坏，用地单位和个人应当按照国家有关规定负责复垦；没有条件复垦或者复垦不符合要求的,应当缴纳土地复垦费,专项用于土地复垦。复垦的土地应当优先用于农业。

第七十六条 违反本法规定,拒不履行土地复垦义务的,由县级以上人民政府自然资源主管部门责令限期改正;逾期不改正的,责令缴纳复垦费,专项用于土地复垦,可以处以罚款。

《土地管理法实施条例》(2021 修订)

第五十六条第一款 依照《土地管理法》第七十六条的规定处以罚款的,罚款额为土地复垦费的2倍以上5倍以下。

《行政强制法》

第五十条 行政机关依法作出要求当事人履行排除妨碍、恢复原状等义务的行政决定,当事人逾期不履行,经催告仍不履行,其后果已经或者将危害交通安全、造成环境污染或者破坏自然资源的,行政机关可以代履行,或者委托没有利害关系的第三人代履行。

《土地复垦条例》

第二条 本条例所称土地复垦,是指对生产建设活动和自然灾害损毁的土地,采取整治措施,使其达到可供利用状态的活动。

第三条 生产建设活动损毁的土地,按照"谁损毁,谁复垦"的原则,由生产建设单位或者个人(以下称土地复垦义务人)负责复垦。但是,由于历史原因无法确定土地复垦义务人的生产建设活动损毁的土地(以下称历史遗留损毁土地),由县级以上人民政府负责组织复垦。

自然灾害损毁的土地,由县级以上人民政府负责组织复垦。

21. 未经批准或者采取欺骗手段骗取批准非法占用土地的怎么处罚?

具体案例

深圳市深汕特别合作区综合执法局接到群众举报,某土石方公司在土地上实施违法占地倒渣土的行为。经调查,某土石方公司于2021年1月至5月非法占用土地倾倒渣土情况属实,经过现场勘验鉴定认定:非法破坏耕地19,442平方米,非法占用一般农用地31,843平方米,非法占用建设用地409平方米。因违法行为发生在2021年5月前,《土地管理法实施条例》(2021修订)于2021年9月1日起施行,综合执法局按"从旧兼从轻"的原则作出处罚:(1)罚款1,697,450元;(2)责令退还非法占用的51,694平方米土地,对被破坏的19,442平方米耕地恢复种植条件;对当事人违法占用的31,843平方米农用地、409平方米建设用地恢复土地原状。某土石方公司以其倒渣土行为是经镇人民政府同意为由提起复议。那么,非法占用土地该如何处罚呢?[①]

律师答疑

土地的使用有严格的批准程序。建设单位使用国有土地的,应当按照土地使用权出让等有偿使用合同的约定或者土地使用权划拨批准文件的规定使用土地,确需改变该土地建设用途的,应当经有关人民政府自然资源主管部门同意,报原批准用地的人民政府批准。需要临时使用国有土地或者农民集体所有的土地的,由县级以上人民政府自然资源主

① 参见深圳市深汕特别合作区城市管理和综合执法局执法案例。

管部门批准。其中,在城市规划区内的临时用地,在报批前,应当先经有关城市规划行政主管部门同意。土地使用者应当根据土地权属,与有关自然资源主管部门或者农村集体经济组织、村民委员会签订临时使用土地合同,并按照合同的约定支付临时使用土地补偿费。建设单位占用土地,涉及农用地转为建设用地的,应当办理农用地转用审批手续。永久基本农田转为建设用地,由国务院批准。因此,未经批准或者采取欺骗手段骗取批准,即构成"非法占用土地"。

在认定非法占用土地的基础上,按照《自然资源违法行为立案查处工作规程(试行)》第4.2.2条的规定,对违法用地占地的地类进行认定时,如果非法占用的是耕地,还要对破坏种植条件进行鉴定。经鉴定达到破坏种植条件程度的,按照《土地管理法》(2019修正)第75条、《土地管理法实施条例》(2021修订)第55条的规定处罚。如果没有达到破坏种植条件的程度,按占用的情况依据《土地管理法》(2019修正)第77条、第83条,《土地管理法实施条例》(2021修订)第57条的规定处罚。

违法占用土地的罚款法律适用要正确,计算要精确。前述案例中,综合执法局是根据《土地管理法》(2019修正)和《土地管理法实施条例》(2021修订)的相关规定进行处罚。《广东省国土资源行政处罚自由裁量权实施标准》(已废止)第1条第4项规定:"违法占用未利用地、建设用地,造成不良后果的,处每平方米10元以下的罚款。违法占用一般农用地的,造成不良后果的,处每平方米10元以上20元以下的罚款。违法占用耕地(含基本农田),造成不良后果的,处每平方米20元以上30元以下罚款。"第2条第2项规定:"……破坏一般耕地10亩以上的,处以耕地开垦费2倍的罚款。"以及《广东省非农业建设补充耕地管理办法》第10条规定:"耕地开垦费按照如下标准缴纳(按照每平方米计):(一)县、县级市辖区内18元;(二)地级以上市辖区内(不含所辖县、县级市)28元。占用基本农田的,耕地开垦费每平方米加收20元。"对于破坏耕地的处罚:19,442×28×2=1,088,752元;违法占用一般农用地的处罚：31,843×19=605,017元；违法占用建设用地的处罚：409×9=3681元，共处罚1,697,450元。《土地管理法实施条例》(2014修订)第42条规定："依照《土地管理法》第七十六条的规定处以罚款的，罚款额为非法占用土地每平方米30元以下。"因违法占地行为发生在2021年5月前，该处罚决定按"从旧兼从轻"的原则罚款，裁量是适当的。

在非法占用的土地上新建建筑物和其他设施的，区分情况处理：违反土地利用总体规划擅自将农用地改为建设用地，限期拆除在非法占用的土地上新建的建筑物和其他设施，恢复土地原状；对符合土地利用总体规划的，没收在非法占用的土地上新建的建筑物和其他设施。

需要注意的是，依据《土地管理法》(2019修正)作出的限期拆除，在当事人不履行、不复议、不诉讼的情况下，应当申请人民法院强制执行，行政机关没有强制拆除的权力。《土地管理法》(2019修正)第83条规定，期满不起诉又不自行拆除的，由作出处罚决定的机关依法申请人民法院强制执行，费用由违法者承担。

相关规定

《土地管理法》(2019修正)

第七十七条第一款　未经批准或者采取欺骗手段骗取批准，非法占用土地的，由县级以上人民政府自然资源主管部门责令退还非法占用的土地，对违反土地利用总体规划擅自将农用地改为建设用地的，限期拆除在非法占用的土地上新建的建筑物和其他设施，恢复土地原状，对符合土地利用总体规划的，没收在非法占用的土地上新建的建筑物和其他设施，可以并处罚款；对非法占用土地单位的直接负责的主管人员和其他直接责任人员，依法给予处分；构成犯罪的，依法追究刑事责任。

第八十三条　依照本法规定，责令限期拆除在非法占用的土地上新建的建筑物和其他设施的，建设单位或者个人必须立即停止施工，自行拆除；对继续施工的，作出处罚决定的机关有权制止。建设单位或者个人对责令限期拆除的行政处罚决定不服的，可以在接到责令限期拆除决定之日起十五日内，向人民法院起诉；期满不起诉又不自行拆除的，由作出处罚决定的机关依法申请人民法院强制执行，费用由违法者承担。

《土地管理法实施条例》(2021 修订)

第五十七条第一款　依照《土地管理法》第七十七条的规定处以罚款的，罚款额为非法占用土地每平方米 100 元以上 1000 元以下。

22. 农村村民未经批准或采取欺骗手段骗取批准非法占用土地建住宅的怎么处罚？

具体案例

2020 年 6 月，梁某未经批准占用 × 镇 × 村 × 组 231 平方米集体土地建房三间三层。2020 年 9 月 25 日，内乡县自然资源局依据《土地管理法》(2019 修正) 第 77 条作出行政处罚：(1) 责令梁某退还非法占用的 231 平方米集体土地；(2) 限梁某 15 日内拆除在非法占用的 231 平方米集体土地上新建建筑物及其他设施，恢复土地原状，并按耕地每平方米 10 元的标准处以罚款 2310 元。梁某在法定期间内未复议诉讼，经催告不履行。2021 年 4 月 16 日，内乡县自然资源局向内乡县人民法院提交申请，仅请求执行该处罚决定书中“限梁某 15 日内拆除在非法占用的 231 平方米集体土地上新建建筑物及其他设施,恢复土地原状”。内乡县人民法院裁定予以执行。①

律师答疑

首先,对农村村民非法占用土地建住宅的查处,执法主体是县级以上人民政府农业农村主管部门或经集中执法权的综合执法部门。《土地管理法》(2019 修正)第 78 条第 1 款规定:“农村村民未经批准或者采取欺骗手段骗取批准,非法占用土地建住宅的,由县级以上人民政府农业农村主管部门责令退还非法占用的土地,限期拆除在非法占用的土地上新建的房屋。”2018 年 3 月根据第十三届全国人民代表大会第一次会议批准的国务院机构改革方案设立农业农村部。内乡县人民政府根据 2019 年 1 月 5 日《内乡县机构改革方案》成立农业农村局。《土地管理法》2019 年 8 月 26 日修正,自 2020 年 1 月 1 日起施行,梁某的建房行为发生在 2020 年 6 月,且属于农村村民修建住宅的情形,县自然资源主管部门没有执法主体资格,法院没有尽到审查的责任,作出的裁定是错误的。

其次,对农村村民非法占用土地建住宅的处罚,超占面积处以罚款。立法者出于减轻农民负担的考虑,在设定农村村民非法占地建住宅的处罚时没有明确设定罚款。《土地管理法》(2019 修正)第 78 条第 2 款规定,超过省、自治区、直辖市规定的标准,多占的土地以非法占用土地论处。对非法占用的土地按照第 77 条的规定,由县级以上人民政府自然资源主管部门责令退还非法占用的土地,对违反土地利用总体规划擅自将农用地改为建设用地的,限期拆除在非法占用的土地上新建的建筑物和其他设施,恢复土地原状,对符合土地利用总体规划的,没收在非法占用的土地上新建的建筑物和其他设施,可以并处罚款。《土地管理法实施条例》(2021 修订)第 57 条第 1 款规定,依照《土地管理法》第 77 条的规定处以罚款的,罚款额为非法占用土地每平方米 100 元以上 1000 元

① 参见河南省内乡县人民法院行政裁定书,(2021)豫 1325 行审 62 号。

以下。《土地管理法实施条例》(2014 修订)规定的罚款额是 30 元以下。因此,本案中内乡县自然资源局对梁某占地建房作出罚款的规定,超出了法律的设定。

再次,农村村民修建住宅应履行报批程序,执行相应的面积标准。《土地管理法》(2019 修正)第 62 条第 4 款规定,农村村民住宅用地,由乡(镇)人民政府审核批准。《土地管理法实施条例》(2021 修订)第 34 条第 1 款规定:“农村村民申请宅基地的,应当以户为单位向农村集体经济组织提出申请;没有设立农村集体经济组织的,应当向所在的村民小组或者村民委员会提出申请。宅基地申请依法经农村村民集体讨论通过并在本集体范围内公示后,报乡(镇)人民政府审核批准。”《土地管理法》(2019 修正)对宅基地面积没有具体规定,只是要求宅基地的面积不得超过省、自治区、直辖市规定的标准。《广东省实施〈中华人民共和国土地管理法〉办法》第 36 条规定,农村村民一户只能拥有一处宅基地,新批准宅基地的面积按如下标准执行:平原地区和城市郊区 80 平方米以下;丘陵地区 120 平方米以下;山区 150 平方米以下。《河南省农村宅基地和村民自建住房管理办法(试行)》第 7 条规定:“一户村民只能拥有一处宅基地。各地要以县为单位根据实际情况制定标准,城镇郊区和人均耕地少于 667 平方米的平原地区,每户宅基地面积不得超过 134 平方米;人均耕地 667 平方米以上的平原地区,每户宅基地面积不得超过 167 平方米;山区、丘陵地区每户宅基地面积不得超过 200 平方米。要在村庄规划中对村民自建住房标准作出统一安排,原则上以不超过三层的低层住宅为主,不规划建设三层以上的住房。确需建设三层以上住房的,要征得村集体经济组织或村民委员会以及利益相关方的同意后,纳入村庄规划。”

最后,注意法律的适用。农村村民存在未经批准非法占地建住宅的行为,同时存在未取得乡村建设规划许可证的行为。《城乡规划法》(2019 修正)第 65 条规定:“在乡、村庄规划区内未依法取得乡村建设规划许可证或者未按照乡村建设规划许可证的规定进行建设的，由乡、镇人民政府责令停止建设、限期改正；逾期不改正的，可以拆除。”如果按照《城乡规划法》（2019 修正）的规定实施拆除，执法机关不需要向法院申请执行，可在法定期限内自行组织拆除，但是按照《城乡规划法》（2019 修正）作出处罚的是乡、镇人民政府。如果适用《土地管理法》（2019 修正）第 78 条的规定，《土地管理法》（2019 修正）未赋予行政机关强制执行权。因此，根据《行政强制法》第 53 条、第 54 条之规定，只有当事人在法定期限内不申请行政复议或者提起行政诉讼，又不履行行政处罚决定的情况下，行政机关才可以在起诉期限届满之日起 3 个月内，依法申请人民法院强制执行。在申请人民法院强制执行前，还应当催告当事人履行义务。

相关规定

《土地管理法》（2019 修正）

第六十二条　农村村民一户只能拥有一处宅基地，其宅基地的面积不得超过省、自治区、直辖市规定的标准。

人均土地少、不能保障一户拥有一处宅基地的地区，县级人民政府在充分尊重农村村民意愿的基础上，可以采取措施，按照省、自治区、直辖市规定的标准保障农村村民实现户有所居。

农村村民建住宅，应当符合乡（镇）土地利用总体规划、村庄规划，不得占用永久基本农田，并尽量使用原有的宅基地和村内空闲地。编制乡（镇）土地利用总体规划、村庄规划应当统筹并合理安排宅基地用地，改善农村村民居住环境和条件。

农村村民住宅用地，由乡（镇）人民政府审核批准；其中，涉及占用农用地的，依照本法第四十四条的规定办理审批手续。

农村村民出卖、出租、赠与住宅后，再申请宅基地的，不予批准。

第七十八条 农村村民未经批准或者采取欺骗手段骗取批准,非法占用土地建住宅的,由县级以上人民政府农业农村主管部门责令退还非法占用的土地,限期拆除在非法占用的土地上新建的房屋。

超过省、自治区、直辖市规定的标准,多占的土地以非法占用土地论处。

《土地管理法实施条例》(2021 修订)

第三十四条 农村村民申请宅基地的,应当以户为单位向农村集体经济组织提出申请;没有设立农村集体经济组织的,应当向所在的村民小组或者村民委员会提出申请。宅基地申请依法经农村村民集体讨论通过并在本集体范围内公示后,报乡(镇)人民政府审核批准。

涉及占用农用地的,应当依法办理农用地转用审批手续。

《城乡规划法》(2019 修正)

第六十五条 在乡、村庄规划区内未依法取得乡村建设规划许可证或者未按照乡村建设规划许可证的规定进行建设的,由乡、镇人民政府责令停止建设、限期改正;逾期不改正的,可以拆除。

23. 擅自将农民集体所有土地通过转让等方式用于非农建设的怎么处罚?

具体案例

2014 年 1 月 10 日,李某将位于南召县竹园沟水库北岸本人承包的 13.5 亩荒坡租赁给毛某开发使用,租赁期限 50 年。自 2015 年 4 月起,毛某将租赁的荒坡陆续出售给他人建住宅。李某与毛某非同一经济组织,签订的荒坡租赁协议未经有关部门批准。南召县自然资源局依据《土地管理法》(2019 修正)第 82 条及《土地管理法实施条例》(2021 修订)第 39 条规定,对李某作出召自然资罚决字(2020)第 3 号行政处罚,责令限期改正,并处罚款。李某不服,提起诉讼,一审法院驳回了李某的诉讼请求,二审法院予以维持。①

律师答疑

在我国,城市市区的土地属于国家所有,农村和城市郊区的土地,除由法律规定属于国家所有的以外,属于农民集体所有。农村村民的宅基地,以及自留地、自留山,属于农民集体所有,农村集体组织的成员只有使用权,不得出租、转让或买卖,也不得擅自用于建房等非农业生产用途。

《农村土地承包法》(2018 修正)第 3 条规定,国家实行农村土地承包经营制度。农村土地承包采取农村集体经济组织内部的家庭承包方式,不宜采取家庭承包方式的荒山、荒沟、荒丘、荒滩等农村土地,可以采取招标、拍卖、公开协商等方式承包。第 4 条规定:"农村土地承包后,土地的所有权性质不变。承包地不得买卖。"第 11 条第 1 款规定:"农村土地承包经营应当遵守法律、法规,保护土地资源的合理开发和可持续利用。未经依法批准不得将承包地用于非农建设。"

农民承包的土地经营权依法可以流转,但不得改变土地所有权的性质和土地的农业用途。《农村土地承包法》(2018 修正)规定,承包方享有承包土地使用、收益的权利,依法流转土地经营权的权利,承包地被依法征收、征用、占用的,获得相应的补偿权利等。承包方有维持土地的农业用途的义务,保护和合理利用土地的义务。承包方可以自主决定依法

① 参见河南省南阳市中级人民法院行政判决书,(2020)豫 13 行终 271 号。

采取出租(转包)、入股或者其他方式向他人流转土地经营权,并向发包方备案。土地经营权流转应当遵循以下原则:(1)依法、自愿、有偿,任何组织和个人不得强迫或者阻碍土地经营权流转;(2)不得改变土地所有权的性质和土地的农业用途,不得破坏农业综合生产能力和农业生态环境;(3)流转期限不得超过承包期的剩余期限;(4)受让方须有农业经营能力或者资质;(5)在同等条件下,本集体经济组织成员享有优先权。

由以上规定可知,农村村民承包的土地可以依法流转,但流转并不等同于买卖,更不得改变土地所有权的性质,不得改变土地的农业用途,不得破坏农业综合生产能力和农业生态环境。前述案例中,李某擅自将自己承包的土地转租于非同一集体经济组织的毛某,毛某又将租来的土地卖给他人建房,既改变了土地所有权的性质,也改变了土地的农业用途,违反了《农村土地承包法》(2018 修正)的规定,应当依据《土地管理法》(2019 修正)及《土地管理法实施条例》(2021 修订)的相关规定进行处罚。

相关规定

《农村土地承包法》(2018 修正)

第四条　农村土地承包后,土地的所有权性质不变。承包地不得买卖。

第十一条第一款　农村土地承包经营应当遵守法律、法规,保护土地资源的合理开发和可持续利用。未经依法批准不得将承包地用于非农建设。

第十八条　承包方承担下列义务:

(一)维持土地的农业用途,未经依法批准不得用于非农建设;

(二)依法保护和合理利用土地,不得给土地造成永久性损害;

（三）法律、行政法规规定的其他义务。

《土地管理法》（2019修正）

第八十二条　擅自将农民集体所有的土地通过出让、转让使用权或者出租等方式用于非农业建设，或者违反本法规定，将集体经营性建设用地通过出让、出租等方式交由单位或者个人使用的，由县级以上人民政府自然资源主管部门责令限期改正，没收违法所得，并处罚款。

《土地管理法实施条例》（2021修订）

第六十条　依照《土地管理法》第八十二条的规定处以罚款的，罚款额为违法所得的10%以上30%以下。

24. 临时用地期满之后拒不归还怎么办？

具体案例

2015年10月15日，某公司与深圳市深汕特别合作区土地储备中心签订储备土地短期利用合同书，约定土地储备中心向某公司提供短期利用土地11,139平方米，使用期限1年。合同到期后未续签合同，某公司未按合同约定清场交还土地，继续占用土地。综合执法局通过程序拟作出责令退还到期土地、按每平方米30元罚款、限期拆除临时建筑物和永久建筑物等处罚。某公司以区管委会未按项目投资协议约定协助办理土地出让手续为由提出申辩。①

① 参见深圳市深汕特别合作区城市管理和综合执法局执法案例。

律师答疑

首先,认定临时用地的范围。《土地管理法》(2019 修正)第 57 条规定,“建设项目施工和地质勘查需要临时使用国有土地或者农民集体所有的土地的,由县级以上人民政府自然资源主管部门批准。其中,在城市规划区内的临时用地,在报批前,应当先经有关城市规划行政主管部门同意。土地使用者应当根据土地权属,与有关自然资源主管部门或者农村集体经济组织、村民委员会签订临时使用土地合同,并按照合同的约定支付临时使用土地补偿费。临时使用土地的使用者应当按照临时使用土地合同约定的用途使用土地,并不得修建永久性建筑物。临时使用土地期限一般不超过二年”。根据这一规定,临时用地须满足符合特定用途、县级以上人民政府自然资源主管部门批准、城市规划区内经城市规划行政主管部门同意、签订临时用地合同等条件,并不得修建永久性建筑、使用期限一般不超过 2 年。前述案例中的短期利用的土地符合这些特征,应当认定为临时用地。

其次,应注重区分违法占地和临时用地到期不归还。合同到期后仍然占用土地属于违法占地还是临时使用土地期满拒不归还,有两种观点:第一种观点认为,合同到期后占用土地,没有任何用地手续,应认定为违法占地,适用《土地管理法》(2019 修正)第 77 条进行查处。第二种观点认为,合同到期后占用土地,因之前属于合法使用临时用地,现在应认定为到期不归还临时用地。《土地管理法》(2019 修正)第 81 条专门规定临时用地到期拒不归还的情形,以区别于《土地管理法》(2019 修正)第 77 条规定的违法占地。《自然资源违法行为立案查处工作规程(试行)》附录 A 规定的主要土地违法行为也区分了“未经批准或者采取欺骗手段骗取批准,违法占用土地”“临时使用土地期满,拒不归还”两种情形。因此,合同到期后仍然占用土地应认定为《土地管理法》(2019 修正)第 81 条规定的临时使用土地期满拒不归还情形。

最后,注重新旧法的衔接。现行的《土地管理法》根据 2019 年 8 月

26日第十三届全国人民代表大会常务委员会第十二次会议《关于修改〈中华人民共和国土地管理法〉、〈中华人民共和国城市房地产管理法〉的决定》第三次修正，原第80条修订为现在的第81条。现行的《土地管理法实施条例》于2021年4月21日国务院第132次常务会议修订通过，2021年9月1日实施，相关的法条和处罚标准也发生了变化。如《土地管理法实施条例》（2014修订）第43条规定："依照《土地管理法》第八十条的规定处以罚款的，罚款额为非法占用土地每平方米10元以上30元以下。"现修订为第59条规定："依照《土地管理法》第八十一条的规定处以罚款的，罚款额为非法占用土地每平方米100元以上500元以下。"因此，要根据实际情况按"从旧兼从轻"的原则进行处罚。

相关规定

《土地管理法》（2019修正）

第五十七条　建设项目施工和地质勘查需要临时使用国有土地或者农民集体所有的土地的，由县级以上人民政府自然资源主管部门批准。其中，在城市规划区内的临时用地，在报批前，应当先经有关城市规划行政主管部门同意。土地使用者应当根据土地权属，与有关自然资源主管部门或者农村集体经济组织、村民委员会签订临时使用土地合同，并按照合同的约定支付临时使用土地补偿费。

临时使用土地的使用者应当按照临时使用土地合同约定的用途使用土地，并不得修建永久性建筑物。

临时使用土地期限一般不超过二年。

第八十一条　依法收回国有土地使用权当事人拒不交出土

地的，临时使用土地期满拒不归还的，或者不按照批准的用途使用国有土地的，由县级以上人民政府自然资源主管部门责令交还土地，处以罚款。

《土地管理法实施条例》(2021 修订)

第五十九条　依照《土地管理法》第八十一条的规定处以罚款的，罚款额为非法占用土地每平方米 100 元以上 500 元以下。

25. 在临时使用的土地上能修建永久性建筑物、构筑物吗?

具体案例

2016 年 3 月 21 日，黄某向忠县自然资源规划局提出因建堆码仓库需使用土地 695.39 平方米，请求办理临时用地手续。2016 年 4 月 21 日，县人民政府作出关于同意黄金镇黄某堆码场项目临时占用土地的批复，同意黄某临时占用集体农用地 0.0694 公顷(其中耕地 0.0574 公顷)，用于建筑材料堆码，临时用地期限从批准之日起算 2 年。黄某在临时用地修建建筑物用于开办面条厂。2020 年 6 月 11 日，县自然资源规划局作出行政处罚决定:(1)自行拆除在非法占用的土地(471 平方米)上修建的建(构)筑物，恢复土地原状;(2)并处罚款 4710 元。黄某不服，以其有合法的审批手续提起诉讼，一审法院以临时用地手续不能代替农用地转用手续为由，驳回了黄某的诉讼请求，二审法院予以维持。[①]

---

① 参见重庆市第二中级人民法院行政判决书，(2021)渝 02 行终 93 号。

律师答疑

首先，要认定永久性建筑物、构筑物的范畴。目前，关于永久性建筑物、构筑物的认定，法律、法规和规章没有明确的标准，司法解释和公布的案例也没有相应的说明。一般情况下，行政机关根据常识性的判断即可作出认定，不需要专业机构的鉴定意见。相较于永久性建筑而言，临时建筑容易判断，也有相应的规范。比如，《深圳市临时用地和临时建筑管理规定》第2条第2款规定，“本规定所称临时建筑是指单位和个人因生产、生活需要搭建的结构简易并在规定期限内必须拆除的建筑物、构筑物或其他设施”。第14条第2款规定，“临时建筑不得采用现浇钢筋混凝土等永久性结构形式”。因此，临时建筑物之外的其他建筑一般认定为永久性建筑。

看护房属于设施农业用地中直接用于作物种植的设施用地，可以使用一般耕地，不需落实占补平衡，不应视为永久性建筑。自然资源部、农业农村部《关于设施农业用地管理有关问题的通知》规定，“设施农业用地包括农业生产中直接用于作物种植和畜禽水产养殖的设施用地。其中，作物种植设施用地包括作物生产和为生产服务的看护房、农资农机具存放场所等，以及与生产直接关联的烘干晾晒、分拣包装、保鲜存储等设施用地”。当然，看护房建设一定要符合标准。江苏省、云南省、吉林省、河北省等地出台规定，生产看护房单层、小于15平方米。

其次，拆除应当申请人民法院强制执行。当事人在法定期限内不履行、不复议、不起诉的，对违法建筑的拆除需要申请人民法院强制执行。《行政强制法》第44条规定：“对违法的建筑物、构筑物、设施等需要强制拆除的，应当由行政机关予以公告，限期当事人自行拆除。当事人在法定期限内不申请行政复议或者提起行政诉讼，又不拆除的，行政机关可以依法强制拆除。”依照土地管理法律、法规拆除的，应向人民法院申请。《土地管理法实施条例》（2021修订）第52条规定，违反《土地管理法》（2019修正）第57条的规定，在临时使用的土地上修建永久性建筑物的,由县级以上人民政府自然资源主管部门责令限期拆除,按占用面积处土地复垦费 5 倍以上 10 倍以下的罚款;逾期不拆除的,由作出行政决定的机关依法申请人民法院强制执行。

因此,在临时使用的土地上,是不能修建永久性建筑物、构筑物的,一定要按照临时用地合同约定的用途使用土地,否则,将面临高额罚款和限期拆除的处罚。

相关规定

《土地管理法》(2019 修正)

第五十七条第二款　临时使用土地的使用者应当按照临时使用土地合同约定的用途使用土地,并不得修建永久性建筑物。

《土地管理法实施条例》(2021 修订)

第五十二条　违反《土地管理法》第五十七条的规定,在临时使用的土地上修建永久性建筑物的,由县级以上人民政府自然资源主管部门责令限期拆除,按占用面积处土地复垦费 5 倍以上 10 倍以下的罚款;逾期不拆除的,由作出行政决定的机关依法申请人民法院强制执行。

26. 在土地利用总体规划制订前已建的不符合土地利用总体规划确定用途的建筑物、构筑物能进行重建、扩建吗?

具体案例

2020 年 8 月 3 日,广州环岛路海珠涌大桥建成通车,附近不少街坊奔走相告,可大家来到这里参观时却发现,在桥中间有一个小小的凹陷,下面是一栋旧屋。因为从上面看,它就像人的一只眼睛,所以大家给它起了一个好听的名字"海珠之眼",一时间成为网红打卡地。全国各地城市中类似的情况不少,有的道路被拦腰截断,有的多条车道被硬生生拧在一起变成一条车道。这些因各种原因不愿意拆迁的住房被冠以"钉子户"的名字。有一个现象引起大家的注意,无论过去多少年,这些房屋没有什么变化,只能在风雨中渐渐老旧。①

律师答疑

在城市化进程中,一些人为了在征收拆迁中获得更多的利益,未经批准私自重建、扩建房屋,不仅给城市征迁造成很大的经济负担,同时由于私搭乱建只求效率不讲质量,带来了巨大的安全风险。2022 年 4 月 29 日,湖南长沙居民自建房倒塌事件造成巨大的人身和财产损失就是深刻的教训。私搭乱建粗制滥造,使城市面貌变得丑陋,恶化了人居环境。

《土地管理法》(2019 修正)第 65 条规定,"在土地利用总体规划制定前已建的不符合土地利用总体规划确定的用途的建筑物、构筑物,不

---

① 参见中国经济网 2020 年 8 月 6 日报道。

得重建、扩建”。纳入拆迁的房屋表明其已经不符合土地利用总体规划，这时候不允许重建、扩建，一旦重建、扩建就面临拆除的处罚。《土地管理法实施条例》(2021 修订)第 53 条规定:“违反《土地管理法》第六十五条的规定，对建筑物、构筑物进行重建、扩建的，由县级以上人民政府自然资源主管部门责令限期拆除；逾期不拆除的，由作出行政决定的机关依法申请人民法院强制执行。”宪法和法律保护公民的财产权，公民具有房屋不动产权属证明，在不愿意签订拆迁协议的情况下，政府无权干涉，即便涉及重大公共利益的需要，也会作出调整，这是法治社会的进步。但同时，只要对不符合土地利用总体规划的建筑物进行重建、扩建，就是违法建设行为，面临拆除的处罚。这就是那些十几年耸立的建筑依旧保持原貌的原因。

即便在土地利用总体规划内的建筑物，重建、扩建也需要履行报批手续。对此，各地结合实际出台了相应的规定，《浙江省实施〈中华人民共和国土地管理法〉办法》第 40 条规定:“已建的建筑物、构筑物，需要重建、扩建的，应当符合土地利用总体规划确定的用途和城市规划、村庄和集镇规划，并依法重新办理规划、用地审批手续。不改变土地用途并在规定的占地面积范围内重建的，应当简化手续，及时批准。”《河南省农村宅基地和村民自建住房管理办法(试行)》第 23 条第 2 款规定:“村民确需在原有住房上加盖的，要按照新建住房程序进行审批和监管。”深圳市人民代表大会常务委员会《关于坚决查处违法建筑的决定》将擅自改建、加建的建筑列为违法建筑，坚决依法清理、拆除。《深圳市深汕特别合作区村民非商品住宅建设工作指引》第 8 条规定:“深汕特别合作区范围内的村民家庭唯一自住非商品住宅经有资质的房屋鉴定机构鉴定后，处理意见为修缮加固(C 级)的仅可对原危房进行修缮加固，不得加建扩建。房屋鉴定机构鉴定后处理意见为拆除重建(D 级)的，原则上按原址拆除重建，若需拆除后异地重建的必须进行宅基地使用核查。”

相关规定

《土地管理法》(2019修正)

第六十五条　在土地利用总体规划制定前已建的不符合土地利用总体规划确定的用途的建筑物、构筑物,不得重建、扩建。

《土地管理法实施条例》(2021修订)

第五十三条　违反《土地管理法》第六十五条的规定,对建筑物、构筑物进行重建、扩建的,由县级以上人民政府自然资源主管部门责令限期拆除;逾期不拆除的,由作出行政决定的机关依法申请人民法院强制执行。

27. 未取得建设工程规划许可证或者未按照建设工程规划许可证的规定进行建设的怎么处罚?

具体案例

2011年邓某未经规划审批在城镇规划区范围内搭建亭棚一座,面积约为13平方米,用作古玩、工艺品销售。2020年4月14日,启东市综合行政执法局向邓某发出限期拆除违法建设告知书,4月22日,作出限期拆除违法建设决定书,3日后又作出代为拆除违法建设催告书。4月29日,启东市综合行政执法局作出代为拆除违法建设决定书,要求邓某在代为拆除前自行将违法建设内的人员和物品搬离,代履行费用据实结算后由邓某承担,并告知了复议和诉讼的权利。经过催告程序,7月30日,启东市综合行政执法局组织相关人员对案涉亭棚予以拆除。邓某不服,提起诉讼，一审法院认为，启东市综合行政执法局未依法履行公告程序，实施强制拆除时限期拆除决定尚在诉讼期内，违反了《行政强制法》的程序规定。因案涉亭棚已经拆除，不具有可撤销内容，上述行为应被确认违法。判决确认启东市综合行政执法局拆除亭棚的行为违法，驳回了邓某要求恢复原状的诉讼请求。邓某上诉后，二审法院维持了一审判决。①

律师答疑

首先，明确建设工程规划许可证的含义。主要厘清建设用地规划许可证和建设工程规划许可证的概念。建设用地规划许可证是建设单位在向自然资源管理部门申请征用、划拨土地前，经城乡规划行政主管部门确认建设项目位置和范围符合城乡规划的法定凭证，是建设单位用地的法律凭证。建设工程规划许可证是有关建设工程符合城市规划要求的法律凭证，是建设单位建设工程的法律凭证，是建设活动中接受监督检查时的法定依据。前者是同意取得地块使用权后，用于建设项目用地，不能作为他用，由土地建设主管部门审批。后者是同意建什么样的结构和建筑模式，是有红线限制的——包括平面红线、高程红线及地下红线，由城市规划局或建设工程规划主管部门审批。

其次，明确建设工程规划许可证的审批程序。根据《城乡规划法》(2019 修正)第 37 条、第 38 条的规定，以划拨方式提供国有土地使用权的，经批准、核准、备案后，建设单位应当向城乡规划主管部门提出建设用地规划许可申请，由城乡规划主管部门依据控制性详细规划核定建设用地的位置、面积、允许建设的范围，核发建设用地规划许可证，而后向土地主管部门申请用地，经县级以上人民政府审批后，由土地主管部门划拨土地。以出让方式提供国有土地使用权的，在国有土地使用权出让前，城乡规划主管部门应当依据控制性详细规划，提出出让地块的位置、使用性质、开发强

① 参见江苏省南通市中级人民法院行政判决书，(2021)苏 06 行终 124 号。

度等规划条件，作为国有土地使用权出让合同的组成部分，签订国有土地使用权出让合同后，向城市、县人民政府城乡规划主管部门领取建设用地规划许可证。

在乡、村庄规划区内进行乡镇企业、乡村公共设施和公益事业建设的，建设单位或者个人应当向乡、镇人民政府提出申请，由乡、镇人民政府报城市、县人民政府城乡规划主管部门核发乡村建设规划许可证。在乡、村庄规划区内使用原有宅基地进行农村村民住宅建设的规划管理办法，由省、自治区、直辖市制定。比如，《广东省城乡规划条例》第 51 条第 1 款、第 3 款规定，在村庄规划确定的宅基地范围内建设农村村民住宅的，应当持村民委员会签署的书面同意意见、土地使用证明、住宅设计图件等材料，向镇人民政府提出申请，由镇人民政府报城市、县人民政府城乡规划主管部门核发乡村建设规划许可证。城市、县人民政府城乡规划主管部门可以委托镇人民政府核发乡村建设规划许可证。

根据《城乡规划法》(2019 修正)第 41 条第 3 款的规定，在乡、村庄规划区内进行乡镇企业、乡村公共设施和公益事业建设以及农村村民住宅建设，不得占用农用地。确需占用农用地的，应当依照《土地管理法》(2019 修正)有关规定办理农用地转用审批手续后，由城市、县人民政府城乡规划主管部门核发乡村建设规划许可证。

最后，把握违法建设的拆除规范。习惯上，法律、法规将未取得建设工程规划许可证或者未按照建设工程规划许可证的规定进行建设的行为统称为违法建设。行政执法机关在发现违法建设的情况下，先控停，即“责令停止违法建设”，然后再区分两种情况进行处罚：尚可采取改正措施消除对规划实施的影响的，限期改正，处建设工程造价 5% 以上 10% 以下的罚款；无法采取改正措施消除影响的，限期拆除，不能拆除的，没收实物或者违法收入，可以并处建设工程造价 10% 以下的罚款。根据住房和城乡建设部《关于规范城乡规划行政处罚裁量权的指导意见》第 4 条的规定，尚可采取改正措施消除对规划实施影响的情形是指：

(1)取得建设工程规划许可证,但未按建设工程规划许可证的规定进行建设,在限期内采取局部拆除等整改措施,能够使建设工程符合建设工程规划许可证要求的。(2)未取得建设工程规划许可证即开工建设,但已取得城乡规划主管部门的建设工程设计方案审查文件,且建设内容符合或采取局部拆除等整改措施后能够符合审查文件要求的。除此之外,都属于无法采取改正措施消除影响的情形。

依据《城乡规划法》(2019 修正)作出的强制拆除处罚,逾期不拆除的,由作出处罚的执法机关实施。强制拆除原则上必须遵守《行政强制法》第 44 条的特别规定,给当事人预留 60 天的行政复议时间,6 个月的行政诉讼时间,逾期不拆除的,方可组织强制拆除。行政机关不应当为了追求所谓的效率和效果而对此视而不见、随意突破。前述案例中,行政执法机关依据《行政强制法》第 50 条代履行的规定作出代为拆除违法建设决定书明显违法,最终被法院判决确认强制拆除行为违法。代履行的前提条件是违法行为的后果已经或者将危害交通安全、造成环境污染、破坏自然资源,拆除违法建筑物显然不属于这三种情况。对于建筑物、构筑物、设施的拆除,行政机关倘若不加以区分地适用《行政强制法》第 50 条实施代履行,将会导致第 44 条所确立的特别规则被架空,立法目的被抛弃,严重违反法律适用的基本要求。

相关规定

《城乡规划法》(2019 修正)

第四十条第一款　在城市、镇规划区内进行建筑物、构筑物、道路、管线和其他工程建设的,建设单位或者个人应当向城市、县人民政府城乡规划主管部门或者省、自治区、直辖市人民政府确定的镇人民政府申请办理建设工程规划许可证。

第四十三条第一款　建设单位应当按照规划条件进行建设；确需变更的，必须向城市、县人民政府城乡规划主管部门提出申请。变更内容不符合控制性详细规划的，城乡规划主管部门不得批准。城市、县人民政府城乡规划主管部门应当及时将依法变更后的规划条件通报同级土地主管部门并公示。

第六十四条　未取得建设工程规划许可证或者未按照建设工程规划许可证的规定进行建设的，由县级以上地方人民政府城乡规划主管部门责令停止建设；尚可采取改正措施消除对规划实施的影响的，限期改正，处建设工程造价百分之五以上百分之十以下的罚款；无法采取改正措施消除影响的，限期拆除，不能拆除的，没收实物或者违法收入，可以并处建设工程造价百分之十以下的罚款。

第六十五条　在乡、村庄规划区内未依法取得乡村建设规划许可证或者未按照乡村建设规划许可证的规定进行建设的，由乡、镇人民政府责令停止建设、限期改正；逾期不改正的，可以拆除。

第六十八条　城乡规划主管部门作出责令停止建设或者限期拆除的决定后，当事人不停止建设或者逾期不拆除的，建设工程所在地县级以上地方人民政府可以责成有关部门采取查封施工现场、强制拆除等措施。

《行政强制法》

第四十四条　对违法的建筑物、构筑物、设施等需要强制拆除的，应当由行政机关予以公告，限期当事人自行拆除。当事人在法定期限内不申请行政复议或者提起行政诉讼，又不拆除的，行政机关可以依法强制拆除。

28. 未经批准或未按照批准内容进行临时建设及临时建筑物、构筑物超过批准期限不拆除的怎么处罚?

具体案例

2006年,某公司获得临时规划行政许可,建设了1栋二层砖混结构临时商铺、1栋一层临时汽车维修车间、2栋一层临时汽车检测车间、11栋(排)钢架结构棚、5栋(排)砖木结构房及其他建(构)筑物。卫星航拍图显示,本案所涉及的3栋车间,系于2007年至2011年陆续建成。临时用地依法应于2008年到期,由于某公司未能提供有关申请延期并获得批准的证据,南宁经济技术开发区管理委员会(以下简称南宁经开区管委会)于2016年立案查处,并作出限期拆除决定。某公司不服提起诉讼,南宁市中级人民法院认为,限期拆除处罚决定认定事实清楚,适用法律正确,判决驳回了某公司的诉讼请求。某公司上诉后,二审法院维持了一审判决。①

律师答疑

临时建筑,是指单位和个人因生产、生活需要临时建造使用,结构简易并在规定期限内必须拆除的建(构)筑物或其他设施。比如,窝棚、工棚等棚屋及短期性质的展示用房(样板房、展览房)等。在结构上不得超过两层,在建筑用材上除工程特殊需要外,一般不采用现浇钢筋混凝土等耐久性结构形式。

法律并未对临时建筑作出定义,《城乡规划法》(2019修正)第44条

① 参见广西壮族自治区高级人民法院行政判决书,(2018)桂行终318号。

第 1 款、第 3 款规定，在城市、镇规划区内进行临时建设的，应当经城市、县人民政府城乡规划主管部门批准。临时建设和临时用地规划管理的具体办法，由省、自治区、直辖市人民政府制定。《广东省城乡规划条例》第 48 条规定："在城市、镇规划区范围内进行临时建设的，应当向城市、县人民政府城乡规划主管部门或者省人民政府指定的镇人民政府申请核发临时建设工程规划许可证。临时建设工程规划许可证有效期不超过二年。使用期限届满确需延期的，应当在有效期届满三十日前向原核发机关申请办理延期手续，延续期限不超过一年。临时建设必须按照批准的用途使用，不得改变用途或者转让。临时建设应当在批准的使用期限届满前自行拆除，恢复土地原状。"

《深圳市临时用地和临时建筑管理规定》第 2 条第 2 款规定："本规定所称临时建筑是指单位和个人因生产、生活需要搭建的结构简易并在规定期限内必须拆除的建筑物、构筑物或其他设施。"《深圳市城市规划条例》第 48 条规定："临时用地的建设单位应当与市规划和自然资源部门签订《临时土地使用合同》，并严格按照批准的用途使用。"第 49 条规定："临时建设用地使用期限为两年，期满确需延期的可以申请延期一次，但是延长期限不得超过一年。使用期满，用地者负责拆除一切临时建筑物、构筑物。使用期内因城市建设需要，用地者应当服从并按照规定时间自行拆除一切临时建筑物、构筑物。用地者有权获得不高于其所交土地使用费百分之五十的补偿。临时建设用地只能修建不超过两层的简易建筑物、构筑物。"

对于未经批准进行临时建设的，未按照批准内容进行临时建设的，临时建筑物、构筑物超过批准期限不拆除的，由所在地城市、县人民政府城乡规划主管部门责令限期拆除，可以并处临时建设工程造价 1 倍以下的罚款。对临时建筑不停止建设或逾期不拆除的，同样适用《城乡规划法》(2019 修正)第 68 条的规定，由建设工程所在地县级以上地方人民政府责成有关部门采取查封施工现场、强制拆除等措施。

前述案例中，某公司于2006年获得临时规划行政许可，依法应于2008年到期。由于该公司未能提供有关申请延期并获得批准的证据，南宁经开区管委会于2016年立案查处，根据《城乡规划法》（2019修正）的规定，作出1187号限期拆除决定，认定事实清楚，适用法律正确。从程序上看，南宁经开区管委会先后作出综合行政执法检查通知书、限期拆除告知书、限期拆除决定书，告知该公司临时建筑已到期，应自行拆除，并告知其享有举证、陈述、申辩的权利，送达上述文件，均有送达回执单、送达现场照片、视频资料予以证实，符合留置送达的规定，程序合法，法院的认定和判决并无不妥。

相关规定

《城乡规划法》（2019修正）

第四十四条　在城市、镇规划区内进行临时建设的，应当经城市、县人民政府城乡规划主管部门批准。临时建设影响近期建设规划或者控制性详细规划的实施以及交通、市容、安全等的，不得批准。

临时建设应当在批准的使用期限内自行拆除。

临时建设和临时用地规划管理的具体办法，由省、自治区、直辖市人民政府制定。

第六十六条　建设单位或者个人有下列行为之一的，由所在地城市、县人民政府城乡规划主管部门责令限期拆除，可以并处临时建设工程造价一倍以下的罚款：

（一）未经批准进行临时建设的；

（二）未按照批准内容进行临时建设的；

（三）临时建筑物、构筑物超过批准期限不拆除的。

第六十八条　城乡规划主管部门作出责令停止建设或者限期拆除的决定后，当事人不停止建设或者逾期不拆除的，建设工程所在地县级以上地方人民政府可以责成有关部门采取查封施工现场、强制拆除等措施。

29. 临时建筑怎么拆除？

具体案例

2020年7月16日，郑州市惠济区黄河流域生态保护和高质量发展领导小组黄河生态保护和滩区治理指挥部发布关于黄河滩区退出渔业养殖收回鱼塘占地的通告，通告载明：凡是在7月23日前将鱼塘水放干，将建筑物附属物拆除、设备等生产资料全部搬离并签订退出承诺书的养殖户，按水面面积给予相应的搬迁奖励；凡是7月23日之前没有按照标准落实搬迁的，不予奖励，各职能执法部门将依法实施强制收回。韩某未按通告时间拆除位于黄河大堤以北、14号坝口附近的涉案建筑物并退出鱼塘，惠济区大河路街道办事处于2020年8月初分两次将韩某部分涉案建筑物拆除。韩某不服，诉至法院。郑州市惠济区人民法院作出(2021)豫0108行初9号行政判决书，以大河路街道办事处未按照相关法律规定制作并送达相关文书，未告知韩某享有的救济途径和期限，未履行听证、公告等法定程序，其实施拆除行为违反了正当程序原则，确认拆除行为违法。大河路街道办事处提起上诉，二审法院维持了一审判决。①

① 参见河南省郑州市中级人民法院行政判决书，(2021)豫01行终370号。

律师答疑

对临时建筑物的拆除，出现了法律“打架”的情况。《城乡规划法》（2019 修正）第 68 条规定：“城乡规划主管部门作出责令停止建设或者限期拆除的决定后，当事人不停止建设或者逾期不拆除的，建设工程所在地县级以上地方人民政府可以责成有关部门采取查封施工现场、强制拆除等措施。”《行政强制法》第 44 条规定：“对违法的建筑物、构筑物、设施等需要强制拆除的，应当由行政机关予以公告，限期当事人自行拆除。当事人在法定期限内不申请行政复议或者提起行政诉讼，又不拆除的，行政机关可以依法强制拆除。”两部法律都是全国人民代表大会通过的法律，似乎在法律位阶上是平等的。《立法法》（2023 修正）第 103 条规定：“同一机关制定的法律、行政法规、地方性法规、自治条例和单行条例、规章，特别规定与一般规定不一致的，适用特别规定；新的规定与旧的规定不一致的，适用新的规定。”第 105 条第 1 款规定：“法律之间对同一事项的新的一般规定与旧的特别规定不一致的，不能确定如何适用时，由全国人民代表大会常务委员会裁决。”从上述规定来看，《城乡规划法》于 2019 年 4 月 23 日修正通过，《行政强制法》于 2011 年 6 月 30 日通过，2012 年 1 月 1 日起施行，《城乡规划法》（2019 修正）第 68 条关于拆除的规定应当属于新的、特别规定，在法律效力上要优于《行政强制法》第 44 条之规定。在前述案例中，大河路街道办事处在上诉中没有抓住临时建筑拆除法律适用这个焦点。法院以大河路街道办事处未履行《行政强制法》规定的法定程序为由判决确认行政行为违法有待商榷。

从强制拆除的对象来看，有临时建筑和永久性建筑的区别。在实务中，对于违法建设的永久性建筑的拆除，由于时间长，拆除的紧迫性不强，往往会履行告知、听取陈述申辩等程序，保证当事人复议、诉讼的救济权利。这也符合立法的本意。个人修建的永久性建筑物可能凝聚了一辈子的心血，未履行相应的救济程序，不利于保护公民的财产权利。因此，有必要按《行政强制法》第 44 条的规定履行相应的法定程序。对于临时建筑,或未经批准临时建设,或未按批准内容临时建设,或临时建设逾期不拆除,一方面建设者对拆除有心理预期,往往不会作太大投入;另一方面在时间紧迫的情况下,为了提高行政效率,须在短期内拆除,履行相应的复议和诉讼程序往往会导致无法按时完成上级政令要求。前述案例的背景是,2018年3月6日,原环境保护部、原国土资源部、水利部、原农业部、原国家林业局、中国科学院、原国家海洋局联合下发《关于联合开展“绿盾2018”自然保护区监督检查专项行动的通知》(环生态函〔2018〕43号),后郑州市人民政府作出了黄河郑州段突出生态环境问题专项整治工作方案,黄河郑州段突出生态环境问题专项整治工作领导小组列出了黄河郑州段突出生态环境问题清单。该清单认定韩某的鱼塘及建筑物位于郑州黄河湿地省级自然保护区缓冲区内。该项工程利国利民、意义深远,时效性比较强。法院认为“紧急不避法治”,良好的行政目的应当通过合法的方式来实现。等按法定程序走完之后再行拆除,不利于提高行政效率。因此,《城乡规划法》(2019修正)第68条的规定,有提高行政效率之意,应当作为拆除临时建筑的法律依据。

围绕临时建筑的拆除,深圳市作出了示范。《深圳经济特区规划土地监察条例》第35条规定:“对未经批准或者未按照批准内容进行建设的临时建筑物、构筑物、设施以及超过批准期限未拆除的临时建筑物、构筑物、设施,由规划土地监察机构责令限期拆除。规划土地监察机构拆除违法临时建筑物、构筑物、设施,可以按照以下程序进行:(一)书面通知当事人限期自行拆除,并将限期拆除通知张贴在临时建筑物、构筑物、设施的显著位置;(二)当事人逾期不拆除的,由违法临时建筑物、构筑物、设施所在区的规划土地监察机构予以拆除。”

该规定避免了违法建筑物、构筑物设施拆除的争议,建筑物只要被认定为临时建筑,就着眼提高行政效率开展拆除工作。深圳市此举着实体现了“深圳速度”,值得借鉴。

相关规定

《城乡规划法》(2019 修正)

第六十八条 城乡规划主管部门作出责令停止建设或者限期拆除的决定后，当事人不停止建设或者逾期不拆除的，建设工程所在地县级以上地方人民政府可以责成有关部门采取查封施工现场、强制拆除等措施。

30. 违法建设"阳光房"、封阳台等改变设计进行装修的怎么处罚？

具体案例

张某未取得建设工程规划许可证，擅自在购买的住宅东面露台搭建阳光房一处，宁波市镇海区综合行政执法局于 2017 年 9 月 26 日依法作出限期拆除的决定，张某逾期未履行。综合行政执法局依法作出行政强制执行决定书，决定于 2018 年 12 月 21 日前强制拆除案涉房屋东面露台搭建的违法建(构)筑物。张某不服，认为根据《物权法》第 76 条①第 1 款第 6 项和第 2 款的规定，经专有部分占建筑物总面积过半数的业主且占总人数过半的业主同意可实施改建、重建。遂诉至法院，法院认为即使小区业主同意改建，也应当按照法律规定进行规划审批，管理规约并不具有超越法律规定的效力，驳回了张某的起诉。②

---

① 已废止，对应《民法典》第 278 条。

② 参见浙江省宁波市中级人民法院行政判决书，(2019) 浙 02 行终 306 号。

律师答疑

华夏民族的居住史可以追溯到旧石器时代早期。《韩非子》记载："上古之世,人民少而禽兽众,人民不胜禽兽虫蛇。有圣人作,构木为巢以避群害,而民悦之,使王天下,号有巢氏。"有巢氏位列华夏五氏之首,被誉为"华夏第一人文始祖"。中国人对购房的热情有着几千年根深蒂固的传统,在国人的眼里,房子就代表着家,是感情的归宿,是心灵的慰藉。房产在大部分人的财产构成中占了很大比重,大多数人把毕生的心血投在建房或买房上。因此,住有所居,把自有住房打造成温馨的港湾,房屋装修也成了建房和购房后的必需程序。

在房屋装修过程中,封阳台、建"阳光房"是一个重要内容。开发商在建房时,阳台往往是不封闭的,主要原因是容积率。开发商在获取土地的时候容积率的上限已经被规划设计条件限制死了,在阳台不封闭的情况下,计容面积是按照阳台面积的一半计算,如果阳台全部封闭,开发商就要减少其他部分计容面积,这样开发商销售面积就会减少,影响利润。所以开发商通常不会封闭阳台,而且大部分开发商还会把这种阳台按照一半赠送的优惠措施用来吸引客户。

全国各城市对封阳台管理尺度不一,这与城市管理制度和环境气候条件有很大关系。在北方,冬季比较寒冷,为保暖和空气质量的原因封阳台是常见做法,只要按物业的管理统一外观,行政机关很少作出处罚。在南方,因为天气炎热,空气质量相对较好,不太适合封阳台,比较适合做露台,如遇有人投诉、举报,行政机关往往会作出拆除处理。所以,在装修房子封阳台、建"阳光房"等施工时一定要先咨询城市规划管理部门,必要的情况下办理施工许可等手续。

违法建设"阳光房"、封阳台等改变设计进行装修,只要没有建设工程规划许可证,一般都会认定为违法建设而受到处罚。业主往往会提出如下抗辩:一是室内装修行为,不属于建筑。二是《民法典》规定,经专有部分占建筑物总面积过半数的业主且占总人数过半的业主同意可实施改建、重建。管理规约约定,“阳台、露台按小区同意规划使用轻质材料进行封闭,不得改变原房屋使用荷载”。三是社会上存在同样大量的封闭露台的行为,应当同等情况同等处理。

《城乡规划法》(2019 修正)第 40 条第 1 款规定:“在城市、镇规划区内进行建筑物、构筑物、道路、管线和其他工程建设的,建设单位或者个人应当向城市、县人民政府城乡规划主管部门或者省、自治区、直辖市人民政府确定的镇人民政府申请办理建设工程规划许可证。”《住宅室内装饰装修管理办法》(2011 修正)第 6 条规定:“装修人从事住宅室内装饰装修活动,未经批准,不得有下列行为:(一)搭建建筑物、构筑物……本条所列第(一)项、第(二)项行为,应当经城市规划行政主管部门批准……”根据上述规定,未经城市规划行政主管部门批准和取得建设工程规划许可证,属违法建设行为。《民法典》关于装修的规定仅是小区业主对小区内建筑物改建、重建等事项的权限规定,并不免除按照相关法律规定进行报批的义务,而管理规约也不具有超越法律规定的效力。若认为其他区域另有违法建设行为,可依法向行政机关投诉举报。

房屋装修涉及公民重大财产利益,对违法建设的处罚要履行相应的法定程序,以保障公民的财产权益不受侵害。执法机关在作出处罚之前,应当先行向规划部门发函,对拟作出处罚的建筑物进行规划定性。规划部门回函对建筑物进行规划定性,是作出处罚的主要依据。然后按行政处罚的相关程序进行处理。

前述案例中,宁波市镇海区综合行政执法局的做法就比较稳妥。在接到举报后,综合行政执法局于 2017 年 8 月 8 日作出限期拆除违法建筑事先告知书并送达张某。同年 9 月 26 日,作出限期拆除违法建筑决定书并公告。根据《城乡规划法》(2019 修正)第 68 条的规定,城乡规划主管部门作出责令停止建设或者限期拆除的决定后,当事人不停止建设或者逾期不拆除的,建设工程所在地县级以上地方人民政府可以责成有关部门采取查封施工现场、强制拆除等措施。因张某逾期仍未履行拆除义务,综合行政执法局于2018年5月30日向区人民政府提起书面申请,请求强制拆除张某搭建的违法建(构)筑物。区人民政府于2018年7月15日作出关于责成有关部门强制拆除违法建筑通知书,责成综合行政执法局对案涉房屋违法建筑物予以强制拆除。根据《行政强制法》第35条、第36条、第37条、第44条的规定,行政机关作出强制执行决定前,应当事先书面催告当事人履行义务,当事人有权陈述、申辩。经催告,当事人逾期无正当理由仍不履行行政决定,行政机关可以作出强制执行决定。综合行政执法局作出履行限期拆除决定催告书并公告,听取了当事人的陈述、申辩,后又作出履行期限拆除决定公告书并公告。在张某逾期仍未履行拆除义务的情况下,综合行政执法局作出行政强制执行决定书并公告送达。整个执法程序看起来虽然有些烦琐,但符合法定程序,也保障了行政相对人的权利,堪称完美。

相关规定

《城乡规划法》(2019修正)

第四十条第一款　在城市、镇规划区内进行建筑物、构筑物、道路、管线和其他工程建设的,建设单位或者个人应当向城市、县人民政府城乡规划主管部门或者省、自治区、直辖市人民政府确定的镇人民政府申请办理建设工程规划许可证。

第六十四条　未取得建设工程规划许可证或者未按照建设工程规划许可证的规定进行建设的,由县级以上地方人民政府城乡规划主管部门责令停止建设;尚可采取改正措施消除对规划实施的影响的,限期改正,处建设工程造价百分之五以上百分之十以下的罚款;无法采取改正措施消除影响的,限期拆除,不能拆除的,没收实物或者违法收入,可以并处建设工程造价百分之十以下的罚款。

第六十八条 城乡规划主管部门作出责令停止建设或者限期拆除的决定后，当事人不停止建设或者逾期不拆除的，建设工程所在地县级以上地方人民政府可以责成有关部门采取查封施工现场、强制拆除等措施。

《住宅室内装饰装修管理办法》(2011 修正)

第六条 装修人从事住宅室内装饰装修活动，未经批准，不得有下列行为：

(一)搭建建筑物、构筑物；

(二)改变住宅外立面，在非承重外墙上开门、窗；

(三)拆改供暖管道和设施；

(四)拆改燃气管道和设施。

本条所列第(一)项、第(二)项行为，应当经城市规划行政主管部门批准；第(三)项行为，应当经供暖管理单位批准；第(四)项行为应当经燃气管理单位批准。

第三章

城市管理

31. 未将生活垃圾分类投放到指定的收集点或者收集容器内，随意倾倒、抛撒、焚烧或者堆放的怎么处罚？

具体案例

2021 年 1 月 26 日，深圳市光明区马田街道综合行政执法办公室执法人员巡查时，发现当事人李某未按照规定要求投放生活垃圾，及时取证，现场开出责令停止改正违法通知书要求李某整改。李某首次拒不整改，执法人员开出协助调查通知书，要求当事人协助调查。随后李某到综合行政执法办公室接受调查询问，执法人员开出行政处罚事先告知书，对其处以 50 元罚款。李某当天缴纳罚款完毕。①

律师答疑

垃圾是城市管理的头号"顽疾"，垃圾分类是实现减量、提质、增效的必然选择，是改善人居环境、促进城市精细化管理、保障可持续发展的重要举措。能不能做到垃圾分类，直接反映一个人，一座城市，一个国家，一个民族的生态素养和文明程度。

在中国最先开始垃圾分类试点的城市是上海，而上海已经被称为史上最严格的垃圾分类城市。每天有专人检查垃圾分类情况，如果居民的垃圾分类不过关，而且没有认识到自己的错误，除了要面临 200 元的罚款，还会记入不良征信。目前，全国在北京、天津、石家庄、济南等 46 个城市实行垃圾分类。

在全国范围内，并未专门对垃圾分类出台具体的法律、法规。《城市

---

① 参见深圳市城市管理和综合执法局 2021 年第一季度以案释法典型案例。

生活垃圾管理办法》(2015 修正)第 16 条第 1 款、第 2 款规定,单位和个人应当按照规定的地点、时间等要求,将生活垃圾投放到指定的垃圾容器或者收集场所。城市生活垃圾实行分类收集的地区,单位和个人应当按照规定的分类要求,将生活垃圾装入相应的垃圾袋内,投入指定的垃圾容器或者收集场所。第 42 条规定,违反本办法第 16 条规定,随意倾倒、抛洒、堆放城市生活垃圾的,由直辖市、市、县人民政府建设(环境卫生)主管部门责令停止违法行为,限期改正,对单位处以 5000 元以上 5 万元以下的罚款。个人有以上行为的,处以 200 元以下的罚款。地方性法规中,对垃圾分类已有普遍规定。比如,《广东省城乡生活垃圾管理条例》第 20 条规定:"任何单位和个人都应当按照分类规定,在指定的地点将生活垃圾分类投放至相应的收集容器。其中,可回收物还可以交售至回收服务点或者回收经营者。……"第 53 条规定:"违反本条例第二十条第一款、第二十三条第一款规定,未按照分类规定投放生活垃圾,或者未按规定投放体积较大的废弃物品的,由县级以上人民政府环境卫生主管部门责令改正;情节严重的,对单位处五万元以上五十万元以下的罚款,对个人处一百元以上五百元以下的罚款。"深圳市于 2020 年 9 月 1 日施行的《深圳市生活垃圾分类管理条例》制定了相应的行政处罚裁量权实施标准。深圳市在执法过程中坚持宽严相济,规定应当受到处罚的个人,自愿参加市、区主管部门组织的生活垃圾分类培训、宣传服务或者现场督导等活动的(以下简称"活动代罚"),不予行政处罚。在限定时间取消"活动代罚"的,处 50 元罚款。未按照承诺在限定时间内完成"活动代罚",且未在限定时间内缴纳 50 元罚款的,视为情节严重的违法行为,处 200 元罚款。

垃圾分类虽然宣传很多,但在普及上还不是很到位,多数人并不知道具体如何实施垃圾分类。有的地方是一阵风,没有形成长效机制,有规则无罚则,或有罚则不执行,就如同"没有牙齿的老虎",起不到教育和警示作用。因此,通过严格执法,做好典型案例普法工作,以典型案例作为载体,将机械、抽象的法律条文具体化,通过"说身边的事,教育身边的人”,帮助群众正确理解适用法律,确保类似案件法律适用标准的统一和裁量尺度的规范。

垃圾分类投放看似是小事,但通过立法程序写入行政法规,就必须得到落实。深圳市光明区执法人员对李某未按要求投放生活垃圾进行处罚,维护的是法律的尊严,改变的是城市的脸面,提高的是市民的素质,值得点赞。

相关规定

《固体废物污染环境防治法》(2020 修订)

第四十九条　产生生活垃圾的单位、家庭和个人应当依法履行生活垃圾源头减量和分类投放义务,承担生活垃圾产生者责任。

任何单位和个人都应当依法在指定的地点分类投放生活垃圾。禁止随意倾倒、抛撒、堆放或者焚烧生活垃圾。

机关、事业单位等应当在生活垃圾分类工作中起示范带头作用。

已经分类投放的生活垃圾,应当按照规定分类收集、分类运输、分类处理。

《城市生活垃圾管理办法》(2015 修正)

第十六条　单位和个人应当按照规定的地点、时间等要求,将生活垃圾投放到指定的垃圾容器或者收集场所。废旧家具等大件垃圾应当按规定时间投放在指定的收集场所。

城市生活垃圾实行分类收集的地区,单位和个人应当按照规定的分类要求,将生活垃圾装入相应的垃圾袋内,投入指定的垃圾容器或者收集场所。

宾馆、饭店、餐馆以及机关、院校等单位应当按照规定单独收集、存放本单位产生的餐厨垃圾,并交符合本办法要求的城市生活垃圾收集、运输企业运至规定的城市生活垃圾处理场所。

禁止随意倾倒、抛洒或者堆放城市生活垃圾。

第四十二条　违反本办法第十六条规定,随意倾倒、抛洒、堆放城市生活垃圾的,由直辖市、市、县人民政府建设(环境卫生)主管部门责令停止违法行为,限期改正,对单位处以5000元以上5万元以下的罚款。个人有以上行为的,处以200元以下的罚款。

32. 未经批准焚烧固体废物的怎么处罚?

具体案例

2021年8月19日,深圳市某街道执法队员巡查时发现,谢某在丽康路周边荔枝林内非指定场所焚烧垃圾,污染面积为0.35(0.8米×0.44米)平方米。2021年8月24日,某街道执法队依据《深圳经济特区市容和环境卫生管理条例》第48条第4款及《深圳市城市管理行政处罚裁量权实施标准》序号17第一档的规定,向谢某作出深圳市南山区城市管理和综合执法局行政处罚决定书,责令谢某于2021年8月24日18时前自行清理,决定对谢某处以罚款人民币1000元的行政处罚。[①]

① 参见深圳市城市管理和综合执法局2021年第三季度以案释法典型案例。

律师答疑

非指定场所焚烧垃圾是日常生活中常见的违法行为，不仅影响市容市貌，污染周边生态环境，而且焚烧产生的气体危害空气质量和人体健康。因此，焚烧的固体废物行为处罚既适用《固体废物污染环境防治法》(2020 修订)，也适用《大气污染防治法》(2018 修正)。

按照《固体废物污染环境防治法》(2020 修订)第 124 条第 1 项、第 3 项的界定，固体废物，是指在生产、生活和其他活动中产生的丧失原有利用价值或者虽未丧失利用价值但被抛弃或者放弃的固态、半固态和置于容器中的气态的物品、物质以及法律、行政法规规定纳入固体废物管理的物品、物质。生活垃圾，是指在日常生活中或者为日常生活提供服务的活动中产生的固体废物，以及法律、行政法规规定视为生活垃圾的固体废物。

焚烧废弃物种类不同，相应的处罚也有所区别。对于焚烧生活垃圾的，根据《固体废物污染环境防治法》(2020 修订)第 111 条第 2 款的规定，单位处 5 万元以上 50 万元以下的罚款，个人处 100 元以上 500 元以下的罚款。露天焚烧秸秆、落叶等产生烟尘污染的物质的，根据《大气污染防治法》(2018 修正)第 119 条第 1 款的规定，由县级以上地方人民政府确定的监督管理部门责令改正，并可以处 500 元以上 2000 元以下的罚款。对于焚烧沥青、油毡、橡胶、塑料、皮革、垃圾以及其他产生有毒有害烟尘和恶臭气体的物质的，根据《大气污染防治法》(2018 修正)第 119 条第 2 款的规定，对单位处 1 万元以上 10 万元以下的罚款，对个人处 500 元以上 2000 元以下的罚款。

《行政处罚法》(2021 修订)第 12 条第 2 款规定，法律、行政法规对违法行为已经作出行政处罚规定，地方性法规需要作出具体规定的，必须在法律、行政法规规定的给予行政处罚的行为、种类和幅度的范围内规定。前述案例中，某街道执法队依据《深圳经济特区市容和环境卫生管理条例》第 48 条作出处罚，即“禁止在非指定场所放置、倾倒、焚烧垃圾或者其他废弃物。……违反第一款、第二款规定的，责令清理，并处一千元以上五千元以下罚款……"该规定明显超出了上位法对个人处罚的范围。根据《深圳市城市管理行政处罚裁量权实施标准》序号17的规定按面积来计算焚烧垃圾的处罚额,也不符合常理。

前述案例中,谢某未经批准焚烧垃圾的行为,违反了法律和行政法规的规定,但行政机关作出的行政处罚也应在法律规定的幅度内,做到处罚适当。

相关规定

《固体废物污染环境防治法》(2020修订)

第四十九条　产生生活垃圾的单位、家庭和个人应当依法履行生活垃圾源头减量和分类投放义务,承担生活垃圾产生者责任。

任何单位和个人都应当依法在指定的地点分类投放生活垃圾。禁止随意倾倒、抛撒、堆放或者焚烧生活垃圾。

机关、事业单位等应当在生活垃圾分类工作中起示范带头作用。

已经分类投放的生活垃圾,应当按照规定分类收集、分类运输、分类处理。

第一百一十一条第一款　违反本法规定,有下列行为之一,由县级以上地方人民政府环境卫生主管部门责令改正,处以罚款,没收违法所得:

(一)随意倾倒、抛撒、堆放或者焚烧生活垃圾的;

(二)擅自关闭、闲置或者拆除生活垃圾处理设施、场所的;

(三)工程施工单位未编制建筑垃圾处理方案报备案,或者未及时清运施工过程中产生的固体废物的;

（四）工程施工单位擅自倾倒、抛撒或者堆放工程施工过程中产生的建筑垃圾，或者未按照规定对施工过程中产生的固体废物进行利用或者处置的；

（五）产生、收集厨余垃圾的单位和其他生产经营者未将厨余垃圾交由具备相应资质条件的单位进行无害化处理的；

（六）畜禽养殖场、养殖小区利用未经无害化处理的厨余垃圾饲喂畜禽的；

（七）在运输过程中沿途丢弃、遗撒生活垃圾的。

第二款 单位有前款第一项、第七项行为之一，处五万元以上五十万元以下的罚款；单位有前款第二项、第三项、第四项、第五项、第六项行为之一，处十万元以上一百万元以下的罚款；个人有前款第一项、第五项、第七项行为之一，处一百元以上五百元以下的罚款。

《大气污染防治法》（2018 修正）

第八十二条第一款 禁止在人口集中地区和其他依法需要特殊保护的区域内焚烧沥青、油毡、橡胶、塑料、皮革、垃圾以及其他产生有毒有害烟尘和恶臭气体的物质。

第一百一十九条第一款 违反本法规定，在人口集中地区对树木、花草喷洒剧毒、高毒农药，或者露天焚烧秸秆、落叶等产生烟尘污染的物质的，由县级以上地方人民政府确定的监督管理部门责令改正，并可以处五百元以上二千元以下的罚款。

第二款 违反本法规定，在人口集中地区和其他依法需要特殊保护的区域内，焚烧沥青、油毡、橡胶、塑料、皮革、垃圾以及其他产生有毒有害烟尘和恶臭气体的物质的，由县级人民政府确定的监督管理部门责令改正，对单位处一万元以上十万元以下的罚款，对个人处五百元以上二千元以下的罚款。

33. 从建筑物、车辆上向外抛撒垃圾及其他废弃物的怎么处罚?

具体案例

2020年10月、2021年1月,周某两次将装有坚果壳、食物残渣、药物外包装、快递外包装等生活垃圾的塑料袋,从北京市东城区×××路×号院×号楼××层抛下,将停放在×号楼西侧路边被害人路某及被害人王某1的车辆砸损。其中,被害人路某的车辆损失经鉴定为人民币1685元。周某于2021年1月18日被民警抓获到案。北京市东城区人民法院认为,被告人周某从建筑物抛掷物品,情节严重,其行为已构成高空抛物罪,依法应予刑罚处罚,判决:被告人周某犯高空抛物罪,判处有期徒刑9个月,并处罚金人民币3000元。周某不服提起上诉,二审法院维持原判。①

律师答疑

城市中高楼林立,高空抛物现象被称为“悬在城市上空的痛”。《人民日报》官方微博曾发布一组数字:4厘米的铁钉从18楼抛下能插入颅骨;30克的鸡蛋从25楼抛下可致人死亡;巴掌大的西瓜皮从25楼飞下如击中头部也能危及生命,足见高空抛物危害之大。经常能看到高速行驶的汽车,有人往外扔果皮纸屑垃圾等行为,为了自己车内的一时整洁,却给其他车辆造成巨大的安全威胁,同时也给道路保洁带来了困难。

2019年10月21日公布的最高人民法院《关于依法妥善审理高空抛

---

① 参见北京市第二中级人民法院刑事裁定书,(2022)京02刑终93号。

物、坠物案件的意见》中明确，对于故意高空抛物者，根据具体情形按照危险方法以危害公共安全罪、故意伤害罪或故意杀人罪论处，同时规定了物业服务企业责任。2021 年 2 月 26 日，最高人民法院、最高人民检察院发布《关于执行〈中华人民共和国刑法〉确定罪名的补充规定（七）》，规定了高空抛物罪罪名。2021 年 3 月 1 日，《刑法修正案（十一）》施行，“高空抛物”正式入刑。《刑法》（2020 修正）第 291 条之二规定，从建筑物或者其他高空抛掷物品，情节严重的，处 1 年以下有期徒刑、拘役或者管制，并处或者单处罚金。有前款行为，同时构成其他犯罪的，依照处罚较重的规定定罪处罚。

前述案例中，周某的行为带有一定的普遍性，也是高空抛物入刑以来常见的判罚。但在罪与非罪之间有一个认定，即是否达到情节严重。一般情况下，缺乏主观故意，危害不大，没有财产和人身伤害的，往往只作行政处罚。《城市生活垃圾管理办法》（2015 修正）中规定了随意倾倒、抛洒、堆放城市生活垃圾的行为的处罚，各城市结合实际作出有针对性的规定。如《天津市市容和环境卫生管理条例》第 31 条第 1 款第 3 项、第 2 款规定，禁止下列影响环境卫生清洁的行为：……（3）……由建筑物或者车辆向外抛掷杂物、废弃物。违反前述第 3 项规定的，责令限期清除，逾期不清除的，处 50 元以上 500 元以下罚款，其中单位违反此项规定的，处 500 元以上 5000 元以下罚款。《嘉兴市文明行为促进条例》第 10 条规定，“禁止下列不文明行为：（一）从建筑物、车辆上向外抛撒垃圾以及其他废弃物……”第 22 条第 1 项规定，违反本条例第 10 条第 1 项规定，从建筑物向外抛撒垃圾或者其他废弃物的，责令改正，可以处 20 元以上 200 元以下罚款。《深圳经济特区市容和环境卫生管理条例》第 49 条第 2 款规定，禁止从建筑物、车辆上向外抛撒垃圾及其他废弃物。违反第 2 款规定的，责令清理，并处 200 元罚款。

从建筑物、车辆上向外抛撒垃圾和其他废弃物，取证困难。前述案例中，能确定周某罪名成立的证据有：垃圾中的韵达快递单、食物残渣提取枚拭子、食物残渣拭子中检出 STR 分型与周某在 D851179 等 15 个基因座基因型相同的鉴定、周某的询问笔录等，这种取证方式都可以为行政执法案件所借鉴。小区的监控，公路上的摄像头，其他车辆安装的行车记录仪等，都可以成为获取证据的媒介。

此外，依据地方性法规和政府规章作出的行政处罚，要注意在法律和行政法规的处罚范围内确定具体的数额，不能突破上位法的处罚幅度。

相关规定

《城市生活垃圾管理办法》(2015 修正)

第四十二条　违反本办法第十六条规定，随意倾倒、抛洒、堆放城市生活垃圾的，由直辖市、市、县人民政府建设(环境卫生)主管部门责令停止违法行为，限期改正，对单位处以 5000 元以上 5 万元以下的罚款。个人有以上行为的，处以 200 元以下的罚款。

34. 不能就地处理的餐厨垃圾必须全量交由特许经营企业收集、运输、处理吗？

具体案例

深圳市宝安区城市管理和综合执法局(以下简称宝安区城管局)接到举报，沙井街道沙二社区安托山高科技工业园某餐饮管理有限公司经营者存在非法处置餐厨垃圾的情况。执法人员随即赶往现场进行现场勘验、现场拍照等取证行为，确认举报情况属实，某餐饮管理有限公司存在未将不能就地处理的餐厨垃圾全量交给餐厨垃圾特许经营企业收集、运输、处理的行为。执法人员当场对其发出责令停止(改正)违法行为通知书,要求于2020年9月21日前整改。2020年9月22日,该餐饮公司的法定代表人接受调查询问,承认了违法事实。经过相应的执法程序,10月14日,宝安区城管局向该餐饮公司作出行政处罚决定书,对该餐饮公司罚款人民币10万元。10月28日,该餐饮公司申请分期缴纳罚款,鉴于该餐饮公司的实际经济情况及其配合执法的态度,宝安区城管局同意其分5期缴纳罚款。[①]

律师答疑

餐厨垃圾的处置是生活垃圾分类制度的重要内容。2017年3月18日,国务院办公厅《关于转发国家发展改革委、住房城乡建设部〈生活垃圾分类制度实施方案〉的通知》出台,第2条要求,2020年年底前,在直辖市、省会城市和计划单列市以及住房城乡建设部等部门确定的第一批生活垃圾分类示范城市先行实施生活垃圾强制分类。其中,必须将有害垃圾作为强制分类的类别之一,同时参照生活垃圾分类及其评价标准,再选择确定易腐垃圾、可回收物等强制分类的类别。易腐垃圾的主要品种包括相关单位食堂、宾馆、饭店等产生的餐厨垃圾,农贸市场、农产品批发市场产生的蔬菜瓜果垃圾、腐肉、蛋壳、畜禽产品内脏等。2020年11月27日,住房和城乡建设部等部门印发《关于进一步推进生活垃圾分类工作的若干意见》,要求抓好餐厨垃圾源头减量工作。2021年5月6日,国家发展改革委、住房和城乡建设部下发《"十四五"城镇生活垃圾分类和处理设施发展规划》要求有序开展厨余垃圾处理设施建设。

上述文件只是餐厨垃圾处置的行政规范,法律、法规和规章则是餐厨垃圾处置的刚性规定。如《固体废物污染环境防治法》(2020修订)第57条第1款、第2款规定:"县级以上地方人民政府环境卫生主管部门负责组织开展厨余垃圾资源化、无害化处理工作。产生、收集厨余垃圾的

---

① 参见深圳市城市管理和综合执法局2020年第四季度以案释法典型案例。

单位和其他生产经营者,应当将厨余垃圾交由具备相应资质条件的单位进行无害化处理。"《城市生活垃圾管理办法》(2015 修正)第 16 条第 3 款规定:"宾馆、饭店、餐馆以及机关、院校等单位应当按照规定单独收集、存放本单位产生的餐厨垃圾,并交符合本办法要求的城市生活垃圾收集、运输企业运至规定的城市生活垃圾处理场所。"各地出台的地方性法规对餐厨垃圾的处理也作出了明确规定。如《广东省城乡生活垃圾管理条例》第 22 条规定:"产生餐厨垃圾的宾馆、饭店、餐馆以及机关、企事业单位、学校等单位应当落实餐厨垃圾源头减量、分类工作责任,按照规定单独收集、存放餐厨垃圾,并交由具备相应资质条件的单位收集、运输、处理。鼓励有条件的产生餐厨垃圾的单位对餐厨垃圾进行分选、脱水等预处理。餐厨垃圾不得排入公共水域、厕所、市政排水管道,不得混入其他类型生活垃圾。"

首先,明确违法处置餐厨垃圾的责任主体。宾馆、饭店、餐馆以及机关、院校等产生餐厨垃圾的单位,如果未把餐厨垃圾交由具备相应资质条件的单位收集、运输、处理,应予处罚。收集、运输餐厨垃圾的单位和其他生产经营者未将厨余垃圾交由具备相应资质条件的单位进行无害化处理的,应予处罚。甚至有的城市规定,未取得特许经营权的单位或个人从事收集、运输、处理餐厨垃圾的,也应处罚。如《深圳市生活垃圾分类管理条例》第 35 条第 2 款规定:"未取得特许经营权的单位或者个人不得收集、运输、处理餐厨垃圾。"

其次,违法处置餐厨垃圾的处罚应在上位法的范围内设定。《固体废物污染环境防治法》(2020 修订)第 111 条第 1 款第 5 项、第 2 款规定,产生、收集厨余垃圾的单位和其他生产经营者未将厨余垃圾交由具备相应资质条件的单位进行无害化处理的,处 10 万元以上 100 万元以下的罚款,个人处 100 元以上 500 元以下的罚款。《深圳市餐厨垃圾管理办法》(深圳市人民政府令第 243 号)第 27 条第 2 项规定,餐厨垃圾产生单位违反本办法规定将餐厨垃圾交给个人或者未取得特许经营资格的企业收运的,每次处 2000 元罚款。《深圳经济特区市容和环境卫生管理条例》第 60 条第 5 款、第 6 款规定，餐饮业及食堂产生的餐厨垃圾应当委托清洁企业单独收集、运输、处理，禁止将餐厨垃圾交给其他组织和个人，违者责令改正，并处 500 元以上 2000 元以下罚款。上述政府规章和地方性法规对单位的处罚数额明显低于上位法的要求。2020 年 7 月 3 日公布的《深圳市生活垃圾分类管理条例》第 70 条规定："违反本条例第三十五条规定，未将不能就地处理的餐厨垃圾全量交由特许经营企业收集、运输、处理的，由区主管部门责令限期改正，并对单位处十万元以上一百万元以下罚款，对个人处一百元以上五百元以下罚款，有违法所得的，没收违法所得；未经许可从事餐厨垃圾收集、运输和处理活动的，由区主管部门责令停止违法行为，处十万元以上一百万元以下罚款，有违法所得的，没收违法所得。"此处规定的处罚数额幅度符合上位法的要求。

最后，注意自由裁量的尺度。一般情况下，对单位的罚款数额比较高，幅度比较大，一旦作出处罚，行政相对人提出行政诉讼的可能性比较大。地方性法规在上位法的范围内制定自由裁量权行使标准，然后进行公示，才可作为处罚的依据。如深圳市制定《〈深圳市生活垃圾分类管理条例〉行政处罚裁量权实施标准》序号 5 规定，对于未将不能就地处理的餐厨垃圾全量交由特许经营企业收集、运输、处理的，按被发现的次数分 3 档：第一次发现处 10 万元罚款，第二次发现处 50 万元罚款，第三次发现处 100 万元罚款。高额罚款增大了违法成本，严格执法形成了严厉打击的高压态势，很好地震慑了违法处置餐厨垃圾的行为。

相关规定

《固体废物污染环境防治法》(2020 修订)

第五十七条　县级以上地方人民政府环境卫生主管部门负责组织开展厨余垃圾资源化、无害化处理工作。

产生、收集厨余垃圾的单位和其他生产经营者，应当将厨余垃圾交由具备相应资质条件的单位进行无害化处理。

禁止畜禽养殖场、养殖小区利用未经无害化处理的厨余垃圾饲喂畜禽。

第一百一十一条第一款　违反本法规定，有下列行为之一，由县级以上地方人民政府环境卫生主管部门责令改正，处以罚款，没收违法所得：

（一）随意倾倒、抛撒、堆放或者焚烧生活垃圾的；

（二）擅自关闭、闲置或者拆除生活垃圾处理设施、场所的；

（三）工程施工单位未编制建筑垃圾处理方案报备案，或者未及时清运施工过程中产生的固体废物的；

（四）工程施工单位擅自倾倒、抛撒或者堆放工程施工过程中产生的建筑垃圾，或者未按照规定对施工过程中产生的固体废物进行利用或者处置的；

（五）产生、收集厨余垃圾的单位和其他生产经营者未将厨余垃圾交由具备相应资质条件的单位进行无害化处理的；

（六）畜禽养殖场、养殖小区利用未经无害化处理的厨余垃圾饲喂畜禽的；

（七）在运输过程中沿途丢弃、遗撒生活垃圾的。

第二款　单位有前款第一项、第七项行为之一，处五万元以上五十万元以下的罚款；单位有前款第二项、第三项、第四项、第五项、第六项行为之一，处十万元以上一百万元以下的罚款；个人有前款第一项、第五项、第七项行为之一，处一百元以上五百元以下的罚款。

《城市生活垃圾管理办法》(2015 修正)

第十六条第三款 宾馆、饭店、餐馆以及机关、院校等单位应当按照规定单独收集、存放本单位产生的餐厨垃圾,并交符合本办法要求的城市生活垃圾收集、运输企业运至规定的城市生活垃圾处理场所。

35. 餐厨垃圾收运处理企业以餐厨垃圾为原料生产、加工食品或者非法销售废弃食用油脂的怎么处罚?

具体案例

2017 年 12 月,王某注册并经营汉中市汉台区××火锅店。代某、尹某分别于 2018 年 4 月应聘到该店担任后厨,负责配制菜品和调配火锅底料。2018 年 8 月底,该店合伙人邓某到该店检查时发现开支过大,要节约成本。代某听后,打算以回收地沟油的方法节约店内开支。2018 年 9 月 1 日至 5 日,代某每天晚上下班后,将顾客当天使用过的火锅汤料通过去渣回收,放在炉灶上熬制,进行油水分离,过滤后制作出“老油”,再将原厂购入的火锅底料与“老油”掺兑在一起,销售给店内顾客食用。在此期间,尹某帮助代某加工“老油”并销售给来店顾客食用。代某、尹某用废弃油脂生产、加工“地沟油”并销售,其行为触犯《刑法》(2020 修正)第 144 条之规定,法院以生产、销售有毒、有害食品罪分别判处代某、尹某有期徒刑 7 个月、6 个月,并处罚金。[①]

---

① 参见汉中市汉台区人民法院刑事判决书,(2020)陕 0702 刑再 1 号。

律师答疑

“地沟油”,泛指在生活中存在的各类劣质油,如回收的食用油、反复使用的炸油等。因中国南北方言差异,南方人称酒楼食肆里的下水为潲水油或泔水,北方人习惯称之为地沟油。最早源自《南方都市报》1998年3月16日的报道《地下作坊潲水提炼花生油——本报记者粤湘千里追油记》,调查记者邓世祥卧底广州城中村“炼油大军”,亲历在酒店、大排档下水道里收集潲水提炼地沟油,加以香精冒充花生油再销往餐厅、食肆的新闻事实。此后,全国各地媒体纷纷对地沟里提炼食用油的新闻事实“穷追猛打”,潲水油、地沟油成为网络热门词条。时至今日,利用“地沟油”加工火锅底料的新闻屡屡见诸报端,严重影响着人们的生活。

国家在刑事领域对“地沟油”进行严惩。最高人民法院、最高人民检察院、公安部《关于依法严惩“地沟油”犯罪活动的通知》第2条第1项规定,对于利用“地沟油”生产“食用油”的,依照《刑法》(2020修正)第144条生产有毒、有害食品罪的规定追究刑事责任。但在行政法领域国家层面对以餐厨垃圾为原料生产、加工食品或者非法销售废弃食用油脂没有明确规定,地方性法规和地方政府规章作出了相应的规定。比如,《湖北省餐厨垃圾管理办法》第19条规定,在餐厨垃圾投放、收集、运输、处置过程中,不得以餐厨垃圾为原料生产、加工食用油和其他食品。《深圳市餐厨垃圾管理办法》第29条规定,餐厨垃圾收运处理企业违反本办法规定,以餐厨垃圾为原料生产、加工食品或者非法销售废弃食用油脂的,由主管部门责令停止违法行为,货值金额不足1万元的,处5万元罚款;货值金额1万元以上的,处货值金额10倍的罚款。涉嫌犯罪的,依法移送司法机关处理。

2021年5月,国家发展改革委与住房城乡建设部联合发布《“十四五”城镇生活垃圾分类和处理设施发展规划》中要求“积极推广厨余垃圾资源化利用技术,合理利用厨余垃圾生产生物柴油、沼气、土壤改良剂、生物蛋白等产品”。《循环经济促进法》(2018修正)第2条第4款要求将废物直接作为原料进行利用或者对废物进行再生利用。利用餐厨垃圾生产出生物柴油,既减少了垃圾污染,又产生新的能源。一方面是刑法的严厉打击,另一方面有国家政策的支持。因此,直接从事餐厨垃圾处置的企业极少出现以餐厨垃圾为原料生产、加工食品或者非法销售废弃食用油脂的行为,更多的是个体经营户的行为,行政机关在发现有违法行为涉嫌犯罪的,依法移送司法机关处理。

相关规定

最高人民法院、最高人民检察院、公安部《关于依法严惩"地沟油"犯罪活动的通知》

二、准确理解法律规定,严格区分犯罪界限

(一)对于利用"地沟油"生产"食用油"的,依照刑法第144条生产有毒、有害食品罪的规定追究刑事责任。

(二)明知是利用"地沟油"生产的"食用油"而予以销售的,依照刑法第144条销售有毒、有害食品罪的规定追究刑事责任。认定是否"明知",应当结合犯罪嫌疑人、被告人的认知能力,犯罪嫌疑人、被告人及其同案人的供述和辩解,证人证言,产品质量,进货渠道及进货价格、销售渠道及销售价格等主、客观因素予以综合判断。

(三)对于利用"地沟油"生产的"食用油",已经销售出去没有实物,但是有证据证明系已被查实生产、销售有毒、有害食品犯罪事实的上线提供的,依照刑法第144条销售有毒、有害食品罪的规定追究刑事责任。

(四)虽无法查明"食用油"是否系利用"地沟油"生产、加工,但犯罪嫌疑人、被告人明知该"食用油"来源可疑而予以销售的，应分别情形处理：经鉴定，检出有毒、有害成分的，依照刑法第144条销售有毒、有害食品罪的规定追究刑事责任；属于不符合安全标准的食品的，依照刑法第143条销售不符合安全标准的食品罪追究刑事责任；属于以假充真、以次充好、以不合格产品冒充合格产品或者假冒注册商标，构成犯罪的，依照刑法第140条销售伪劣产品罪或者第213条假冒注册商标罪、第214条销售假冒注册商标的商品罪追究刑事责任。

（五）知道或应当知道他人实施以上第（一）、（二）、（三）款犯罪行为，而为其掏捞、加工、贩运"地沟油"，或者提供贷款、资金、账号、发票、证明、许可证件，或者提供技术、生产、经营场所、运输、仓储、保管等便利条件的，依照本条第（一）、（二）、（三）款犯罪的共犯论处。

（六）对违反有关规定，掏捞、加工、贩运"地沟油"，没有证据证明用于生产"食用油"的，交由行政部门处理。

（七）对于国家工作人员在食用油安全监管和查处"地沟油"违法犯罪活动中滥用职权、玩忽职守、徇私枉法，构成犯罪的，依照刑法有关规定追究刑事责任。

36. 建筑垃圾能混入生活垃圾吗？

具体案例

王某将建筑垃圾混入生活垃圾随意倾倒在宁波市镇海区某生活垃圾中转站空地上，倾倒一处，计1立方米。区综合行政执法局责令改正后，王某已将所倾倒垃圾清理干净。王某随意倾倒生活垃圾的行为，违反了《宁波市建筑垃圾管理办法》第 21 条第 2 款第 3 项的规定。区综合行政执法局依据《宁波市建筑垃圾管理办法》第 45 条以及《宁波市综合行政执法机关行政处罚自由裁量权实施办法》、《宁波市综合执法行政处罚自由裁量权实施标准》的规定，决定对被执行人作出如下行政处罚：罚款人民币 700 元。王某未自动履行义务，区综合行政执法局向法院申请强制执行，法院裁定准予强制执行。①

律师答疑

生活垃圾的处理相对简单，要么作掩埋处理，要么用于焚烧发电。但由于建筑垃圾里面含有金属、塑料等多种物质，如废旧的钢筋、刷墙的废涂料等含有化学成分的废料，这样的建筑垃圾如果随意掩埋就会造成土壤的破坏或者再次造成环境污染。建筑垃圾传统的处理方式是掩埋，随着技术的不断创新，现在利用建筑垃圾破碎站，将钢筋、模板等材料筛分出来，砖瓦、混凝土等经过破碎后产生的骨料，可根据实际的需要用于道路路基的铺垫，或者是制成免烧砖、透水砖、花格砖等新型建材的产品，这样既避免了资源的浪费，又防治了环境污染。

对于建筑垃圾的概念，各种规章、地方性法规没有统一界定。《城市建筑垃圾管理规定》第 2 条第 2 款规定："本规定所称建筑垃圾，是指建设单位、施工单位新建、改建、扩建和拆除各类建筑物、构筑物、管网等以及居民装饰装修房屋过程中所产生的弃土、弃料及其他废弃物。"

《深圳市建筑废弃物管理办法》第 2 条第 2 款规定，把工程施工活动中产生的各类废弃物称之为"建筑废弃物"，分为工程渣土、拆除废弃物、工程泥浆、施工废弃物、装修废弃物，其实是对建筑垃圾的另一种称谓。

《城市建筑垃圾管理规定》第 20 条规定，对于个人将建筑垃圾混入

① 参见宁波市镇河区人民法院行政裁定书，(2019)浙 0211 行审 79 号。

生活垃圾的罚款数额是200元以下,体现了教育为主、处罚为辅的指导思想。但这样的规定针对性不强,反而留下了法律的空子。一些运输建筑垃圾的车辆被查扣时,借口是个人的车辆,罚200元了事,规避对施工单位的高额罚款。各地对建筑垃圾的产生、收集、贮存、运输、利用和处置都作出了具体规定,分类处理也越来越规范,管理制度更加科学完备。前述案例中区综合行政执法局对王某罚款700元的处罚依据的《宁波市建筑垃圾管理办法》,是2011年宁波市人民政府发布的地方政府规章,已经变更为地方性法规《宁波市建筑垃圾管理条例》,2022年7月1日起施行。根据《宁波市建筑垃圾管理条例》第50条的规定,针对将装修垃圾混入生活垃圾暂存、收运,对个人处200元以上2000元以下罚款,应当属于对行政处罚新的设定。

相关规定

《城市建筑垃圾管理规定》

第九条　任何单位和个人不得将建筑垃圾混入生活垃圾,不得将危险废物混入建筑垃圾,不得擅自设立弃置场受纳建筑垃圾。

第二十条　任何单位和个人有下列情形之一的,由城市人民政府市容环境卫生主管部门责令限期改正,给予警告,处以罚款:

(一)将建筑垃圾混入生活垃圾的;

(二)将危险废物混入建筑垃圾的;

(三)擅自设立弃置场受纳建筑垃圾的;

单位有前款第一项、第二项行为之一的,处3000元以下罚款;有前款第三项行为的,处5000元以上1万元以下罚款。个人有前款第一项、第二项行为之一的,处200元以下罚款;有前款第三项行为的,处3000元以下罚款。

37. 施工单位可以将建筑垃圾交给个人或者未经核准从事建筑垃圾运输的单位处置吗？

具体案例

在未取得建筑垃圾处置许可的情况下，曾某雇用司机运输建筑垃圾前往收放点，途中该车被南宁市江南区城市管理综合行政执法局（以下简称江南区城管局）工作人员发现、拦截。随后，江南区城管局工作人员进行了现场勘查，制作现场勘查笔录，对其进行了询问、调查和制作笔录，并告知其违法的事实、理由、依据以及享有的陈述、申辩权利。在曾某表示放弃听证权利后，江南区城管局作出行政处罚决定书，并于当日送达曾某。曾某不服，认为对其罚款9000元违反了《城市建筑垃圾管理规定》中对个人罚款不得超过200元的规定，遂提起行政诉讼。南宁市西乡塘区人民法院判决维持了江南区城管局的处罚决定。[①]

律师答疑

前述案例中，法院认为，《南宁市城市建筑垃圾管理办法》第24条规定："违反本办法规定，有下列情形之一的，由城市管理综合行政执法部门按下列规定予以处罚：（一）未取得建筑垃圾处置许可文件擅自运输建筑垃圾的，责令改正，对单位处以5000元以上3万元以下罚款，对个人处以2000元以上1万元以下罚款。……"因此，江南区城管局既具有作出本案被诉行政处罚的法定职权，又具有处罚的法律依据。关于曾某诉称江南区城管局对其罚款9000元违反了《城市建筑垃圾管理规定》中

---

① 参见南宁市西乡塘区人民法院行政判决书，（2013）西行初字第53号。

对个人罚款不得超过200元的规定的问题。根据《城市建筑垃圾管理规定》第20条、第26条的规定,对个人处200元以下罚款的有三种情形,即将建筑垃圾混入生活垃圾、将危险废物混入建筑垃圾以及随意倾倒、抛撒或者堆放建筑垃圾。但从审理查明的法律事实来看,曾某的行为属于未取得建筑垃圾处置许可而运输建筑垃圾,并不属于《城市建筑垃圾管理规定》所规定的上述三种情形,江南区城管局的罚款并无不当。因此,法院维持了江南区城管局的处罚决定。

建筑垃圾的处理实行核准制度。《城市建筑垃圾管理规定》第7条第1款规定:"处置建筑垃圾的单位,应当向城市人民政府市容环境卫生主管部门提出申请,获得城市建筑垃圾处置核准后,方可处置。"第13条规定:"施工单位不得将建筑垃圾交给个人或者未经核准从事建筑垃圾运输的单位运输。"第22条第2款规定:"施工单位将建筑垃圾交给个人或者未经核准从事建筑垃圾运输的单位处置的,由城市人民政府市容环境卫生主管部门责令限期改正,给予警告,处1万元以上10万元以下罚款。"

《城市建筑垃圾管理规定》没有规定对个人从事建筑垃圾运输的处罚,一些地方性法规进行了补充规定。例如,《深圳市建筑废弃物管理办法》第24条第1款第1句规定:"个人不得从事建筑废弃物运输经营业务。"第53条规定:"违反本办法第二十四条第一款规定,个人从事建筑废弃物运输经营业务的,由交通运输部门责令改正,依法没收违法所得,并处违法所得十倍的罚款;没有违法所得或者违法所得不足两万元的,处三万元以上十万元以下罚款。"

在实务中,经常会遇到个人从事建筑垃圾运输业务,施工单位一般不与其签订合同,在查扣建筑垃圾运输车辆后,施工单位不承认自己是建筑垃圾的源头。执法部门无从查证,往往按《城市建筑垃圾管理规定》第26条规定的随意倾倒、抛撒或者堆放建筑垃圾处理,或者按照第20条规定的将建筑垃圾混入生活垃圾处理,对个人处200元以下罚款。

一方面，作出这样处罚的法律依据不准确。个人从事运输建筑垃圾经营业务与倾倒建筑垃圾是两种不同的情形、不同的处罚，这样避重就轻的处罚大大降低了违法成本。另一方面，只处罚个人不处罚施工单位，没有从源头上解决问题，治标不治本。因此，在查处违法运输建筑垃圾时，既要处罚从事运输的个人或者未经核准从事建筑垃圾运输的单位，也要处罚施工单位和建设单位。

相关规定

《城市建筑垃圾管理规定》

第十三条　施工单位不得将建筑垃圾交给个人或者未经核准从事建筑垃圾运输的单位运输。

第二十二条第二款　施工单位将建筑垃圾交给个人或者未经核准从事建筑垃圾运输的单位处置的，由城市人民政府市容环境卫生主管部门责令限期改正，给予警告，处 1 万元以上 10 万元以下罚款。

38. 未经核准擅自处置建筑垃圾或者处置超出核准范围的建筑垃圾的怎么处罚？

具体案例

2019 年 3 月 1 日，郑州市惠济区执法局的工作人员巡查发现某公司名下的涉案货车实施了“未经核准处置建筑垃圾、运输建筑垃圾并随意倾倒”的行为。经查，该公司与涉案货车的车主田某签订了车辆挂靠服务协议一份，约定田某将其自有的重型自卸货车挂靠到公司名下经营。案发时，涉案货车仍登记在该公司名下。郑州市惠济区执法局依法进行现场勘验，制作了现场检查笔录。同日，作出责令(限期)改正通知书、先行登记保存证据审批表及先行登记保存证据通知书，并直接送达给涉案货车的司机田某。在履行了相应程序后，2019年8月2日，郑州市惠济区执法局作出行政处罚决定书罚款8万元的处罚决定并邮寄送达。涉事公司不服该处罚提起诉讼，认为车主田某才是违法的主体，行政处罚违法主体错误。一审法院认为罚款8万元数额过高，调整为5万元，驳回了该公司的其他诉讼请求。二审法院维持了一审判决。[①]

律师答疑

国家对建筑垃圾的处理实行核准制度，个人或者未经核准从事建筑垃圾运输的单位不能从事建筑垃圾的运输。根据《城市建筑垃圾管理规定》第7条的规定，处置建筑垃圾的单位，应当向城市人民政府市容环境卫生主管部门提出申请，获得城市建筑垃圾处置核准后，方可处置。城市人民政府市容环境卫生主管部门应当在接到申请后的20日内作出是否核准的决定。予以核准的，颁发核准文件；不予核准的，应当告知申请人，并说明理由。城市建筑垃圾处置核准的具体条件按照原建设部《关于纳入国务院决定的十五项行政许可的条件的规定》(2011年第二次修正)执行。

原建设部《关于纳入国务院决定的十五项行政许可的条件的规定》(2011年第二次修正)第3条规定，建设单位、施工单位或者建筑垃圾运输单位申请城市建筑垃圾处置核准，需具备以下条件：

(1)提交书面申请(包括建筑垃圾运输的时间、路线和处置地点名称、施工单位与运输单位签订的合同、建筑垃圾消纳场的土地用途证明)；

(2)有消纳场的场地平面图、进场路线图、具有相应的摊铺、碾压、

① 参见河南省郑州市中级人民法院行政判决书，(2020)豫01行终110号。

除尘、照明等机械和设备，有排水、消防等设施，有健全的环境卫生和安全管理制度并得到有效执行；

（3）具有建筑垃圾分类处置的方案和对废混凝土、金属、木材等回收利用的方案；

（4）具有合法的道路运输经营许可证、车辆行驶证；

（5）具有健全的运输车辆运营、安全、质量、保养、行政管理制度并得到有效执行；

（6）运输车辆具备全密闭运输机械装置或密闭苫盖装置、安装行驶及装卸记录仪和相应的建筑垃圾分类运输设备。

从上述规定可以看出，城市建筑垃圾处置核准要求非常严格，目的在于约束建设单位、施工单位或者建筑垃圾运输单位按照要求处置建筑垃圾，避免对环境造成污染和破坏。《城市建筑垃圾管理规定》第25条规定："违反本规定，有下列情形之一的，由城市人民政府市容环境卫生主管部门责令限期改正，给予警告，对施工单位处1万元以上10万元以下罚款，对建设单位、运输建筑垃圾的单位处5000元以上3万元以下罚款：（一）未经核准擅自处置建筑垃圾的；（二）处置超出核准范围的建筑垃圾的。"实务中，在查清违法事实的基础上，对未经核准擅自处置建筑垃圾或者处置超出核准范围的建筑垃圾的违法行为，既要对施工单位进行处罚，也要对建设单位、运输建筑垃圾的单位进行处罚，才能有效地治理随意倾倒建筑垃圾的现象。

前述案例中，建筑垃圾运输单位借口倾倒垃圾是个人行为，与公司无关。这是实务中经常遇到的现象，因为对个人倾倒建筑垃圾的行为处罚比较轻，罚款200元以下，施工单位、建设单位或者建筑垃圾运输单位往往会"金蝉脱壳"，逃避法律的处罚。公司系涉案车辆法律上的登记车主，对于登记在其名下的车辆及其运营行为负有管理义务，公司向涉案车辆实际车主田某收取管理费。因此，公司应当对挂靠在其名下的车辆及司机的违法行为承担相应法律责任，本次垃圾托运委托民事行为不能对抗登记车主的行政责任。法院最终没有采纳该公司的上诉理由。

此外,注重把握合并处罚与法条竞合的区别。未经核准处置建筑垃圾、运输建筑垃圾,往往伴随着随意倾倒的行为。根据《城市建筑垃圾管理规定》第25条第1项的规定,针对“未经核准擅自处置建筑垃圾”的行为,对施工单位、建设单位、运输建筑垃圾单位均可给予相应的处罚。对《城市建筑垃圾管理规定》第26条规定的随意倾倒建筑垃圾的行为,任何实施该行为的单位和个人均能成为被处罚的对象,且存在虽有处置建筑垃圾的核准手续,但是仍违反倾倒建筑垃圾的时间、地点等规定的情形。因此,不同违法行为分别违反上述两个条款的,应当合并处罚,不属于法条竞合的情形。

相关规定

《城市建筑垃圾管理规定》

第七条　处置建筑垃圾的单位,应当向城市人民政府市容环境卫生主管部门提出申请,获得城市建筑垃圾处置核准后,方可处置。

城市人民政府市容环境卫生主管部门应当在接到申请后的20日内作出是否核准的决定。予以核准的,颁发核准文件;不予核准的,应当告知申请人,并说明理由。

城市建筑垃圾处置核准的具体条件按照《建设部关于纳入国务院决定的十五项行政许可的条件的规定》执行。

第十四条　处置建筑垃圾的单位在运输建筑垃圾时,应当随车携带建筑垃圾处置核准文件,按照城市人民政府有关部门规定的运输路线、时间运行,不得丢弃、遗撒建筑垃圾,不得超出核准范围承运建筑垃圾。

第二十五条　违反本规定，有下列情形之一的，由城市人民政府市容环境卫生主管部门责令限期改正，给予警告，对施工单位处1万元以上10万元以下罚款，对建设单位、运输建筑垃圾的单位处5000元以上3万元以下罚款：

（一）未经核准擅自处置建筑垃圾的；

（二）处置超出核准范围的建筑垃圾的。

39. 处置建筑垃圾的单位在运输建筑垃圾过程中沿途丢弃、遗撒建筑垃圾的怎么处罚？

具体案例

温州市龙湾区综合行政执法局工作人员发现某渣土运输公司在滨海六道使用重型自卸货车在运输建筑垃圾过程中沿途遗撒，污染了龙湾区滨海六道路面，污染面积1平方米。温州市龙湾区综合行政执法局于2019年4月24日立案调查，于2019年6月28日作出行政处罚事先告知书，并向某渣土运输公司送达，明确告知认定的事实及拟处罚事宜，并告知其陈述、申辩权利。于同日作出行政处罚决定书，处以警告及罚款人民币5000元并于当日送达。某渣土运输公司对该处罚决定不服，认为处罚决定认定事实不清，适用法律错误，遂诉至法院。法院认为被诉处罚决定认定事实清楚、适用法律正确、程序合法，判决驳回某渣土运输公司的诉讼请求。[①]

① 参见温州市龙湾区人民法院行政判决书，（2019）浙0303行初676号。

律师答疑

前述案例中，温州市龙湾区综合行政执法局作出的行政处罚，是根据《城市建筑垃圾管理规定》第14条规定，处置建筑垃圾的单位在运输建筑垃圾时，应当随车携带建筑垃圾处置核准文件，按照城市人民政府有关部门规定的运输路线、时间运行，不得丢弃、遗撒建筑垃圾，不得超出核准范围承运建筑垃圾。第23条规定，处置建筑垃圾的单位在运输建筑垃圾过程中沿途丢弃、遗撒建筑垃圾的，由城市人民政府市容环境卫生主管部门责令限期改正，给予警告，处5000元以上5万元以下罚款。《温州市综合执法常见违法行为行政处罚自由裁量权行使标准》序号33规定，在其他街道或区域沿途丢弃、遗撒建筑垃圾污染路面5平方米以内罚款5000元。因此，该处罚法律依据正确，自由裁量适当。在实务中，此类行政处罚应注意把握以下几个方面：

首先，事实认定要清楚。在作出处罚之前，一定要对案件的违法行为定性准确，不同的情形适用法律也不一样。《城市生活垃圾管理办法》(2015修正)第44条规定："违反本办法规定，从事城市生活垃圾经营性清扫、收集、运输的企业在运输过程中沿途丢弃、遗撒生活垃圾的，由直辖市、市、县人民政府建设(环境卫生)卫生主管部门责令停止违法行为，限期改正，处以5000元以上5万元以下的罚款。"虽然罚款数额相同，但法律体系不同，违法主体不同。除了建筑垃圾、生活垃圾运输外，还有水泥罐车等运送其他液体、散装货物的车辆。《城市市容和环境卫生管理条例》(2017修订)第15条规定："在市区运行的交通运输工具，应当保持外型完好、整洁，货运车辆运输的液体、散装货物，应当密封、包扎、覆盖，避免泄漏、遗撒。"

其次，应注意裁量的标准。5000元以上5万元以下的罚款空间，给执法机关留下了较大幅度的自由裁量权。各个城市规定不一，如前述案例中温州市是按照面积处罚的，《温州市综合执法常见违法行为行政处罚自由裁量权行使标准》序号33中规定："在主要街道、重点区域沿途丢弃、遗撒建筑垃圾污染路面 5 平方米以内罚款 1 万元,每增加 1 平方米增加罚款 2000 元;在其他街道或区域沿途丢弃、遗撒建筑垃圾污染路面 5 平方米以内罚款 5000 元,每增加 1 平方米增加罚款 1000 元。”广东省是按照遗撒长度计算的,广东省住房和城乡建设厅《关于住房和城乡建设系统行政处罚自由裁量权的基准(城乡规划建设类)》序号 C206.44 规定:“丢弃、遗撒 500 米以下的责令停止违法行为,限期改正,处 5000 元以上 2 万元以下罚款;丢弃、遗撒 500 米以上 1000 米以下的责令停止违法行为,限期改正,处 2 万元以上 3.5 万元以下罚款;丢弃、遗撒 1000 米以上的责令停止违法行为,限期改正,处 3.5 万元以上 5 万元以下罚款。”自由裁量的基准不管是按面积计算还是按长度计算,都应当向社会公布。《行政处罚法》(2021 修订)第 34 条规定:“行政机关可以依法制定行政处罚裁量基准,规范行使行政处罚裁量权。行政处罚裁量基准应当向社会公布。”

最后,注意法条的竞合。《行政处罚法》(2021 修订)第 29 条规定:“对当事人的同一个违法行为,不得给予两次以上罚款的行政处罚。同一个违法行为违反多个法律规范应当给予罚款处罚的,按照罚款数额高的规定处罚。”处置建筑垃圾的单位在运输建筑垃圾过程中沿途丢弃、遗撒建筑垃圾的行为既违反了《城市建筑垃圾管理规定》第 14 条的规定,也违反了《城市市容和环境卫生管理条例》(2017 修订)第 15 条的规定和一些地方性法规的规定。如《深圳经济特区市容和环境卫生管理条例》(2019 修正)第 26 条规定,“在城市道路上行驶的运载余泥渣土、泥土、沙石、水泥等易飞扬物和液体的机动车辆应当按照有关规定设置密封式加盖装置,防止沿途泄漏、散落或者飞扬,并按照规定的时间和路线行驶。……污染道路的,由主管部门责令限期清理,并按照污染面积每平方米二百元的标准处以罚款……”因此,当出现法条竞合时,在法律、行政法规规定的幅度内应当按照数额高的进行处罚。

相关规定

《城市建筑垃圾管理规定》

第十四条　处置建筑垃圾的单位在运输建筑垃圾时，应当随车携带建筑垃圾处置核准文件，按照城市人民政府有关部门规定的运输路线、时间运行，不得丢弃、遗撒建筑垃圾，不得超出核准范围承运建筑垃圾。

第二十三条　处置建筑垃圾的单位在运输建筑垃圾过程中沿途丢弃、遗撒建筑垃圾的，由城市人民政府市容环境卫生主管部门责令限期改正，给予警告，处5000元以上5万元以下罚款。

40. 单位和个人随意倾倒、抛撒或者堆放建筑垃圾的怎么处罚？

具体案例

天津市和苑街道办事处接到有关部门函告“A公司厂院内有建筑垃圾堆放，同时伴随有扬尘现象，影响了周边环境和居民正常生活”，于2020年7月13日立案调查，认定A公司委托看管厂区的第三人杨某与B公司签订《厂房借用合同》，B公司自2019年1月16日在A公司厂院及废弃厂房内堆放建筑垃圾的事实。在履行相关法定程序后，2020年10月10日，天津市和苑街道办事处作出履行行政决定催告书，督促二公司自收到催告书后3日内，自觉履行限期恢复原状的义务，同时作出行政处罚决定书，决定对二公司给予5万元的处罚。后B公司缴纳罚款2.5万元；A公司提交了暂缓缴纳罚款申请。2020年10月19日，社区居民委员会反映称,A公司厂院内仍有大量建筑垃圾堆放,产生大量扬尘,严重影响了居民的正常生活及身体健康,请予以解决。因情况紧急,天津市和苑街道办事处于2020年10月21日作出代履行决定书。上述行政法律文书均已送达。在清运过程中,B公司认为天津市和苑街道办事处代履行行政行为违法,提起行政诉讼。一审法院驳回了B公司的起诉,二审法院维持原判。①

律师答疑

《城市建筑垃圾管理规定》第7条第1款规定,处置建筑垃圾的单位,应当向城市人民政府市容环境卫生主管部门提出申请,获得城市建筑垃圾处置核准后,方可处置。第15条规定,任何单位和个人不得随意倾倒、抛撒或者堆放建筑垃圾。前述案例中,天津市和苑街道办事处所举证据可以证明,A、B二公司存在未经批准堆放建筑垃圾的行为,事实清楚、证据充分,天津市和苑街道办事处依据《城市建筑垃圾管理规定》第26条的规定进行处罚完全正确。在遇到随意倾倒、抛撒或者堆放建筑垃圾的行为时,注意把握三个问题:

一是注意责任的划分。前述案例中,A公司是其厂区的权利人,在其厂区内发生的事件,A公司负有主要责任。A公司委托第三人杨某管理厂区,且允许杨某进行经营,但仍应履行委托人的监管职责,并承担委托行为的后果。发生堆放建筑垃圾的事实后,A公司又委托杨某全权处理善后事宜,无疑是对杨某签订《厂房借用合同》行为的追认。A公司董事长在法院询问时陈述"杨某在存放渣土前和我说过,我的意见是只要别违法违规就行"。因此,A公司对堆放建筑垃圾是明知的,对受托人的违法行为,委托人负有不可推卸的责任。认定A公司和B公司共同违法,事实清楚,于法有据。

---

① 参见天津市第一中级人民法院行政判决书,(2021)津01行终202号。

二是注意与其他违法行为的合并处理。随意倾倒、抛撒或者堆放建筑垃圾的行为往往伴随未经核准处置垃圾的违法行为，需要合并处罚。同时，如果倾倒、堆放建筑垃圾的行为涉嫌破坏、违法占用土地，就要根据《土地管理法》和《土地管理法实施条例》进行处罚。一般情况下，占用、破坏土地行为由县级以上人民政府自然资源主管部门、农业农村主管部门按照职责进行处罚，倾倒、堆放建筑垃圾占用土地、破坏耕地的需要移送相关单位进行处罚。但在相对集中行政处罚权的地方往往由综合行政执法局统一行使处罚权，打破了权力的樊篱，可以在一个处罚决定书中分别作出处罚，合并执行。

三是注意把握代履行的实施条件。《行政强制法》第50条规定，行政机关依法作出要求当事人履行排除妨碍、恢复原状等义务的行政决定，当事人逾期不履行，经催告仍不履行，其后果已经或者将危害交通安全、造成环境污染或者破坏自然资源的，行政机关可以代履行，或者委托没有利害关系的第三人代履行。根据上述规定，代履行是指当事人拒绝履行义务时，行政机关决定由行政机关或者第三人代替当事人履行义务，履行费用由当事人承担。前述案例中，天津市和苑街道办事处作出责令限期恢复原状决定书并催告后，二公司逾期仍未履行清除垃圾、恢复原状的义务。且二公司在城市居民区周边范围内堆放大量建筑垃圾的行为，已造成严重环境污染，对于周边居民生活及身体健康造成严重影响。为及时消除随意堆放大量建筑垃圾对周围环境及居民生活的不良影响，天津市和苑街道办事处依法作出代履行决定书符合法律规定，并无不当。《行政强制法》第53条规定，当事人在法定期限内不申请行政复议或者提起行政诉讼，又不履行行政决定的，没有行政强制执行权的行政机关可以自期限届满之日起3个月内，申请人民法院强制执行。代履行是强制执行的例外，且只有在当事人不履行排除妨碍、恢复原状的情况下，符合危害交通安全、造成环境污染或者破坏自然资源三个条件，才能实施代履行。

相关规定

《城市建筑垃圾管理规定》

第十五条 任何单位和个人不得随意倾倒、抛撒或者堆放建筑垃圾。

第二十六条 任何单位和个人随意倾倒、抛撒或者堆放建筑垃圾的，由城市人民政府市容环境卫生主管部门责令限期改正，给予警告，并对单位处5000元以上5万元以下罚款，对个人处200元以下罚款。

41. 泥头车未按要求冲洗上路，污染路面的怎么处罚？

具体案例

2019年1月7日，深圳市香蜜湖街道执法队巡查发现在农林路竹园小学后门出入口出场车辆带泥污染道路。该问题在施工出入口普遍存在，现象严重。经调查询问，结合前期调查取证所得证据，深圳市香蜜湖街道执法队向某建设集团有限公司作出行政处罚告知书，拟对当事人作出责令自行改正和罚款人民币2000元的行政处罚。因涉案公司对违法事实认定及处罚无异议并申请同时作出行政处罚决定，深圳市香蜜湖街道执法队于1月15日作出行政处罚决定书：(1)责令其2019年1月16日前自行改正；(2)罚款人民币2000元。①

① 参见深圳市城市管理和综合执法局2019年第一季度以案释法典型案例。

律师答疑

泥头车，一般指建筑工地上运输沙石、泥土、建筑材料的自卸车，因为基本是拉土石泥渣等材料，弄得浑身上下都是泥，一些地方便形象地称之为"泥头车"。一些泥头车的车主和司机在经济利益驱使下，往往不顾安全多拉快跑，与其他车型相比，泥头车存在各类交通违规行为比较突出，如假牌套牌、污染号牌、超速超载、逆向行驶、闯红灯等，对交通安全构成了很大的威胁。而且泥头车的流动性比较大，哪里有工程就往哪里跑，跨省作业比较多，加之很多车主和驾驶员为了省钱，常常"三无"上路（无保险、无年检、无运输证），一旦发生交通事故一跑了之，加大了交通事故的处理难度。此外，泥头车往往带泥上路，污染道路，形成扬尘，严重影响市容市貌，是局部地区大气污染的罪魁祸首。

为加强泥头车的管理，一些地方专门出台了规定。例如，潮州市出台《潮州市城区泥头车运输管理办法》，东莞市出台《东莞市泥头车全密闭运输和智能化管理工作方案》等，规范完善泥头车的管理。从行政处罚的角度出发，注意做到以下几点：

首先，明确受处罚的主体。泥头车未冲洗上路，污染路面，到底谁才是受处罚的主体呢？一些行政执法部门查扣了未冲洗上路的泥头车，依据《大气污染防治法》（2018 修正）直接对泥头车所属的公司进行处罚。《大气污染防治法》（2018 修正）第 69 条第 3 款第 1 句规定，施工单位应当在施工工地设置硬质围挡，并采取覆盖、分段作业、择时施工、洒水抑尘、冲洗地面和车辆等有效防尘降尘措施。第 115 条第 1 款第 1 项规定，施工工地未采取冲洗地面和车辆等有效防尘降尘措施的，由县级以上人民政府住房城乡建设等主管部门按照职责责令改正，处 1 万元以上 10 万元以下的罚款；拒不改正的，责令停工整治。注意，这里处罚的是施工单位，而非泥头车所属单位。一般情况下，都是施工单位与渣土运输企业签订运输合同，由渣土运输企业来处理这些渣土。因此，如果依据《大气污染防治法》（2018 修正）进行处罚，就要处罚施工单位。

其次，明确适用的法律体系。一个行为有可能违反不同的法律，需要区别把握。同样是泥头车运输渣土，《城市建筑垃圾管理规定》第 2 条第 2 款把渣土定义为建筑垃圾，“本规定所称建筑垃圾，是指建设单位、施工单位新建、改建、扩建和拆除各类建筑物、构筑物、管网等以及居民装饰装修房屋过程中所产生的弃土、弃料及其他废弃物”。如果渣土运输企业没有经过核准运输、处置建筑垃圾或者处置超出核准范围的建筑垃圾，按照《城市建筑垃圾管理规定》第 25 条的规定，对施工单位处 1 万元以上 10 万元以下罚款，对建设单位、运输建筑垃圾的单位处 5000 元以上 3 万元以下罚款。《行政处罚法》(2021 修订)第 29 条规定，同一个违法行为违反多个法律规范应当给予罚款处罚的，按照罚款数额高的规定处罚。因此，泥头车运输渣土的违法行为，择一处罚较重的适用。

最后，明确处罚的标准依据。前述案例中，深圳市香蜜湖街道执法队处罚的依据是《深圳经济特区市容和环境卫生管理条例》(2019 修正)，该条例第 52 条第 1 款第 4 项、第 2 款规定，施工现场进出路口实行硬底化，并应当由专人对施工现场进出路口及出场车辆进行冲洗和清理，防止出场车辆带泥污染道路。违反前述规定的，由主管部门责令其限期改正，并处 2000 元以上 5000 元以下罚款。而同样的情况，《大气污染防治法》(2018 修正)第 115 条罚款的数额是 1 万元以上 10 万元以下。在上位法明确处罚种类和幅度的情况下，下位法只能在设定的幅度内进行细化而不能突破。当然，如果在诉讼中，人民法院不审查规章以上文件的合法性，那么这种处罚畸重畸轻会失去行政处罚的预判性，需要引起立法者的注意。

泥头车的治理要坚持综合施策，单纯的处罚无法从根本上解决问题。要规范行政审批工作，从事运输建筑垃圾的企业和车辆实行准运制审批管理，取得城市管理综合执法部门核发的城市建筑垃圾处置准运证后方可运输，禁止个人从事泥头车运营。要加强建筑垃圾处置(排放、运输、受纳)的行政管理，将符合要求的建筑垃圾处置企业信息录入“建筑垃圾管理信息平台”,利用信息化手段,形成排放、运输、受纳等建筑垃圾处置环节的闭环管理。要加强源头管控,建筑工地需取得建筑垃圾排放核准,并将建筑垃圾运输交由经核准的运输单位和车辆进行运输,确保各类工地使用经核准的新型泥头车。通过建章立制,严格管控,才能很好地治理泥头车乱象,维护良好的市容市貌。

相关规定

《城市市容和环境卫生管理条例》(2017 修订)

第十五条　在市区运行的交通运输工具,应当保持外型完好、整洁,货运车辆运输的液体、散装货物,应当密封、包扎、覆盖,避免泄漏、遗撒。

《大气污染防治法》(2018 修正)

第六十九条　建设单位应当将防治扬尘污染的费用列入工程造价,并在施工承包合同中明确施工单位扬尘污染防治责任。施工单位应当制定具体的施工扬尘污染防治实施方案。

从事房屋建筑、市政基础设施建设、河道整治以及建筑物拆除等施工单位,应当向负责监督管理扬尘污染防治的主管部门备案。

施工单位应当在施工工地设置硬质围挡,并采取覆盖、分段作业、择时施工、洒水抑尘、冲洗地面和车辆等有效防尘降尘措施。建筑土方、工程渣土、建筑垃圾应当及时清运;在场地内堆存的,应当采用密闭式防尘网遮盖。工程渣土、建筑垃圾应当进行资源化处理。

施工单位应当在施工工地公示扬尘污染防治措施、负责人、扬尘监督管理主管部门等信息。

暂时不能开工的建设用地，建设单位应当对裸露地面进行覆盖；超过三个月的，应当进行绿化、铺装或者遮盖。

第一百一十五条 违反本法规定，施工单位有下列行为之一的，由县级以上人民政府住房城乡建设等主管部门按照职责责令改正，处一万元以上十万元以下的罚款；拒不改正的，责令停工整治：

（一）施工工地未设置硬质围挡，或者未采取覆盖、分段作业、择时施工、洒水抑尘、冲洗地面和车辆等有效防尘降尘措施的；

（二）建筑土方、工程渣土、建筑垃圾未及时清运，或者未采用密闭式防尘网遮盖的。

违反本法规定，建设单位未对暂时不能开工的建设用地的裸露地面进行覆盖，或者未对超过三个月不能开工的建设用地的裸露地面进行绿化、铺装或者遮盖的，由县级以上人民政府住房城乡建设等主管部门依照前款规定予以处罚。

42. 未经处理的泥浆水能直接排入城市雨水或者污水管道吗？

具体案例

2022年5月初，深圳市龙岗区龙城街道执法人员在巡查时发现，回龙埔社区某公司将未经处理的泥浆水直接排入城市雨水管道，执法人员现场进行检查勘验并拍照取证，同时对该公司现场负责人下发询问调查通知书、责令改正违法行为通知书，责令其立即改正，清理雨水管网内浊水。同时，该公司的行为违反了《深圳经济特区市容和环境卫生管理条例》第52条第1款第5项的规定，根据该条例第52条第2款及《深圳市城市管理行政处罚裁量权实施标准》序号24的规定，建筑施工单位在施工时将未经处理的泥浆水直接排入城市雨水或污水管道，一年内发生一次的处2000元罚款。涉事企业接受了处罚，并立即进行整改。

律师答疑

城市排水系统在环保、卫生、安全等方面对城市居民生产、生活产生重大影响，世界各国非常重视城市排水系统建设。法国巴黎的下水道系统是一个伟大工程，巴黎的下水道均处在地面以下50米，纵横交错，密如蛛网，总长2347千米，规模远超巴黎地铁。巴黎人甚至将其开发成下水道博物馆，向世人介绍他们的成就。

早在900年前，中国南方的小城赣州就已经建成了一条与巴黎下水道等量齐观的地下长龙，这条下水道今天还承担着10万人口的排水功能。2016年6月，江西境内的章江、贡江一号洪峰在半个小时内先后通过了赣州市区，与南方其他洪水所及的地方不同，新华网形容当时赣州旧城内的人们“生活有序，儿童在城门口水滩里嬉戏钓鱼，买卖人在滔滔洪水边安然地做着生意”。与之形成鲜明对照的是，遇到暴雨排水不畅，内涝成灾，“城市看海”成为很多城市的“形象代言”，甚至酿成特大安全事件，危及人民群众的生命财产安全。城市排水系统某种意义上讲，是城市居民的生命线，应当倍加珍惜。

国家对污水排放施行准入制度。《水污染防治法》（2017修正）第21条第1款规定，直接或者间接向水体排放工业废水和医疗污水以及其他按照规定应当取得排污许可证方可排放的废水、污水的企业事业单位和其他生产经营者，应当取得排污许可证。《城镇排水与污水处理条例》第21条规定：“从事工业、建筑、餐饮、医疗等活动的企业事业单位、个体工商户（以下称排水户）向城镇排水设施排放污水的，应当向城镇排水主管部门申请领取污水排入排水管网许可证……”第 42 条第 4 项规定，禁止向城镇排水与污水处理设施倾倒垃圾、渣土、施工泥浆等废弃物。

《水污染防治法》(2017 修正)第 83 条第 1 项、第 2 项规定，对未依法取得排污许可证排放水污染物的，或者超过水污染物排放标准、超过重点水污染物排放总量控制指标排放水污染物等行为的，处罚金额在 10 万元以上 100 万元以下，情节严重的，责令停业、关闭。《城镇排水与污水处理条例》第 50 条第 1 款规定：“违反本条例规定，排水户未取得污水排入排水管网许可证向城镇排水设施排放污水的，由城镇排水主管部门责令停止违法行为，限期采取治理措施，补办污水排入排水管网许可证，可以处 50 万元以下罚款……”这么高额的罚款对于施工企业而言是一个不小的压力，行政执法机关也不愿冒着破坏营商环境的风险顶格处罚。前述案例中，执法机关依据《深圳经济特区市容和环境卫生管理条例》(2019 修正)第 52 条第 1 款第 5 项的规定，“禁止将未经处理的泥浆水直接排入城市雨水或者污水管道”，违反规定的，由主管部门责令限期改正，并处 2000 元以上 5000 元以下罚款。这样针对泥浆水的处罚就更加明确和具体。从其他城市立法和执法情况来看，大致都在这个数额范围。因此，行政执法机关在依据《水污染防治法》(2017 修正)和《城镇排水与污水处理条例》作出处罚时，要注意泥浆水和工业废水、医疗污水的区别，长期排放与偶发事件的区别，从而将合法与合理做到很好的统一。

相关规定

《水污染防治法》(2017 修正)

第二十一条　直接或者间接向水体排放工业废水和医疗污水以及其他按照规定应当取得排污许可证方可排放的废水、污水的企业事业单位和其他生产经营者,应当取得排污许可证;城镇污水集中处理设施的运营单位,也应当取得排污许可证。排污许可证应当明确排放水污染物的种类、浓度、总量和排放去向等要求。排污许可的具体办法由国务院规定。

禁止企业事业单位和其他生产经营者无排污许可证或者违反排污许可证的规定向水体排放前款规定的废水、污水。

第八十三条　违反本法规定,有下列行为之一的,由县级以上人民政府环境保护主管部门责令改正或者责令限制生产、停产整治,并处十万元以上一百万元以下的罚款;情节严重的,报经有批准权的人民政府批准,责令停业、关闭:

(一)未依法取得排污许可证排放水污染物的;

(二)超过水污染物排放标准或者超过重点水污染物排放总量控制指标排放水污染物的;

(三)利用渗井、渗坑、裂隙、溶洞,私设暗管,篡改、伪造监测数据,或者不正常运行水污染防治设施等逃避监管的方式排放水污染物的;

(四)未按照规定进行预处理,向污水集中处理设施排放不符合处理工艺要求的工业废水的。

《城镇排水与污水处理条例》

第二十一条　从事工业、建筑、餐饮、医疗等活动的企业事业单位、个体工商户(以下称排水户)向城镇排水设施排放污水的,应当向城镇排水主管部门申请领取污水排入排水管网许可证。城镇排水主管部门应当按照国家有关标准,重点对影响城镇排水与污水处理设施安全运行的事项进行审查。

排水户应当按照污水排入排水管网许可证的要求排放污水。

第四十二条　禁止从事下列危及城镇排水与污水处理设施安全的活动：

（一）损毁、盗窃城镇排水与污水处理设施；

（二）穿凿、堵塞城镇排水与污水处理设施；

（三）向城镇排水与污水处理设施排放、倾倒剧毒、易燃易爆、腐蚀性废液和废渣；

（四）向城镇排水与污水处理设施倾倒垃圾、渣土、施工泥浆等废弃物；

（五）建设占压城镇排水与污水处理设施的建筑物、构筑物或者其他设施；

（六）其他危及城镇排水与污水处理设施安全的活动。

第五十条　违反本条例规定，排水户未取得污水排入排水管网许可证向城镇排水设施排放污水的，由城镇排水主管部门责令停止违法行为，限期采取治理措施，补办污水排入排水管网许可证，可以处50万元以下罚款；造成损失的，依法承担赔偿责任；构成犯罪的，依法追究刑事责任。

违反本条例规定，排水户不按照污水排入排水管网许可证的要求排放污水的，由城镇排水主管部门责令停止违法行为，限期改正，可以处5万元以下罚款；造成严重后果的，吊销污水排入排水管网许可证，并处5万元以上50万元以下罚款，可以向社会予以通报；造成损失的，依法承担赔偿责任；构成犯罪的，依法追究刑事责任。

43. 未按照国家有关规定将污水排入城镇排水设施，或者在雨水、污水分流地区将污水排入雨水管网的怎么处罚？

具体案例

石家庄市某中等专业学校在雨水、污水分流地区将污水排入雨水管网，违反了《城镇排水与污水处理条例》第20条第2款的规定，石家庄市城市管理综合执法局（以下简称石家庄市城管局）依据《城镇排水与污水处理条例》第49条和《石家庄市城市管理综合执法局行政处罚自由裁量权实施办法与基准》的规定，决定给予石家庄市某中等专业学校处以18万元罚款的行政处罚。该校不服处罚决定，认为其只是租用校舍，并非设施的所有人，不是适格的被处罚主体，遂提起诉讼。一审法院判决驳回起诉，二审法院予以维持。①

律师答疑

城市排水系统是处理和排除城市污水和雨水的工程设施系统，是城市公用设施的组成部分。城市排水系统通常由排水管道和污水处理厂组成。在实行污水、雨水分流制的情况下，污水由排水管道收集，送至污水处理后，排入水体或回收利用；雨水径流由排水管道收集后，就近排入水体。如果雨污不分，容易造成水资源的浪费，也会给污水处理增加不必要的负担和成本。此类行为的处罚要注意把握以下几点：

一是明确受处罚的主体。《城镇排水与污水处理条例》第20条规

① 参见河北省石家庄市中级人民法院行政判决书，（2015）石行终字第00072号。

定:"城镇排水设施覆盖范围内的排水单位和个人,应当按照国家有关规定将污水排入城镇排水设施。在雨水、污水分流地区,不得将污水排入雨水管网。"第 49 条规定:"违反本条例规定,城镇排水与污水处理设施覆盖范围内的排水单位和个人,未按照国家有关规定将污水排入城镇排水设施,或者在雨水、污水分流地区将污水排入雨水管网的,由城镇排水主管部门责令改正,给予警告;逾期不改正或者造成严重后果的,对单位处 10 万元以上 20 万元以下罚款,对个人处 2 万元以上 10 万元以下罚款;造成损失的,依法承担赔偿责任。"前述案例中,受处罚的学校认为其并非设施所有人,不是适格的被处罚主体。根据上述规定,违反城镇排水管理规定的被处罚主体为排水单位和个人,而非排水设施的所有人。因此,法院认为,石家庄市某中等专业学校系石家庄市石获南路 68 号院部分建筑的使用人,为实际排水单位,石家庄市城管局以该学校为相对人作出处罚决定并无不妥。

二是注意证据的运用。在该案例中,被处罚的学校认为石家庄市城管局没有其他证据诸如图纸、现场开挖录像等来证明上述排水口就是其排水口;排水口排出的水是雨水还是污水没有相应的化验报告,仅凭一张照片是无法证明的。行政执法对于证据的适用规则不同于刑事司法,不可能对能够直接认定的证据去化验、去现场挖掘路面,来认定违法行为是上诉人所实施的,而是辅以调查笔录、现场勘验以及当事人的认可作为行政处罚的证据使用。

三是注意与向城市道路排放污水的区别。擅自向城市道路排放泥浆、污水等易造成堵塞或将会造成市政排水系统运行受阻,特别是雨天更容易造成排水不畅路面积水,存在极大的安全隐患。向城市道路违法排放污水的情形在城市综合管理中经常发生,尤其是个人的行为比较多,如果按照《城镇排水与污水处理条例》来处罚,数额过大,对个人而言显属不合理。而且侵害的主体不同,向城市路面排放污水,污染的是城市路面,适用市容环境卫生方面的法规。雨水和污水不分侵害的是排水与污水处理管网系统，适用城镇排水与污水处理的法规。如《深圳经济特区市容和环境卫生管理条例》第48条第2款规定，禁止向城市道路、公共场所倾倒、排放废水和污水、污物。《深圳市城市管理行政处罚裁量权实施标准》序号17规定，污染面积不足1平方米的，处1000元罚款；污染面积达1平方米不足3平方米的，处3000元罚款；污染面积达3平方米以上的，处5000元罚款。

行政执法部门罚款不是目的，而是社会治理的一种手段，最终目的是提升公众保持城市道路面貌整洁、维护良好水体环境的价值认同和对公共规则的尊重与敬畏。

相关规定

《城镇排水与污水处理条例》

第二十条　城镇排水设施覆盖范围内的排水单位和个人，应当按照国家有关规定将污水排入城镇排水设施。

在雨水、污水分流地区，不得将污水排入雨水管网。

第四十九条　违反本条例规定，城镇排水与污水处理设施覆盖范围内的排水单位和个人，未按照国家有关规定将污水排入城镇排水设施，或者在雨水、污水分流地区将污水排入雨水管网的，由城镇排水主管部门责令改正，给予警告；逾期不改正或者造成严重后果的，对单位处10万元以上20万元以下罚款，对个人处2万元以上10万元以下罚款；造成损失的，依法承担赔偿责任。

44. 用于收集、运输城市生活垃圾的车辆、船舶未做到密闭、完好和整洁的怎么处罚？

具体案例

2020 年 10 月 13 日，深圳市石井街道执法队巡查发现某土石方公司的重型自卸货车有城市垃圾运输车辆车体不洁，车体挂泥的行为。执法人员现场出示执法证件并告知当事人申请回避与陈述申辩的权利，当事人不申请回避并放弃陈述申辩的权利。当事人的上述行为涉嫌违反《深圳经济特区市容和环境卫生管理条例》第 59 条第 1 款的规定，深圳市石井街道执法队执法人员依法责令其停止（改正）违法行为并进行了拍照取证，最终作出罚款 2000 元的处罚。①

律师答疑

《城市生活垃圾管理办法》（2015 修正）第 17 条规定："从事城市生活垃圾经营性清扫、收集、运输的企业，应当取得城市生活垃圾经营性清扫、收集、运输服务许可证。未取得城市生活垃圾经营性清扫、收集、运输服务许可证的企业，不得从事城市生活垃圾经营性清扫、收集、运输活动。"同时，要求城市建设（环境卫生）主管部门应当通过招投标等公平竞争的方式作出城市生活垃圾经营性清扫、收集、运输许可的决定，向中标人颁发城市生活垃圾经营性清扫、收集、运输服务许可证，与中标人签订城市生活垃圾清扫、收集、运输经营协议，明确约定经营期限、服务标准等内容。

---

① 参见深圳市城市管理和综合执法局 2020 年第四季度以案释法典型案例。

《城市生活垃圾管理办法》(2015 修正)第 19 条要求从事城市生活垃圾经营性清扫、收集、运输服务的企业,应当具备下列条件:

(1)机械清扫能力达到总清扫能力的 20% 以上,机械清扫车辆包括洒水车和清扫保洁车辆。机械清扫车辆应当具有自动洒水、防尘、防遗撒、安全警示功能,安装车辆行驶及清扫过程记录仪。

(2)垃圾收集应当采用全密闭运输工具,并应当具有分类收集功能。

(3)垃圾运输应当采用全密闭自动卸载车辆或船只,具有防臭味扩散、防遗撒、防渗沥液滴漏功能,安装行驶及装卸记录仪。

(4)具有健全的技术、质量、安全和监测管理制度并得到有效执行。

(5)具有合法的道路运输经营许可证、车辆行驶证。

(6)具有固定的办公及机械、设备、车辆、船只停放场所。

由以上规定可知,城市生活垃圾的清扫、收集、运输采用的是第三方服务,违反相关法规同样应接受环境卫生主管部门的处罚,不存在“灯下黑”的情况。那么,对于收集、运输城市生活垃圾的车辆未做到整洁,也就是俗称的“带泥上路”,该如何处罚呢?

首先,要结合案情准确适用法规。收集、运输城市生活垃圾,还是收集、运输城市建筑垃圾,不同的情形适用法律不同。前者适用的是《城市生活垃圾管理办法》(2015 修正),后者适用的是《城市建筑垃圾管理规定》,虽然都是一个部门制定的规章,但规范的对象不同,规定的处罚也不同。前述案例中,执法部门没有查明属于哪一类违法行为,原因是根据《深圳经济特区市容和环境卫生管理条例》(2019 修正)第 59 条的规定,城市垃圾运输车辆应当保持车体整洁,采取密闭方式将城市垃圾运送到指定的场所处理,并没有特指是运输生活垃圾还是建筑垃圾。所以,执法部门依据地方性法规作出处理并无不当。但这样的处罚缺乏针对性,容易造成执法的混乱。对于运输建筑垃圾的车辆,也就是“泥头车”有专门的管理办法,从核准运输证明,出场冲洗,运输过程中的管理,到末端送收纳场处置还是随意倾倒,都有一套完整的法规体系。因此,结合案情适用相应的法规,避免适用法律错误。

其次,选择相应的自由裁量标准。《城市生活垃圾管理办法》(2015修正)第45条规定的处罚数额是5000元以上3万元以下,不同区域根据经济发展水平确定自由裁量的具体标准。例如,广东省住房和城乡建设厅《关于住房和城乡建设系统行政处罚自由裁量权的基准(城乡规划建设类)》序号C206.45.4规定:未做到密闭、完好和整洁在3车(次)以下或1船(次)的,责令限期改正,并可处以5000元以上1.5万元以下罚款;未做到密闭、完好和整洁在3车(次)以上6车(次)以下或2船(次)的,责令限期改正,并处以1.5万元以上2.5万元以下罚款;未做到密闭、完好和整洁在6车(次)以上或3船(次)以上的,责令限期改正,并处以2.5万元以上3万元以下罚款。《深圳市城市管理行政处罚裁量权实施标准》序号28规定:城市垃圾运输车辆没有保持车体整洁,没有采取密闭方式,有裸露、吊挂现象的,罚款2000元;污染道路100米或以下的,罚款2000元;污染道路100米以上1000米以下的,罚款3000元;污染道路超过1000米的,罚款5000元。

最后,坚持处罚与教育结合。鉴于部分违法行为人不愿意配合的态度,执法人员履行职责时应当做好宣法教育劝导,避免执法时产生矛盾冲突。在处罚过程中要坚持教育和处罚相结合的原则,向当事人阐明法律规定,告知改正的方式方法,使得违法当事人能够真正体会被处罚的原因,并改正自己的违法行为。

相关规定

《城市生活垃圾管理办法》(2015修正)

第二十条　从事城市生活垃圾经营性清扫、收集、运输的企业应当履行以下义务:

（一）按照环境卫生作业标准和作业规范，在规定的时间内及时清扫、收运城市生活垃圾；

（二）将收集的城市生活垃圾运到直辖市、市、县人民政府建设（环境卫生）主管部门认可的处理场所；

（三）清扫、收运城市生活垃圾后，对生活垃圾收集设施及时保洁、复位，清理作业场所，保持生活垃圾收集设施和周边环境的干净整洁；

（四）用于收集、运输城市生活垃圾的车辆、船舶应当做到密闭、完好和整洁。

第四十五条　从事生活垃圾经营性清扫、收集、运输的企业不履行本办法第二十条规定义务的，由直辖市、市、县人民政府建设（环境卫生）主管部门责令限期改正，并可处以5000元以上3万元以下的罚款；城市生活垃圾经营性处置企业不履行本办法第二十八条规定义务的，由直辖市、市、县人民政府建设（环境卫生）主管部门责令限期改正，并可处以3万元以上10万元以下的罚款。造成损失的，依法承担赔偿责任。

45. 运载余泥渣土、泥土、沙石、水泥等易飞扬物和液体的机动车辆未按规定设置密封式加盖装置，污染道路的怎么处罚？

具体案例

2021年12月25日下午，深圳市凤凰街道综合行政执法办公室执法人员巡查辖区主干道,发现光明区凤凰街道光明大道与塘家北路路口存在车辆沿途撒漏沙土污染路面的现象。经第三方测绘公司测量,确认道路污染面积为182.23平方米。经调取监控视频核实,确认涉事车辆是车牌号为粤B×××××的重型自卸货车,所属公司为某石方工程有限公司。该公司司机于2021年12月25日14时驾驶重型自卸货车在凤凰街道地铁十三号线工地装载泥土,14时21分行驶至凤凰街道光明大道与塘家北路路口,为避让前方急刹车的大型重卡,采取变道和刹车措施,导致渣土从车厢内往外撒漏,污染道路,司机直接驾驶车辆离开现场。凤凰街道综合行政执法办公室根据《深圳经济特区市容和环境卫生管理条例》(2019修正)第26条第2款的规定,罚款36,446元。①

律师答疑

处罚污染路面的案件,一向是城市管理工作的重点,也是高发案件。对于运载余泥渣土、泥土、沙石、水泥等易飞扬物和液体的机动车辆,也就是"泥头车"的管理问题,需要把握以下几个问题:

一是注意和未冲洗上路污染路面的行为进行对照。泥头车未冲洗上路,处罚的是施工单位,受《大气污染防治法》(2018修正)的调整,责令改正,处1万元以上10万元以下的罚款。泥头车抛撒、遗漏,污染路面的行为,违反了《城市市容和环境卫生管理条例》(2017修订)的规定,处罚的是运输单位,责令改正、采取补救措施,可以处警告、罚款。

二是注意制定具体的处罚幅度。根据《城市市容和环境卫生管理条例》(2017修订)第34条第6项的规定,对于运输液体、散装货物不作密封、包扎、覆盖,造成泄漏、遗撒的,可以处警告、罚款,但没有规定罚款的数额。但是《行政处罚法》(2021修订)第12条第3款规定,法律、行政法规对违法行为未作出行政处罚规定,地方性法规为实施法律、行政法

① 参见深圳市城市管理和综合执法局2022年第1期以案释法典型案例。

规,可以补充设定行政处罚。因此,适用《深圳经济特区市容和环境卫生管理条例》(2019 修正)第 26 条的规定:"在城市道路上行驶的运载余泥渣土、泥土、沙石、水泥等易飞扬物和液体的机动车辆应当按照有关规定设置密封式加盖装置,防止沿途泄漏、散落或者飞扬,并按照规定的时间和路线行驶。违反前款规定未设置密封式加盖装置的,由交通运输部门处五千元罚款;污染道路的,由主管部门责令限期清理,并按照污染面积每平方米二百元的标准处以罚款;未按照规定时间和路线行驶的,由公安交通管理部门责令整改,并按照每车次一千元的标准处以罚款。"符合法律要求。

三是注意法律适用问题。同样的泥头车抛撒,污染路面的行为,也适用《城市建筑垃圾管理规定》。根据《城市建筑垃圾管理规定》第 26 条的规定,任何单位和个人随意倾倒、抛撒或者堆放建筑垃圾的,由城市人民政府市容环境卫生主管部门责令限期改正,给予警告,并对单位处 5000 元以上 5 万元以下罚款,对个人处 200 元以下罚款。同时,根据污染路面的程度和处理的难易程度自由裁量。如抛撒、遗漏渣土、石料等易于处理,污染程度低的行为,可酌情从轻处罚;抛撒、遗漏泥浆、水泥、粪水等不易处理,污染程序高的行为,可酌情从重处罚,不能机械地执行裁量标准。

无论适用什么样的法律规定,对城市中泥头车的治理都要作出比较严格的处罚。此类车辆往往是运输建筑废弃物或其他建筑材料的大型运输车,车辆本身在运输过程中就存在比较高的危险性,所以为了保障公共道路安全,对此类车辆的管理和监控应当非常严格。另外,道路污染不仅影响市容环境卫生,也极大地影响交通安全,甚至威胁到人民的生命和财产安全,应当从严治理。

相关规定

《城市市容和环境卫生管理条例》(2017 修订)

第十五条 在市区运行的交通运输工具,应当保持外型完好、整洁,货运车辆运输的液体、散装货物,应当密封、包扎、覆盖,避免泄漏、遗撒。

第三十四条 有下列行为之一者,城市人民政府市容环境卫生行政主管部门或者其委托的单位除责令其纠正违法行为、采取补救措施外,可以并处警告、罚款:

(一)随地吐痰、便溺,乱扔果皮、纸屑和烟头等废弃物的;

(二)在城市建筑物、设施以及树木上涂写、刻画或者未经批准张挂、张贴宣传品等的;

(三)在城市人民政府规定的街道的临街建筑物的阳台和窗外,堆放、吊挂有碍市容的物品的;

(四)不按规定的时间、地点、方式,倾倒垃圾、粪便的;

(五)不履行卫生责任区清扫保洁义务或者不按规定清运、处理垃圾和粪便的;

(六)运输液体、散装货物不作密封、包扎、覆盖,造成泄漏、遗撒的;

(七)临街工地不设置护栏或者不作遮挡、停工场地不及时整理并作必要覆盖或者竣工后不及时清理和平整场地,影响市容和环境卫生的。

《城市建筑垃圾管理规定》

第二十六条 任何单位和个人随意倾倒、抛撒或者堆放建筑垃圾的,由城市人民政府市容环境卫生主管部门责令限期改正,给予警告，并对单位处5000元以上5万元以下罚款，对个人处200元以下罚款。

46.在禁止吸烟场所吸烟的怎么处罚？

具体案例

2021年10月11日，在杭州开往北京的D718次列车上，第一次乘坐动车的李某因烟瘾发作，便趁上厕所时躲在卫生间吸烟，没想到触发了烟感报警器。当时列车正运行在丹阳至南京区间内，烟雾报警引发列车缓行3分钟。动车司机发现烟雾报警后，及时通知列车长和乘警，赶到了李某所在的6号、7号车厢连接处的厕所门口，找到了李某。面对乘警的盘问，李某承认了自己吸烟的事实。乘警将李某控制住后，待列车抵达南京站时，将其移交给南京站派出所进行处理。南京铁路警方根据《铁路安全管理条例》的相关规定，对李某作出了行政处罚500元的处理。①

律师答疑

吸烟有害健康、公共场所禁止抽烟等观念已经成为人们的共识。但在一些饭店、酒吧甚至电梯间，仍有人吞云吐雾，丝毫不在意别人的感受，遇到劝阻，有的掐灭烟头，有的仍然我行我素，甚至与劝阻者发生冲突。一些单位的会议室、会客室摆放着烟灰缸，领导带头抽烟，会议室成

① 参见《扬子晚报》2021年10月11日报道。

为烟民交流场所,其他人默默忍受着二手烟的折磨。禁止在公共场所和非吸烟点抽烟,不仅是行政管理问题,更是习惯养成和素质的体现。

首先,认识吸烟危害,远离不良习惯。2022年5月31日是第35个世界无烟日,主题是“烟草威胁环境”。烟草对人体的危害是多方面的。吸烟是造成肺癌、心血管病、脑中风、冠心病和慢性肺组织疾病的主要危险因素。吸烟对人体最大的危害是肺癌,尤其是中心型肺癌。烟草既是“化学武器”(含有3000余种化学成分),又是“放射武器”,一般来说,香烟中放射性物质含量是粮食中的20倍,是蔬菜和水果中的30倍。香烟中所含的放射性物质,可释放出高能量射线,直接杀伤人体组织细胞。每天吸一包半香烟的人,其肺部一年所受到的放射线量,累积起来相当于接受300次胸部X线透视。世界医学界经过大规模的调查研究,从流行病学的角度,无可辩驳地证实了吸烟是引起肺癌的罪魁祸首。被动吸烟,危害更严重。被动吸烟已经被证实是不吸烟者患肺癌的一个原因。被动吸烟尤其有害于妇女与儿童,一些与吸烟者共同生活的女性,患肺癌的概率比常人大6倍。

其次,认真学法用法,强化底线意识。《公共场所卫生管理条例实施细则》(2017修正)第18条规定:“室内公共场所禁止吸烟。公共场所经营者应当设置醒目的禁止吸烟警语和标志。室外公共场所设置的吸烟区不得位于行人必经的通道上。公共场所不得设置自动售烟机。公共场所经营者应当开展吸烟危害健康的宣传,并配备专(兼)职人员对吸烟者进行劝阻。”这是在禁烟方面国务院部门出台的一般性规定。此外,其他专门法律也对禁烟作出了规定。《消防法》(2021修正)第63条规定:“违反本法规定,有下列行为之一的,处警告或者五百元以下罚款;情节严重的,处五日以下拘留:(一)违反消防安全规定进入生产、储存易燃易爆危险品场所的;(二)违反规定使用明火作业或者在具有火灾、爆炸危险的场所吸烟、使用明火的。”《铁路安全管理条例》第77条第14项规定,禁止在动车组列车上吸烟或者在其他列车的禁烟区域吸烟。第

95 条规定，违反本条例第 77 条规定的，由公安机关对个人处 500 元以上 2000 元以下的罚款。《互联网上网服务营业场所管理条例》（2022 修订）第 24 条规定："互联网上网服务营业场所经营单位应当依法履行信息网络安全、治安和消防安全职责，并遵守下列规定：（一）禁止明火照明和吸烟并悬挂禁止吸烟标志……"第 34 条规定："互联网上网服务营业场所经营单位违反本条例的规定，有下列行为之一的，由公安机关给予警告，可以并处 15,000 元以下的罚款；情节严重的，责令停业整顿，直至由文化行政部门吊销《网络文化经营许可证》：（一）利用明火照明或者发现吸烟不予制止，或者未悬挂禁止吸烟标志的……"至于地方性法规、政府规章关于禁烟的规定更是不胜枚举。有的工作岗位在签订劳动合同时往往与个人征信挂钩，要求个人提供无违法犯罪记录证明，如果因吸烟受到处罚而导致失去工作机会，得不偿失。

最后，加强监督管理，做到守土有责。行政机关对控制吸烟采取的是条块管辖，各司其职。也有城市将城市管理领域的控烟行政处罚权统一由城市管理综合行政执法部门实施。《深圳经济特区控制吸烟条例》（2019 修正）第 32 条规定，下列各部门应当依照本条例规定负责控烟工作的宣传教育、日常管理和监督，并对违反本条例规定的行为进行处罚：（1）交通运输部门负责除民用航空器、火车外的公共交通工具及其相关公共场所、工作场所的控烟工作；（2）民航、铁路管理部门依照国家有关规定，负责民用航空器、火车等公共交通工具及其等候场所等公共场所、工作场所的控烟工作；（3）文化广电旅游体育部门负责文化场所、体育场所、旅游景点及其所管辖范围内的公共场所、工作场所的控烟工作；（4）市场监督管理部门负责餐饮服务场所、商品批发零售场所及其工作场所的控烟工作；（5）公安部门负责校车、互联网上网服务营业场所、宾馆、旅馆、酒店、游艺场所、歌舞厅、按摩和洗浴等场所及其工作场所的控烟工作；（6）城市管理部门负责公园、地铁及其管辖范围内公共场所、工作场所的控烟工作。城市管理综合执法部门可依法对自己管辖范围内进行劝诫和处罚。

相关规定

《公共场所卫生管理条例实施细则》(2017 修正)

第十八条 室内公共场所禁止吸烟。公共场所经营者应当设置醒目的禁止吸烟警语和标志。

室外公共场所设置的吸烟区不得位于行人必经的通道上。

公共场所不得设置自动售烟机。

公共场所经营者应当开展吸烟危害健康的宣传,并配备专(兼)职人员对吸烟者进行劝阻。

《深圳经济特区控制吸烟条例》(2019 修正)

第三十二条 下列各部门应当依照本条例规定负责控烟工作的宣传教育、日常管理和监督,并对违反本条例规定的行为进行处罚:

(一)交通运输部门负责除民用航空器、火车外的公共交通工具及相关公共场所、工作场所的控烟工作;

(二)民航、铁路管理部门依照国家有关规定,负责民用航空器、火车等公共交通工具及其等候场所等公共场所、工作场所的控烟工作;

(三)文化广电旅游体育部门负责文化场所、体育场所、旅游景点及其所管辖范围内的公共场所、工作场所的控烟工作;

(四)市场监督管理部门负责餐饮服务场所、商品批发零售场所及其工作场所的控烟工作;

(五)公安部门负责校车、互联网上网服务营业场所、宾馆、旅馆、酒店、游艺场所、歌舞厅、按摩和洗浴等场所及其工作场所的控烟工作;

（六）城市管理部门负责公园、地铁及其管辖范围内公共场所、工作场所的控烟工作。

其他有关部门应当协助主管部门做好控烟的宣传教育和监督管理工作。

第三十六条第一款　违反本条例规定，在禁止吸烟场所吸烟的，由卫生健康主管部门、本条例第三十二条规定的有关部门按照职责范围责令改正，处五十元罚款并当场收缴；拒不改正的，处二百元罚款；有阻碍执法等情形的，处五百元罚款。

47. 露天烧烤污染归谁管？

具体案例

某餐饮公司在济南市进行露天烧烤，市城市管理行政执法局接到市民举报，认为其未采取有效污染防治措施致使排放的油烟对附近居民的环境造成污染，作出责令停止违法行为、限期改正通知书，后作出行政处罚告知书，拟对某餐饮公司处罚5万元。经过听证，2015年9月29日市城市管理行政执法局作出行政处罚决定书，认为某餐饮公司的行为违反了《济南市大气污染防治条例》第38条第1款的规定，依照该条例第50条之规定，决定罚款5万元。某餐饮公司不服提起诉讼，一审法院驳回了某餐饮公司的诉讼请求，二审法院维持了一审判决。①

① 参见山东省济南市中级人民法院行政判决书，(2016)鲁01行终350号。

律师答疑

首先,要明确露天烧烤污染的执法部门。一般情况下,居民对于室外露天烧烤造成的环境污染到所在地城管部门进行投诉,对于室内烧烤的环境污染到生态环境保护部门进行投诉。《大气污染防治法》(2018修正)第118条第3款规定,违反本法规定,在当地人民政府禁止的时段和区域内露天烧烤食品或者为露天烧烤食品提供场地的,由县级以上地方人民政府确定的监督管理部门责令改正,没收烧烤工具和违法所得,并处500元以上2万元以下的罚款。这里所指的"县级以上地方人民政府确定的监督管理部门",根据集中行政处罚权的规定,往往指城市管理和综合行政执法部门。如重庆市撤销重庆市市政管理监察总队和市政设施管理监察支队、城市供水节水管理监察支队、环境卫生管理监察支队、路灯管理监察支队、路桥收费管理监察支队,以及重庆市风景园林绿化执法队,组建了重庆市城市管理综合行政执法总队。其中,一项重要职能就是承担环境保护管理方面市直管及跨区域的露天烧烤污染、城市焚烧沥青塑料垃圾等烟尘和恶臭污染、露天焚烧秸秆落叶等烟尘污染的行政处罚及相应的行政强制。

其次,露天烧烤多数存在占道经营。《城市市容和环境卫生管理条例》(2017修订)第14条规定:"任何单位和个人都不得在街道两侧和公共场地堆放物料,搭建建筑物、构筑物或者其他设施。因建设等特殊需要,在街道两侧和公共场地临时堆放物料,搭建非永久性建筑物、构筑物或者其他设施的,必须征得城市人民政府市容环境卫生行政主管部门同意后,按照有关规定办理审批手续。"违反上述规定的,由城市人民政府市容环境卫生行政主管部门或者其委托的单位责令其停止违法行为,限期清理、拆除或者采取其他补救措施,并可处以罚款。但《城市市容和环境卫生管理条例》(2017修订)没有规定具体的罚款数额,按照各城市的具体规定执行。

最后,露天烧烤往往伴随着噪声扰民。从居民投诉情况来看,多数烧烤点使用大功率音响招揽顾客，且室外露天烧烤人声鼎沸，存在噪声扰民。《噪声污染防治法》第63条规定："禁止在商业经营活动中使用高音广播喇叭或者采用其他持续反复发出高噪声的方法进行广告宣传。对商业经营活动中产生的其他噪声，经营者应当采取有效措施，防止噪声污染。"第82条规定："违反本法规定，有下列行为之一，由地方人民政府指定的部门说服教育，责令改正；拒不改正的，给予警告，对个人可以处二百元以上一千元以下的罚款，对单位可以处二千元以上二万元以下的罚款：（一）在噪声敏感建筑物集中区域使用高音广播喇叭的；（二）在公共场所组织或者开展娱乐、健身等活动，未遵守公共场所管理者有关活动区域、时段、音量等规定，未采取有效措施造成噪声污染，或者违反规定使用音响器材产生过大音量的；（三）对已竣工交付使用的建筑物进行室内装修活动，未按照规定在限定的作业时间内进行，或者未采取有效措施造成噪声污染的；（四）其他违反法律规定造成社会生活噪声污染的。"

相关规定

《大气污染防治法》（2018修正）

第八十一条　排放油烟的餐饮服务业经营者应当安装油烟净化设施并保持正常使用，或者采取其他油烟净化措施，使油烟达标排放，并防止对附近居民的正常生活环境造成污染。

禁止在居民住宅楼、未配套设立专用烟道的商住综合楼以及商住综合楼内与居住层相邻的商业楼层内新建、改建、扩建产生油烟、异味、废气的餐饮服务项目。

任何单位和个人不得在当地人民政府禁止的区域内露天烧烤食品或者为露天烧烤食品提供场地。

第九十六条 县级以上地方人民政府应当依据重污染天气的预警等级，及时启动应急预案，根据应急需要可以采取责令有关企业停产或者限产、限制部分机动车行驶、禁止燃放烟花爆竹、停止工地土石方作业和建筑物拆除施工、停止露天烧烤、停止幼儿园和学校组织的户外活动、组织开展人工影响天气作业等应急措施。

应急响应结束后，人民政府应当及时开展应急预案实施情况的评估，适时修改完善应急预案。

第一百一十八条 违反本法规定，排放油烟的餐饮服务业经营者未安装油烟净化设施、不正常使用油烟净化设施或者未采取其他油烟净化措施，超过排放标准排放油烟的，由县级以上地方人民政府确定的监督管理部门责令改正，处五千元以上五万元以下的罚款；拒不改正的，责令停业整治。

违反本法规定，在居民住宅楼、未配套设立专用烟道的商住综合楼、商住综合楼内与居住层相邻的商业楼层内新建、改建、扩建产生油烟、异味、废气的餐饮服务项目的，由县级以上地方人民政府确定的监督管理部门责令改正；拒不改正的，予以关闭，并处一万元以上十万元以下的罚款。

违反本法规定，在当地人民政府禁止的时段和区域内露天烧烤食品或者为露天烧烤食品提供场地的，由县级以上地方人民政府确定的监督管理部门责令改正，没收烧烤工具和违法所得，并处五百元以上二万元以下的罚款。

48. 在公共绿地摆摊设点、停放车辆的怎么处罚?

具体案例

2021年11月2日,深圳市凤凰街道综合行政执法办公室执法人员巡查至塘家社区塘家大道垃圾中转站旁,发现一辆小型普通客车停放在公共绿地上,占用公共绿地的面积为6.88平方米,执法人员向车主范某发出行政处罚事先(听证)告知书,拟处罚款人民币3440元,并告知其依法享有的陈述和申辩权利。范某放弃陈述和申辩的权利并申请尽快作出行政处罚决定。执法机关遂向范某送达行政处罚决定书,范某当日就缴了罚款。①

律师答疑

按照《城市绿地分类标准》(CJJ/T 85—2017)第2.0.1条的规定,绿地分为城市建设用地内的绿地和城市建设用地外的区域绿地,城市建设用地内的绿地又分为公园绿地、防护绿地、广场用地、附属绿地等。《深圳经济特区绿化条例》第75条第1款第1项、第2项对绿地的定义是,专门用于改善城市生态、保护环境、美化景观的所有绿化用地。公共绿地,是指向公众开放的各类公益性公园绿地、街旁绿地、道路绿地、广场绿地、河道绿地等。

停车难是当前城市的一个棘手问题,在车辆与日俱增和停车位一位难求的矛盾中,部分车主规范停车意识不强,导致乱停车现象突出,部分车主甚至占用了公共绿地进行停放。如果该行为未被及时纠正,将会引

---

① 参见深圳市城市管理和综合执法局2021年第四季度以案释法典型案例。

起其他车辆也停放在公共绿地上，对绿地会造成极大的损害。

《城市绿化条例》(2017 修订) 第 20 条第 1 款规定："任何单位和个人都不得损坏城市树木花草和绿化设施。"第 26 条规定，对于损坏城市树木花草的，由城市人民政府城市绿化行政主管部门或者其授权的单位责令停止侵害，可以并处罚款。但对于罚款数额没有规定，各城市出台的地方性法规有明确规定。例如，《成都市园林绿化条例》第 30 条第 4 项规定，禁止任何单位和个人在园林绿地内停放车辆、堆放物料、倚树堆物搭棚或者圈围树木。第 34 条规定，有本条例第 30 条第 4 项行为之一的，处以 500 元以上 2000 元以下的罚款。《深圳经济特区绿化条例》第 46 条第 5 项规定，禁止在公共绿地摆摊设点、停放车辆。第 69 条规定："违反本条例第四十六条第(一)项、第(二)项、第(六)项、第(七)项规定的，由绿化主管部门处一百元以上五百元以下罚款；违反第(三)项、第(四)项、第(五)项规定的，按照所占用或者损毁绿地面积每平方米五百元以上二千元以下的标准处以罚款。"《深圳市城市管理行政处罚裁量权实施标准》序号 46 规定："在公共绿地摆摊设点、处每平方米一千元罚款。在公共绿地停放车辆，处每平方米五百元罚款。"前述案例中，车主范某占绿地面积 6.88 平方米，按每平方米 500 元罚款 3440 元。

因此，提醒广大车主，不能在城市绿地上停车，看似躲过了交警的违章停车罚款，却迎来了城管的更高额罚单。

相关规定

《城市绿化条例》(2017 修订)

第二十条第一款　任何单位和个人都不得损坏城市树木花草和绿化设施。

第二十六条　违反本条例规定，有下列行为之一的，由城市人民政府城市绿化行政主管部门或者其授权的单位责令停止侵害，可以并处罚款；造成损失的，应当负赔偿责任；应当给予治安管理处罚的，依照《中华人民共和国治安管理处罚法》的有关规定处罚；构成犯罪的，依法追究刑事责任：

（一）损坏城市树木花草的；

（二）擅自砍伐城市树木的；

（三）砍伐、擅自迁移古树名木或者因养护不善致使古树名木受到损伤或者死亡的；

（四）损坏城市绿化设施的。

49. 能在城市绿地行驶、停放车辆吗？

具体案例

2022年3月15日，深圳市凤凰街道执法人员在光明大道龙光公交站城市绿地周边巡查时，发现一辆重型特殊结构货车（混凝土搅拌车）行驶在城市绿地上，车轮碾压造成周边绿地损坏。执法人员在进行调查取证后，对当事人进行了法律法规教育，责令其当日内将损坏的绿地恢复原貌。深圳市凤凰街道执法人员根据《深圳经济特区市容和环境卫生管理条例》（2019修正）第40条的规定，即“禁止任何车辆在城市绿地上行驶、停放……”以及《深圳市城市管理综合执法行政处罚自由裁量权实施标准》，对当事人处以1000元的行政处罚。[①]

① 参见深圳新闻网2022年3月20日报道。

律师答疑

《城市绿化条例》(2017 修订)第 20 条第 1 款规定:"任何单位和个人都不得损坏城市树木花草和绿化设施。"除此之外,国家尚未出台有关在城市绿地上行驶的处罚依据,本处讨论的内容以《深圳经济特区市容和环境卫生管理条例》(2019 修正)为例。

前面讨论过在公共绿地停车的处罚问题,这里讨论的是在城市绿地上行驶和停车的处罚问题。二者适用法规不同,处罚方式也不同。前者受《深圳经济特区绿化条例》(2019 修正)调整,后者受《深圳经济特区市容和环境卫生管理条例》(2019 修正)调整;前者按照占用公共绿地的面积进行处罚,后者是按违法次数处罚。《深圳市城市管理行政处罚裁量权实施标准》序号 46 规定:"在公共绿地摆摊设点,处每平方米一千元罚款。在公共绿地停放车辆,处每平方米五百元罚款。"序号 12 规定,在城市绿地上停放(除公共绿地),处 500 元罚款。因为《深圳经济特区绿化条例》(2019 修正)没有规定在绿地上行驶的处罚,所以按照《深圳经济特区市容和环境卫生管理条例》(2019 修正)第 40 条的规定,在城市绿地上行驶、停放车辆,责令改正,并处 500 元以上 2000 元以下罚款。《深圳市城市管理行政处罚裁量权实施标准》序号 12 规定,在城市绿地上行驶(除公共绿地),处 1000 元罚款;在公共绿地上行驶,处 2000 元罚款。

随着车辆井喷式增长,各种自驾游、露营增多,一些车主放飞自我,将车开进生态廊道、湿地公园、高山草甸、生态保护区等不文明现象时有发生,不仅反映了个人修养的丑态,也给生态环境带来破坏。现行的法律、法规对于类似问题的处罚还有不完善的地方,深圳市出台法规从严治理破坏城市绿地的行为,有效维护了城市形象,这一做法值得借鉴。

相关规定

《深圳经济特区市容和环境卫生管理条例》(2019 修正)

第四十条　禁止任何车辆在城市绿地上行驶、停放。

禁止在城市绿地上摆摊设点、销售商品。

违反第一款规定的,责令改正,并处五百元以上二千元以下罚款;造成绿地损坏的,应当承担赔偿责任;拒不改正或者驾驶员不在现场的,可以锁扣车辆并通知其接受处罚。违反第二款规定的,责令改正,并按照占地面积每平方米五百元的标准处以罚款,或者没收其违法摆卖的物品和实施违法摆卖行为的工具。

《深圳市城市管理行政处罚裁量权实施标准》

序号 12:在城市绿地上停放(除公共绿地),处五百元罚款。在城市绿地上行驶(除公共绿地),处一千元罚款。在公共绿地上行驶,处二千元罚款。

50. 未经批准擅自占用绿地的怎么处罚?

具体案例

2019 年 7 月 26 日,深圳市凤凰街道执法队执法人员巡查至凤凰街道光明大道华映显示屏路段,发现有一施工单位擅自开挖绿化带,经执法人员依法调查取证后,初步确定为当事人深圳市某工程有限公司所为,该行为属于未经批准擅自占用公共绿地。经测量,占地面积为 37.92 平方米。经调查询问当事人并认真听取其陈述、申辩,并结合前期调查取证所得的证据,执法人员依法作出行政处罚事先告知书,拟对当事人作出罚款人民币75,840元的行政处罚。因当事人对违法事实认定及处罚无异议,书面表示放弃陈述、申辩权利并要求尽快制发行政处罚决定书,执法人员于2019年9月3日作出行政处罚决定书:罚款人民币75,840元。[①]

律师答疑

临时占用城市绿地需要办理行政许可,方可进行建设施工。根据《城市绿化条例》(2017修订)第19条第2款的规定,因建设或者其他特殊需要临时占用城市绿化用地,须经城市人民政府城市绿化行政主管部门同意,并按照有关规定办理临时用地手续。《清理规范投资项目报建审批事项实施方案》将"临时占用城市绿地审批""砍伐城市树木、迁移古树名木审批"2项,合并为"工程建设涉及城市绿地、树木审批"1项。《城市绿化条例》(2017修订)第27条规定:"未经同意擅自占用城市绿化用地的,由城市人民政府城市绿化行政主管部门责令限期退还、恢复原状,可以并处罚款;造成损失的,应当负赔偿责任。"但对于罚款数额未作规定。

《广东省城市绿化条例》(2014修正)第25条第2款规定,"因公益性市政建设确需占用城市绿地的,必须征得城市绿化行政主管部门同意,按照规定程序进行审批,并由城市规划部门按照调整城市规划的原则,补偿同等面积同等质量的绿地"。第4款规定,"因建设需要临时占用城市绿地的,必须按照规定报城市绿化行政主管部门同意后,按恢复绿地实际费用向城市绿化行政主管部门交纳恢复绿化补偿费,并到县级以上城市规划和国土部门办理手续。占用期满后,由城市绿化行政主管部门组织恢复绿地。临时占用绿地造成相关设施破坏的,占用者应当承担赔偿责任"。第37条第1句规定,"违反本条例第二十五条规定,擅自

---

① 参见深圳市城市管理和综合执法局2019年第三季度以案释法典型案例。

占用城市绿地的，责令限期退出，恢复绿化，并按照每平方米处以三百元以上六百元以下罚款”。

《深圳经济特区绿化条例》（2019 修正）第 64 条规定：“违反本条例第三十六条、第三十七条、第三十八条规定，未经批准擅自占用公共绿地，或者占用期满未办理延期手续继续占用公共绿地的，由绿化主管部门责令停止施工、限期恢复原状，并按照占用每平方米二千元的标准处以罚款。”前述案例中，正是按照每平方米 2000 元的标准进行处罚的，处罚的标准远超广东省城市绿化条例的规定。深圳市法制局《关于我市行政机关行政执法适用法律的指导意见》在关于特区法规的适用中明确：“特区法规在特区内适用。特区法规与法律、行政法规、省地方性法规、部门规章、省政府规章对同一事项规定不一致的，在特区内适用特区法规的规定。”因此，深圳经济特区适用特区法规与广东省法规规定的罚款数额不一致的，适用深圳经济特区法规。

相关规定

《城市绿化条例》（2017 修订）

第十九条　任何单位和个人都不得擅自占用城市绿化用地；占用的城市绿化用地，应当限期归还。

因建设或者其他特殊需要临时占用城市绿化用地，须经城市人民政府城市绿化行政主管部门同意，并按照有关规定办理临时用地手续。

第二十七条　未经同意擅自占用城市绿化用地的，由城市人民政府城市绿化行政主管部门责令限期退还、恢复原状，可以并处罚款；造成损失的，应当负赔偿责任。

51. 损坏古树名木的怎么处罚？

具体案例

2017年11月，梁某买下位于广州市番禺区大石街大山村某地块用于建房，地上原有一棵树。2018年3月27日，梁某找人把这棵树迁移到番禺区洛浦街南浦岛西一村一处私人花场内，后又将该树迁移至番禺区大石街大山村镇北大街一巷16－6号旁的地块种植。2018年9月13日，市林业园林局对梁某擅自迁移古树的行为进行立案调查。广州市某林科学研究院作出《树木调查鉴定报告》，认定涉案树木树龄164年、地上1.3米处胸径56厘米，属于《广州市绿化条例》(2018修正)第48条规定的二级古树。在履行了相关程序后，市林业园林局于2019年1月2日作出穗绿罚决字〔2018〕0906号广州市某林绿化行政处罚决定书，认定梁某的行为违反了《广州市绿化条例》(2018修正)第53条的规定，并依据《广州市绿化条例》(2018修正)第65条的规定作出责令停止违法行为和处以人民币274,900元罚款的行政处罚，并于2019年1月7日送达梁某代理人。梁某不服，提起诉讼。一审法院以罚款数额已超出《广东省城市绿化条例》(2014修正)第35条对擅自迁移、砍伐古树名木处以2万元以上10万元以下罚款的最高幅度为由，判决罚款数额由274,900元变更为100,000元。二审法院予以维持。[①]

律师答疑

古树名木是森林资源中的瑰宝，具有重要的生态、历史、文化、科学、

① 参见广州市广州铁路运输法院行政判决书，(2019)粤71行终4346号。

景观和经济价值。国家林业和草原局公布的第二次全国古树名木资源普查结果显示,普查范围内的古树名木共计 508.19 万株,包括散生 122.13 万株和群状 386.06 万株。散生古树名木中,古树 121.4865 万株、名木 5235 株、古树且名木 1186 株,数量较多的树种有樟树、柏树、银杏、松树、国槐等。全国散生古树的树龄主要集中在 100 年至 299 年,共有 98.75 万株。1000 年以上的古树有 10,745 株,5000 年以上的古树有 5 株。

关于古树名木的认定。《城市古树名木保护管理办法》将树龄在 100 年以上的树木界定为古树,将国内外稀有的以及具有历史价值和纪念意义及重要科研价值的树木称为名木,并进行了分类。古树名木分为一级和二级,凡树龄在 300 年以上,或者特别珍贵稀有,具有重要历史价值和纪念意义,重要科研价值的古树名木,为一级古树名木,其余为二级古树名木。一级古树名木由省、自治区、直辖市人民政府确认,报住房和城乡建设部备案;二级古树名木由城市人民政府确认,直辖市以外的城市报省、自治区建设行政主管部门备案。《湖南省古树名木保护办法》第 10 条将古树分为三级,实行分级保护:(1)树龄 500 年以上的树木为一级古树,实行一级保护;(2)树龄 300 年以上不满 500 年的树木为二级古树,实行二级保护;(3)树龄 100 年以上不满 300 年的树木为三级古树,实行三级保护。《广州市绿化条例》(2018 修正)第 45 条规定:“本市古树实行分级管理。古树分为一级和二级。树龄在三百年以上的古树为一级古树,树龄在一百年以上不足三百年的古树为二级古树。珍贵稀有的,或者具有重要历史、文化、景观和科学价值的,或者具有重要纪念意义的树木为名木。名木按照一级古树保护。树龄在八十年以上不足一百年的树木或者胸径八十厘米以上的树木为古树后续资源。”

关于古树名木的保护。《城市古树名木保护管理办法》第 6 条第 1 款规定:“城市人民政府城市园林绿化行政主管部门应当对本行政区域内的古树名木进行调查、鉴定、定级、登记、编号,并建立档案,设立标志。”同时第 7 条、第 11 条规定，古树名木保护管理工作实行专业养护部门保护管理和单位、个人保护管理相结合的原则。生长在城市园林绿化专业养护管理部门管理的绿地、公园等的古树名木，由城市园林绿化专业养护管理部门保护管理。生长在铁路、公路、河道用地范围内的古树名木，由铁路、公路、河道管理部门保护管理。生长在风景名胜区内的古树名木，由风景名胜区管理部门保护管理。散生在各单位管界内及个人庭院中的古树名木，由所在单位和个人保护管理。集体和个人所有的古树名木，未经城市园林绿化行政主管部门审核，并报城市人民政府批准的，不得买卖、转让。捐献给国家的，应给予适当奖励。所以，即便是个人院内的古树名木也不能随意买卖和转让。

关于损坏古树名木的处罚。《城市古树名木保护管理办法》第 12 条规定，任何单位和个人不得以任何理由、任何方式砍伐和擅自移植古树名木。因特殊需要，确需移植二级古树名木的，应当经城市园林绿化行政主管部门和建设行政主管部门审查同意后，报省、自治区建设行政主管部门批准；移植一级古树名木的，应经省、自治区建设行政主管部门审核，报省、自治区人民政府批准。直辖市确需移植一、二级古树名木的，由城市园林绿化行政主管部门审核，报城市人民政府批准。第 13 条规定，严禁下列损害城市古树名木的行为：(1) 在树上刻划、张贴或者悬挂物品；(2) 在施工等作业时借树木作为支撑物或者固定物；(3) 攀树、折枝、挖根摘采果实种子或者剥损树枝、树干、树皮；(4) 距树冠垂直投影 5 米的范围内堆放物料、挖坑取土、兴建临时设施建筑或倾倒有害污水、污物垃圾，动用明火或者排放烟气；(5) 擅自移植、砍伐、转让买卖。对于违反上述规定的，参照《城市绿化条例》(2017 修订) 的规定进行处罚。《城市绿化条例》(2017 修订) 未规定罚款数额的，地方性法规可进行补充。例如，《广东省城市绿化条例》(2014 修正) 第 35 条第 8 项规定，擅自迁移、砍伐古树名木，损害古树名木致死的，处以 2 万元以上 10 万元以下罚款。

前述案例中，行政机关的处罚决定之所以被法院变更，是因为市林业园林局依据《广州市绿化条例》(2018 修正)作出的罚款处罚超出了《广东省城市绿化条例》(2014 修正)规定的罚款幅度。尽管省、市地方性法规在法律位阶上均属地方性法规，但制定市地方性法规仍应以“不同宪法、法律、行政法规和本省地方性法规相抵触”为前提。除了市地方性法规的立法精神以及法规条文本身不与本省地方性法规发生抵触，行政主管部门在适用市地方性法规并结合自身制定的规范性文件作出行政行为时，也不应超出本省地方性法规明确规定的幅度范围，否则将变相造成市地方性法规与本省地方性法规相抵触，违反了《立法法》的规定。

相关规定

《城市古树名木保护管理办法》

第十三条　严禁下列损害城市古树名木的行为：

(一)在树上刻划、张贴或者悬挂物品；

(二)在施工等作业时借树木作为支撑物或者固定物；

(三)攀树、折枝、挖根摘采果实种子或者剥损树枝、树干、树皮；

(四)距树冠垂直投影5米的范围内堆放物料、挖坑取土、兴建临时设施建筑、倾倒有害污水、污物垃圾，动用明火或者排放烟气；

(五)擅自移植、砍伐、转让买卖。

第十七条　对违反本办法第十一条、十二条、十三条、十四条规定的，由城市园林绿化行政主管部门按照《城市绿化条例》第二十七条[①]规定，视情节轻重予以处理。

① 2017 年修订后为第 26 条。

《城市绿化条例》(2017 修订)

第二十六条　违反本条例规定，有下列行为之一的，由城市人民政府城市绿化行政主管部门或者其授权的单位责令停止侵害，可以并处罚款；造成损失的，应当负赔偿责任；应当给予治安管理处罚的，依照《中华人民共和国治安管理处罚法》的有关规定处罚；构成犯罪的，依法追究刑事责任：

(一)损坏城市树木花草的；

(二)擅自砍伐城市树木的；

(三)砍伐、擅自迁移古树名木或者因养护不善致使古树名木受到损伤或者死亡的；

(四)损坏城市绿化设施的。

52. 在树木和公共设施上涂、写、刻、画的怎么处罚?

具体案例

2021 年 6 月 18 日，金山岭长城保护员在巡查时发现墙上有两处新的刻字后立即上报，金山岭长城文物管理处接报后组织人员前往事发地进行核实，并向公安机关报案，滦平县公安局金山岭长城派出所接警后立即展开调查。经调查，聂某(女)在金山岭将军楼东侧马道内墙上用石子刻划其父母的名字，因其力气较小，不能刻划清楚，同行的赵某(男)用随身携带的钥匙串帮助聂某在两块墙砖上刻划其父母名字。聂某、赵某已构成刻划、损坏文物的行为。根据《文物保护法》(2017 修正)、《河北省长城保护条例》以及《治安管理处罚法》(2012 修正)第 63 条第 1 项之规定，滦平县公安局决定对聂某处罚款 200 元整；对赵某行政拘留10日，并处罚款500元整的处罚决定。①

律师答疑

在景区、公园、文物保护地等场所，涂鸦行为屡见不鲜，"留名族"用小刀、钥匙、碎石头等尖锐物品在树木、岩石、建筑甚至文物上面刻画，"×××到此一游""×××我爱你""×××我恨你"……墙面成了留言板，树木成了"替罪羊"。景区"伤痕累累"，影响了游客游玩的好心情，好意提醒却被骂多管闲事。景区管理者除了劝导之外，也没有好的办法解决这种问题。

首先，在城市建筑物、设施和树木上涂写、刻划由城管综合执法部门处罚。《城市市容和环境卫生管理条例》(2017修订)第17条第1款规定，一切单位和个人，都不得在城市建筑物、设施以及树木上涂写、刻画。第34条第2项规定，在城市建筑物、设施以及树木上涂写、刻画或者未经批准张挂、张贴宣传品等的，城市人民政府市容环境卫生行政主管部门或者其委托的单位除责令其纠正违法行为、采取补救措施外，可以并处警告、罚款。地方性法规规定了相应的处罚数额。《广东省城市绿化条例》(2014修正)第32条第2项规定，禁止在树木和公共设施上涂、写、刻、画和悬挂重物。第35条第2项规定，违反本条例第32条第2项、第3项规定的，处100元以上500元以下罚款。

其次，如果在文物上涂写、刻画，由公安机关或文物所在单位进行处罚。《文物保护法》(2017修正)第66条第2款规定，刻划、涂污或者损坏文物尚不严重的，或者损毁依照该法第15条第1款规定设立的文物保护单位标志的，由公安机关或者文物所在单位给予警告，可以并处罚款。《治安管理处罚法》(2012修正)第63条规定："有下列行为之一的，处警告或者二百元以下罚款；情节较重的，处五日以上十日以下拘留，并

① 参见中国新闻网2021年6月23日报道。

处二百元以上五百元以下罚款：(一)刻划、涂污或者以其他方式故意损坏国家保护的文物、名胜古迹的；(二)违反国家规定，在文物保护单位附近进行爆破、挖掘等活动，危及文物安全的。”前述案例中，聂某和赵某的行为已构成损坏文物的行为，且被损坏的文物没有办法进行技术修复，造成的损坏是不可逆转的，因此对其进行罚款和行政拘留。

最后，情节严重的可能涉嫌违反《刑法》(2020 修正)第 324 条规定的损毁文物罪。《刑法》(2020 修正)第 324 条第 1 款规定，故意损毁国家保护的珍贵文物或者被确定为全国重点文物保护单位、省级文物保护单位的文物的，处 3 年以下有期徒刑或者拘役，并处或者单处罚金；情节严重的，处 3 年以上 10 年以下有期徒刑，并处罚金。

因此，一定要文明出游，莫为留名而流泪，莫为不朽而出丑。

相关规定

《城市市容和环境卫生管理条例》(2017 修订)

第十七条　一切单位和个人，都不得在城市建筑物、设施以及树木上涂写、刻画。

单位和个人在城市建筑物、设施上张挂、张贴宣传品等，须经城市人民政府市容环境卫生行政主管部门或者其他有关部门批准。

第三十四条　有下列行为之一者，城市人民政府市容环境卫生行政主管部门或者其委托的单位除责令其纠正违法行为、采取补救措施外，可以并处警告、罚款：

(一)随地吐痰、便溺，乱扔果皮、纸屑和烟头等废弃物的；

(二)在城市建筑物、设施以及树木上涂写、刻画或者未经批准张挂、张贴宣传品等的；

（三）在城市人民政府规定的街道的临街建筑物的阳台和窗外，堆放、吊挂有碍市容的物品的；

（四）不按规定的时间、地点、方式，倾倒垃圾、粪便的；

（五）不履行卫生责任区清扫保洁义务或者不按规定清运、处理垃圾和粪便的；

（六）运输液体、散装货物不作密封、包扎、覆盖，造成泄漏、遗撒的；

（七）临街工地不设置护栏或者不作遮挡、停工场地不及时整理并作必要覆盖或者竣工后不及时清理和平整场地，影响市容和环境卫生的。

《治安管理处罚法》（2012修正）

第六十三条　有下列行为之一的，处警告或者二百元以下罚款；情节较重的，处五日以上十日以下拘留，并处二百元以上五百元以下罚款：

（一）刻划、涂污或者以其他方式故意损坏国家保护的文物、名胜古迹的；

（二）违反国家规定，在文物保护单位附近进行爆破、挖掘等活动，危及文物安全的。

《刑法》（2020修正）

第三百二十四条第一款　【故意损毁文物罪】故意损毁国家保护的珍贵文物或者被确定为全国重点文物保护单位、省级文物保护单位的文物的，处三年以下有期徒刑或者拘役，并处或者单处罚金；情节严重的，处三年以上十年以下有期徒刑，并处罚金。

53. 在户外设施上张贴小广告的怎么处罚?

具体案例

2019年5月29日15时,深圳市碧岭街道执法队执法人员在坪山区碧岭街道汤坑社区汤坑公交站总站旁边巡查时发现当事人在户外设施上张贴小广告。经调查,张贴物为标有当事人电话号码的招租广告,张贴在公交站站牌上,属于在户外设施上张贴的情形。碧岭街道执法队向当事人开具责令停止(改正)违法行为通知书,责令当事人限期自行清理。2019年5月30日,经调查询问并结合前期现场勘验笔录、现场照片所得的证据,碧岭街道执法队向当事人作出行政处罚告知书,拟对当事人作出罚款人民币200元的行政处罚。2019年5月30日,因当事人对违法事实、理由、依据无异议并表示放弃陈述和申辩权利,并要求尽快制作行政处罚决定书。碧岭街道执法队于当日作出行政处罚决定书,决定对当事人在户外设施上张贴小广告的行为罚款人民币200元整。当事人当日缴纳了罚款。①

律师答疑

非法张贴小广告是城市的顽疾之一,从车站、街道、厕所等公共场所到居民小区,从墙体立面到道路地面,甚至共享单车上,随处可见非法张贴或者涂写小广告的现象,人们形象地称之为"城市牛皮癣"。这些非法广告涉及办假证、非法行医等违法经营行为,而且数量大、清除困难,对城市的市容市貌、环境卫生有很大的负面影响。

---

① 参见深圳市城市管理和综合执法局2019年第二季度以案释法典型案例。

《城市市容和环境卫生管理条例》(2017修订)第34条第2项规定,在城市建筑物、设施以及树木上涂写、刻画或者未经批准张挂、张贴宣传品等,城市人民政府市容环境卫生行政主管部门或者其委托的单位除责令其纠正违法行为、采取补救措施外,可以并处警告、罚款。各城市针对张贴户外小广告的行为出台地方性法规进行整治,如《北京市市容环境卫生条例》(2021修正)第41条第1款规定:"任何人不得擅自在公共场所散发、悬挂、张贴宣传品、广告,不得在建筑物、构筑物等处刻画、涂写、喷涂标语及宣传品、广告。违反规定的,责令清除,没收非法财物和违法所得,并处一百元以上一千元以下罚款;情节严重的,处一千元以上一万元以下罚款。"《上海市市容环境卫生管理条例》(2022修订)第20条规定:"单位和个人不得在树木和建(构)筑物或者其他设施上张贴、悬挂宣传品。因特殊情况需要在建(构)筑物或者其他设施上临时张贴、悬挂宣传品的,应当经区绿化市容部门批准,按照批准的时间和范围张贴或者悬挂,并在期满后及时清除。街道办事处和乡镇人民政府应当选择适当地点设置公共招贴栏,并负责日常管理。

禁止单位和个人在树木和建(构)筑物或者其他设施上刻画、涂写。

禁止单位和个人在主要道路、景观区域、商业集中区域、交通集散点、轨道交通站点以及市绿化市容部门确定的其他公共场所散发商业性宣传品。

区绿化市容部门以及街道办事处、乡镇人民政府发现本辖区内有乱张贴、乱悬挂、乱刻画、乱涂写、乱散发行为,行为人未能及时清除或者难以发现行为人的,应当组织清除。

违反第一款、第二款、第三款规定的,由城市管理综合执法部门责令改正或者责令清除,可以处警告、一百元以上一千元以下罚款。其中,对以张贴、悬挂、刻画、涂写、散发等形式组织发布宣传品的单位和个人,可以处一万元以上十万元以下罚款。

对违反规定随意张贴、悬挂、刻画、涂写或者散发宣传品,在其中公布通信工具号码的,由城市管理综合执法部门通知通信工具号码使用人限期接受处理;逾期不接受处理的,书面通知通信管理部门暂停其通信工具号码使用。通信管理部门应当在接到书面通知后,及时通知相关电信业务经营企业暂停其通信工具号码使用。”《深圳经济特区市容和环境卫生管理条例》(2019 修正)第 35 条规定:“禁止在建(构)筑物的外墙及市政公用设施、管线等户外设施和树木上张贴、涂写、刻画。违反前款规定的,责令清理,每处并处二百元罚款。”

即便有相应的法规进行规制,城管部门甚至采取专项治理行动,但城市“牛皮癣”仍然不能有效根治。2021 年 9 月 8 日,天水市麦积区城市管理综合执法局下发《关于印发〈城市“牛皮癣”专项整治行动实施方案〉的通知》,加大宣传力度,提高市民对城市“牛皮癣”污染危害性的认识,为整治工作营造良好的舆论氛围;在城区开展大规模清理整治工作,积极联系街道办事处、包抓单位、志愿者,对城区主次干道、公共场所所有建筑物、公共设施、绿化树木等设施上的城市“牛皮癣”及各类乱张贴、乱喷涂、乱刻画小广告的行为进行集中清理整治;建立健全城市“牛皮癣”日常巡查机制,落实相关责任,动员全民参与,形成长效监管机制。

对乱张贴的行政管理,执法人员应当坚持教育和处罚相结合的原则,不能以教代罚,也不能以罚代教,应该在执法的过程中耐心进行普法教育劝导。同时,坚持依法行政,启动行政执法程序进行行政处罚,避免类似行为再次发生。将违法张贴案件作为典型案例在网上公开,维护市容环境整洁面貌及对城管执法和管理的理解认识,促进文明卫生环境的建设,形成全民参与治理城市“牛皮癣”、共同抵制不文明行为的良好氛围,让城市更有序、更安全、更干净。

相关规定

《城市市容和环境卫生管理条例》(2017修订)

第十七条　一切单位和个人,都不得在城市建筑物、设施以及树木上涂写、刻画。

单位和个人在城市建筑物、设施上张挂、张贴宣传品等,须经城市人民政府市容环境卫生行政主管部门或者其他有关部门批准。

第三十四条　有下列行为之一者,城市人民政府市容环境卫生行政主管部门或者其委托的单位除责令其纠正违法行为、采取补救措施外,可以并处警告、罚款:

……

(二)在城市建筑物、设施以及树木上涂写、刻画或者未经批准张挂、张贴宣传品等的;

……

54. 超门店经营的怎么处罚?

具体案例

2021年4月23日10时许,深圳市民治街道综合行政执法队巡查至民治街道水尾二区48栋时,发现某便利店在上述地址超出门店门、窗外墙的地方摆放了2台冰箱,经营便利店销售业务。经现场测量,超出面积为1.26平方米。执法队依据《深圳经济特区市容和环境卫生管理条例》(2019修正)第21条的规定,按照超出面积每平方米500元的标准对当事人处罚款人民币630元。①

律师答疑

因长期以来形成的观念,不少门店的经营者认为门店门口的空间属于店铺所有,可以随意占用,没有认识到这样的行为违反了行政管理秩序,不仅影响城市市容秩序,还给群众带来不便。超门店经营在中小城市,尤其是乡镇非常普遍,特别是遇到重大节日,商家几乎把经营的商品摆放到道路上,给市容市貌和道路交通带来很大影响。

《城市市容和环境卫生管理条例》(2017修订)第13条第2款规定:"临街树木、绿篱、花坛(池)、草坪等,应当保持整洁、美观。栽培、整修或者其他作业留下的渣土、枝叶等,管理单位、个人或者作业者应当及时清除。"

各省、自治区、直辖市对超门店经营出台地方性法规或政府规章进行规范。如《北京市市容环境卫生条例》(2021修正)第35条第3款规定,临街的商业、饮食业等行业的经营者不得超出门、窗进行店外经营,违反规定的,责令改正,并可处300元以上3000元以下罚款。《深圳经济特区市容和环境卫生管理条例》(2019修正)第21条规定,禁止商场、门店超出门、窗外墙摆卖、经营,违反规定的,按照超出面积每平方米500元的标准处以罚款;情节严重的,并处没收违法摆卖、经营的物品和实施违法摆卖、经营行为的工具。

行政机关在作出罚款的行政处罚时,要准确适用简易程序的规定。《行政处罚法》(2021修订)第51条规定:"违法事实确凿并有法定依据,对公民处以二百元以下、对法人或者其他组织处以三千元以下罚款或者警告的行政处罚的,可以当场作出行政处罚决定。法律另有规定的从其规定。"超门店经营,多为个体工商户。《民法典》第54条规定:"自然人

① 参见深圳市城市管理和综合执法局2021年第二季度以案释法典型案例。

从事工商业经营,经依法登记,为个体工商户。个体工商户可以起字号。”第57条规定:“法人是具有民事权利能力和民事行为能力,依法独立享有民事权利和承担民事义务的组织。”由此可以看出,个体工商户不是法人,对个体工商户的行政处罚不能按法人或其他组织的标准适用简易程序。

相关规定

《北京市市容环境卫生条例》(2021修正)

第三十五条第三款　临街的商业、饮食业等行业的经营者不得超出门、窗进行店外经营。

……违反第三款规定的,责令改正,并可处三百元以上三千元以下罚款。

《上海市市容环境卫生管理条例》(2022修订)

第二十一条第二款　本市道路两侧和广场周围建(构)筑物内的经营者不得擅自超出门窗和外墙经营。

第三款　违反第一款、第二款规定的,由城市管理综合执法部门责令改正,可以处一百元以上一千元以下罚款。对设摊经营、兜售物品的,可以暂扣设摊经营、兜售的物品和与违法行为有关的工具。

《广州市市容环境卫生管理规定》(2020修正)

第二十四条第二款　道路两侧和广场周围建筑物、构筑物内的经营者不得超出门窗和外墙设摊经营。

第五十八条第(五)项　违反本规定第二十四条第二款规定,道路两侧和广场周围建筑物、构筑物内的经营者超出门窗和外墙设摊经营影响市容环境卫生的,责令改正;拒不改正的,处以五百元以上二千元以下罚款。

《深圳经济特区市容和环境卫生管理条例》(2019 修正)

第二十一条 禁止商场、门店超出门、窗外墙摆卖、经营。

违反前款规定的,由主管部门责令改正,按照超出面积每平方米五百元的标准处以罚款;情节严重的,并处没收违法摆卖、经营的物品和实施违法摆卖、经营行为的工具。

55. 未经批准擅自在街道两侧和公共场地堆放物料,搭建建筑物、构筑物或者其他设施,影响市容的怎么处罚?

具体案例

2019 年 7 月 19 日,景德镇市珠山城管局的周路口城管中队、周路口派出所、周路口街道云锦巷社区和玉禾田公司联合对周路口街道云锦巷社区进行清理小区过道杂物行动。因张某在站前路大江新城 F 栋楼背后的路面设置地桩,并用铁链串联占用公共通道存放杂物等,珠山城管局对张某设置的涉案地桩、铁链予以强制拆除。执法拆除的地桩、铁链等材料由张某收取。张某不服,提起诉讼。一审法院认为,张某设置地桩、铁链的行为违法,但珠山城管局的拆除行为不符合法定程序,判决确认珠山城管局的拆除行为违法,驳回了张某的其他诉讼请求。①

① 参见江西省景德镇市中级人民法院行政判决书,(2020)赣 02 行终 18 号。

律师答疑

在城市街道两侧，一些经营商户擅自在人行道搭建建筑物、构筑物或折叠式棚布，用于自用或经营。甚至一些商家在临街的公共停车位安装地锁或设置地桩，供自己或到店消费的顾客使用，既侵害了公共利益，也影响了市容市貌。

首先，擅自在街道两侧和公共场地堆放物料，搭建建筑物、构筑物或者其他设施，属于违法行为。《城市市容和环境卫生管理条例》(2017修订)第14条规定，任何单位和个人都不得在街道两侧和公共场地堆放物料，搭建建筑物、构筑物或者其他设施。因建设等特殊需要，在街道两侧和公共场地临时堆放物料，搭建非永久性建筑物、构筑物或者其他设施的，必须征得城市人民政府市容环境卫生行政主管部门同意后，按照有关规定办理审批手续。前述案例中，张某设置地桩，并用铁链串联占用的区域属于公共区域，并非其专有部分，其未经城市人民政府市容环境卫生行政主管部门的批准，自行设置地桩、铁链等设施，占用公共场地的行为违反上述行政法规的规定。

其次，行政执法要履行法定程序。《城市市容和环境卫生管理条例》(2017修订)第36条第2项规定，未经城市人民政府市容环境卫生行政主管部门批准，擅自在街道两侧和公共场地堆放物料，搭建建筑物、构筑物或者其他设施，影响市容的，由城市人民政府市容环境卫生行政主管部门或者其委托的单位责令其停止违法行为，限期清理、拆除或采取其他补救措施，并可处以罚款。城管局享有在辖区内进行市容环境卫生管理的法定职权，但应严格按照相关的法定程序执法。从强制拆除行为来看，依照《行政强制法》第35条、第36条、第37条的规定，行政机关作出强制执行决定前，应当事先催告当事人履行义务，听取当事人陈述和申辩，并对其作出处理。

最后，注意将超门店经营和占道经营区别对待。擅自在街道两侧和公共场地堆放物料，搭建建筑物、构筑物或者其他设施，此种行为带有稳定性和持续性，而占用城市道路及其两侧、人行天桥、人行隧道和其他公共场所堆放物品、摆摊设点、销售商品的行为带有临时性和流动性。在实务中，行政部门和人民法院对擅自在街道两侧和公共场地堆放物料，搭建建筑物、构筑物或者其他设施作出行政处罚和判决往往适用《城市市容和环境卫生管理条例》（2017 修订）第 36 条第 2 项规定，对于占道经营往往适用各城市更具体的地方性法规。

相关规定

《城市市容和环境卫生管理条例》（2017 修订）

第十四条　任何单位和个人都不得在街道两侧和公共场地堆放物料，搭建建筑物、构筑物或者其他设施。因建设等特殊需要，在街道两侧和公共场地临时堆放物料，搭建非永久性建筑物、构筑物或者其他设施的，必须征得城市人民政府市容环境卫生行政主管部门同意后，按照有关规定办理审批手续。

第三十六条　有下列行为之一者，由城市人民政府市容环境卫生行政主管部门或者其委托的单位责令其停止违法行为，限期清理、拆除或者采取其他补救措施，并可处以罚款：

……

（二）未经城市人民政府市容环境卫生行政主管部门批准，擅自在街道两侧和公共场地堆放物料，搭建建筑物、构筑物或者其他设施，影响市容的……

56. 擅自占用城市道路及其两侧、人行天桥、人行隧道和其他公共场所堆放物品、摆摊设点、销售商品的怎么处罚？

具体案例

2018 年 10 月 9 日上午，刘某在英德市英城街道附近富民二巷倚门占道摆卖蔬菜，占道面积近 2 平方米。当日 9 时许，城管监察大队的执法人员巡查到上述地点时，口头提醒刘某，要求其将摆卖的蔬菜放进室内，不要摆放到巷道。但刘某情绪激动，不但对执法人员进行谩骂，而且明确表示拒绝配合执法人员的执法活动。在多次口头劝说无效后，执法人员试图将刘某摆卖的蔬菜搬进室内，但遭到刘某强烈的肢体阻挠，其故意推搡 1 名执法人员，导致该执法人员的手臂在被推搡时致皮肤外伤，刘某也在推搡中受伤。刘某到英德市人民医院进行住院治疗，经英德市人民医院诊断为右臀部软组织挫伤、L5 椎体 I°滑脱、腰椎退行性变、轻度贫血。刘某认为执法人员的行政行为违法，遂向法院提起诉讼，请求判决确认执法人员的行政行为违法，赔偿医药费、误工费、护理费、住院伙食补助费、菜钱共计 3364.68 元。一审法院判决驳回刘某的全部诉讼请求，二审法院予以维持。[①]

律师答疑

这是一起城市管理执法中典型的执法冲突。擅自占用城市道路及其两侧、人行天桥、人行隧道和其他公共场所堆放物品、摆摊设点、销售

① 参见广东省清远市中级人民法院行政判决书，(2019)粤 18 行终 168 号。

商品,也就是人们常说的占道经营。全国层面没有出台针对占道经营的行政管理规定。《城市市容和环境卫生管理条例》(2017 修订)第 14 条规定,“任何单位和个人都不得在街道两侧和公共场地堆放物料,搭建建筑物、构筑物或者其他设施”。这样的规定显然没有针对性,不能作为占道经营的处罚依据。《城市道路管理条例》(2019 修订)第 27 条第 1 项规定,城市道路范围内禁止擅自占用或者挖掘城市道路。《道路交通安全法》(2021 修正)第 119 条第 1 项规定,道路是指公路、城市道路和虽在单位管辖范围但允许社会机动车通行的地方,包括广场、公共停车场等用于公众通行的场所。即便这样,也不能涵盖城市管理中占道经营的种种行为。

在实务中,执法机关更多地依据所在城市制定的地方性法规。如前述案例中,城管局依据的是《清远市城市市容和环境卫生管理条例》第 16 条第 1 款规定:“任何单位和个人不得擅自占用城市道路、地下通道、人行天桥及其他公共场所和道路临时停车泊位从事设摊经营、兜售物品等活动。”《深圳经济特区市容和环境卫生管理条例》(2019 修正)第 22 条规定:“禁止擅自占用城市道路及其两侧、人行天桥、人行隧道和其他公共场所堆放物品、摆摊设点、销售商品。违反前款规定的,由主管部门责令改正,并按照占地面积每平方米一千元的标准处以罚款;情节严重的,并处没收其摆卖的物品或者实施违法摆卖行为的工具。”《上海市市容环境卫生管理条例》(2022 修订)第 25 条规定:“任何单位和个人不得擅自占用道路、桥梁、人行天桥、地下通道及其他公共场所设摊经营、兜售物品,影响市容环境卫生。违反规定的,由城管执法部门责令改正,并可处五十元以上五百元以下罚款。城管执法部门可以暂扣当事人经营兜售的物品和与违法行为有关的工具,要求其到指定地点接受处理,当事人接受处理后,城管执法部门应当及时返还暂扣的物品与相关工具,属非法物品的,移送有关部门处理。城管执法部门对暂扣的物品应当妥善保管。对于易腐烂、变质等不宜保管的物品,城管执法部门可以在留存证据后根据实际情况妥善处置。”

在违法占道经营执法活动中暂扣物品的措施，是一种常见的执法行为。2020年9月，住房和城乡建设部下发的《城市管理行政执法文书示范文本(试行)》中有先行登记保存证据通知书和查封(扣押)决定书。暂扣到底是属于哪一种行为呢？

先行登记保存，也被称作证据先行登记保存，其法律依据是《行政处罚法》(2021修订)第56条规定："行政机关在收集证据时，可以采取抽样取证的方法；在证据可能灭失或者以后难以取得的情况下，经行政机关负责人批准，可以先行登记保存，并应当在七日内及时作出处理决定……"可见，先行登记保存并不是《行政强制法》第9条第1款第5项所指的"其他行政强制措施"，本身就是行政处罚法单独设定的一种调查手段。注意：一是需要经行政机关负责人批准，才可以进行先行登记保存，紧急情况下事先口头批准的，事后应及时补办书面批准手续。二是先行登记保存的法定期限是7日，超过规定期限则先行登记保存措施自动解除。三是根据有关法律、法规规定可以查封、扣押的，决定查封、扣押。

查封、扣押是一种强制措施。《行政强制法》第10条规定，法律、法规以外的其他规范性文件不得设定行政强制措施。第22条规定，查封、扣押应当由法律、法规规定的行政机关实施，其他任何行政机关或者组织不得实施。查封、扣押的程序是，向行政机关负责人报告并经批准；由2名以上行政执法人员实施；出示执法身份证件；通知当事人到场；当场告知当事人采取行政强制措施的理由、依据以及当事人依法享有的权利、救济途径；听取当事人的陈述和申辩；制作现场笔录；当事人不到场的，邀请见证人到场并在现场笔录上签字。行政执法人员在实施查封、扣押前须做好调查取证工作，需要查封扣押的应当书面报告行政机关负责人批准。行政机关负责人决定实施查封、扣押的，应当制作查封、扣押决定书和清单。查封、扣押的期限不得超过30日，情况复杂的，经行政机关负责人批准，可以延长，但是延长期限不得超过30日。

由上文可知,查封、扣押是比先行登记保存证据更为严格的行政强制措施,要求更严,时限更长。先行登记保存证据时限短,是一种取证手段,可以根据需要转化为查封、扣押。因此,暂扣可以理解为先行登记保存行为。对暂扣的物品,执法部门应当妥善保管,不得使用或者损毁,不得以任何名义收取保管费用。被查封、扣押的物品易腐烂、变质的,执法部门可以在留存证据后先行拍卖或者变卖。一般情况下,拍卖、变卖比较麻烦,扣押的水果车、餐车往往都做好封存,即便腐烂也不会走拍卖、变卖程序。

此外,关于公共场所的概念,目前我国法律没有统一、明确的定义,仅在颁布的具体法规中以列举的方式体现,如在《娱乐场所管理条例》《城市市容和环境卫生管理条例》等中体现。实践中,可从以下几个方面对"公共场所"进行理解与把握:(1)场所具有开放性,供公众使用或服务于人民大众;(2)面对的对象具有不特定性,流动性较强;(3)开放时间上一般没有特定的限制。一般而言,符合上述三项标准的场所,即可认定为公众场所。但是,对于封闭式住宅小区的公共小广场之类的区域,根据《民法典》的相关规定,应为该住宅小区全体业主共有,不宜认定为公共场所。

相关规定

《北京市市容环境卫生条例》(2021 修正)

第三十五条第一款　任何单位和个人不得擅自占用城市道路、人行过街桥、人行地下过街通道及其他公共场所堆物堆料、摆摊设点,影响市容环境卫生。

《上海市市容环境卫生管理条例》(2022 修订)

第二十一条第一款　单位和个人不得擅自占用道路、桥梁、人行天桥、地下通道及其他公共场所设摊经营、兜售物品,影响市容环境卫生。

第三款 违反第一款、第二款规定的，由城市管理综合执法部门责令改正，可以处一百元以上一千元以下罚款。对设摊经营、兜售物品的，可以暂扣设摊经营、兜售的物品和与违法行为有关的工具。

《广州市市容环境卫生管理规定》(2020 修正)

第二十四条第一款 任何单位和个人不得占用道路、桥梁、人行天桥、地下通道等公共场所设摊经营、兜售物品，堆放废旧物品、废弃互联网租赁自行车，影响市容环境卫生。

《深圳经济特区市容和环境卫生管理条例》(2019 修正)

第二十二条 禁止擅自占用城市道路及其两侧、人行天桥、人行隧道和其他公共场所堆放物品、摆摊设点、销售商品。

违反前款规定的，由主管部门责令改正，并按照占地面积每平方米一千元的标准处以罚款；情节严重的，并处没收其摆卖的物品或者实施违法摆卖行为的工具。

57. 可以擅自在户外设置经营性条幅、标语、气球、彩旗、充气式设施等广告设施吗？

具体案例

深圳市宝安区城市管理和综合执法局(以下简称宝安区城管局)执法人员于2019年7月5日发现志成大厦门框上悬挂有一处经营性条幅，内容为“本栋厂房仓库写字楼招租，电话：136××××××××”。执法人员核实情况后，依法制作现场(勘验)笔录并由悬挂条幅者陈某签字确认。陈某承认自己存在在户外设置经营性条幅的行为。陈某在志成大厦门框上悬挂经营性条幅的行为违反了《深圳经济特区市容和环境卫生管理条例》(2019修正)第33条第1款的规定,宝安区城管局依据该条例第33条第2款和《深圳市城市管理综合执法行政处罚自由裁量权实施标准》第16条的规定,对陈某处以罚款5000元的处罚。2019年7月16日,宝安区城管局制作并向陈某直接送达行政处罚事先(听证)告知书,同时告知陈某有陈述和申辩、申请听证的权利。后陈某自愿放弃陈述和申辩以及申请听证的权利,并申请尽快作出行政处罚决定书。同日,宝安区城管局作出处罚决定书并直接送达陈某。2019年7月17日,宝安区城管局的执法队员将之前接受陈某委托,代收取的5000元罚款向银行缴纳。后陈某不服该处罚决定,向深圳市宝安区人民政府提起行政复议,复议维持后又提起行政诉讼,广东省深圳市盐田区人民法院认为行政处罚决定认定事实清楚,证据确凿,适用法律正确,处罚适当,判决驳回了陈某的诉讼请求。①

律师答疑

日常生活中,每逢商店开业、庆典、会展或者开展其他促销活动,经常利用条幅、横幅、气球、彩旗、充气式设施等作为广告宣传手段。有的人认为这种临时性的广告设置不需要报批,殊不知这类临时性的广告行为也纳入了行政管理的范围,如果没有履行相关手续,有可能面临开业当天迎来执法人员处罚的尴尬。

标语宣传品的设置与管理,有的城市规定由城市管理部门管理,《北京市户外广告设施、牌匾标识和标语宣传品设置管理条例》第5条规定,市城市管理部门具体负责本市户外广告设施、牌匾标识和标语宣传品设置的管理工作。有的规定由市场监督管理部门管理,《广州市户外广告和招牌设置管理办法》(2020)第4条第1款规定:"城市管理主管部门

① 参见广东省深圳市盐田区人民法院行政判决书,(2019)粤0308行初2872号。

负责本行政区域内户外广告和招牌设置的监督管理工作，市城市管理主管部门负责组织实施本办法。”《上海市户外广告设施管理办法》(2017修正)第4条规定，市绿化市容行政管理部门负责本市户外广告设施设置的监督管理和综合协调。深圳市把户外广告设置管理纳入市容和环境卫生管理，《深圳经济特区市容和环境卫生管理条例》(2019修正)第33条第1款规定，禁止在户外设置经营性条幅、标语、气球、彩旗、充气式设施等广告设施。因此，设置户外宣传品的，应事先向所在城市的相关行政管理部门咨询，履行报批手续，方可设置。

对于违规设置上述户外广告宣传标语的，全国范围内没有具体的处罚规定。《城市市容和环境卫生管理条例》(2017修订)规定，未经批准张挂、张贴宣传品等的，城市人民政府市容环境卫生行政主管部门或者其委托的单位除责令其纠正违法行为、采取补救措施外，可以并处警告、罚款。前述案例中，宝安区城管局依据《深圳经济特区市容和环境卫生管理条例》(2019修正)第33条第2款“违反前款规定的，责令改正或者限期拆除，处五千元以上一万元以下罚款，并可以没收广告物品”，以及《深圳市城市管理综合执法行政处罚自由裁量权实施标准》第16条的规定，对陈某处以5000元的罚款，法院认为该处罚决定适用法律正确，处罚是适当的。

相关规定

《城市市容和环境卫生管理条例》(2017修订)

第十七条第二款　单位和个人在城市建筑物、设施上张挂、张贴宣传品等，须经城市人民政府市容环境卫生行政主管部门或者其他有关部门批准。

第三十四条第(二)项　有下列行为之一者，城市人民政府市容环境卫生行政主管部门或者其委托的单位除责令其纠正违

法行为、采取补救措施外,可以并处警告、罚款:

……

(二)在城市建筑物、设施以及树木上涂写、刻画或者未经批准张挂、张贴宣传品等的。

《广州市户外广告和招牌设置管理办法》(2020)

第四条 城市管理主管部门负责本行政区域内户外广告和招牌设置的监督管理工作,市城市管理主管部门负责组织实施本办法。

城乡规划、住房建设、交通运输、市场监督管理、生态环境、财政、气象等部门和公安机关应当按照各自职责,做好户外广告和招牌设置相关工作。

镇政府、街道办事处负责本辖区户外广告和招牌设置的日常管理和监督检查。

58. 在户外派发经营性宣传品违法吗?

具体案例

2021年1月28日,泉州市南安市智慧化城市管理监督指挥中心的采集员巡查至普莲路中骏四季家园路口时,发现沿路的电动车上、汽车上、地上到处都是某楼盘的小广告,立即将该问题上报指挥中心。指挥中心调取附近监控视频,发现一男子在沿路发放小广告,且在普莲路发放中。指挥中心座席员立刻将案件派遣至泉州市城市管理局市容管理中队处置。市容管理中队接到该案件后立即派遣执法人员前往现场。经调查,当事人未经批准,擅自在南安市区随意散发小广告,其行为已经违反了《泉州市市容和环境卫生管理条例》第20条第2款规定。执法人员现场没收当事人手上的小广告,并做执法笔录。市容管理中队按照《泉州市市容和环境卫生管理条例》第45条第2款规定,对当事人进行了处罚。[①]

律师答疑

在城市中,经常有人穿梭于滚滚车流和大街小巷,散发各种小广告或宣传品,内容涉及高利贷、代开发票、办假证、非法行医、房产销售等诸多内容,堪称移动的"城市牛皮癣"。有的散发者直接往停驶的小汽车车窗内塞小卡片,有的直接递送行人手中,收到广告后大部分人将其作为垃圾随便丢弃,影响了城市的环境卫生。

散发各种广告和宣传品是近年来出现的促销行为,全国范围内没有相应的管理规范,多数城市没有专门的管理规定。所以,人们几乎没有意识到户外散发广告和宣传品的行为是违法的。深圳市是较早对此类行为作出规范的城市,《深圳经济特区市容和环境卫生管理条例》(2019修正)第33条规定:"禁止在户外设置经营性条幅、标语、气球、彩旗、充气式设施等广告设施;禁止在户外派发经营性宣传品。违反前款规定的,责令改正或者限期拆除,处五千元以上一万元以下罚款,并可以没收广告物品。"但该规定处罚额度没有区分单位和个人,尤其是对于从事户外小广告和宣传品派发的个人,多数是低收入群体,高额的罚款超出了其经济承受能力,执行起来比较困难。

前述案例中,泉州市市容管理中队处罚的依据是《泉州市市容和环境卫生管理条例》。该条例第20条第2款规定:"任何单位和个人不得在道路、广场等公共场所随意散发广告和宣传品。"第45条第2款规定:"违反本条例第二十条第二款规定,随意散发广告或者宣传品的,由城市管理主管部门责令改正,可以处一百元以上五百元以下罚款。"上述规定指向

① 参见《南安在线》2021年2月4日报道。

明确,罚款数额较为合理,警示和教育作用明显,具有可操作性,值得借鉴。

相关规定

《泉州市市容和环境卫生管理条例》

第二十条第二款　任何单位和个人不得在道路、广场等公共场所随意散发广告和宣传品。

第四十五条第二款　违反本条例第二十条第二款规定,随意散发广告或者宣传品的,由城市管理主管部门责令改正,可以处一百元以上五百元以下罚款。

59. 擅自迁移、拆除、利用城市照明设施的怎么处罚?

具体案例

2020年10月11日,江苏省昆山市综合行政执法局柏庐中队执法队员对南北后街河道进行一日三巡,当巡逻至南后街下塘剧场弄口时,发现此处的路灯倒在一旁,固定的钉子不翼而飞。执法队员立刻叫来了在附近施工的工人张某并对其进行询问,张某表示施工尚未取得合法审批手续,执法队员经调查取证后,对其开具了责令停止违反城市管理行为通知书,要求其尽快至柏庐中队接受处理。张某来到柏庐中队接受处理,张某表示路面施工时,为图省事直接将路灯拆除了,本想在施工完成后进行修复,没想到被执法队员发现了。执法队员向张某普及了相关法律知识,告知任何个人与单位不得擅自移动道路照明设施。张某的行为违反了《苏州市市政设施管理条例》(2016修正)第42条规定。昆山市综合行政执法局依据《苏州市市政设施管理条例》(2016 修正)第 53 条规定,对张某作出罚款 1000 元的行政处罚。

律师答疑

城市道路的路灯设施是城市的标志,夜幕降临,华灯齐放,各具特色的路灯是城市的名片。2010 年 7 月 1 日施行的《城市照明管理规定》是城市照明管理的专门国务院部门规章。《城市照明管理规定》第 28 条规定,任何单位和个人都应当保护城市照明设施,不得实施下列行为:(1)在城市照明设施上刻划、涂污;(2)在城市照明设施安全距离内,擅自植树、挖坑取土或者设置其他物体,或者倾倒含酸、碱、盐等腐蚀物或者具有腐蚀性的废渣、废液;(3)擅自在城市照明设施上张贴、悬挂、设置宣传品、广告;(4)擅自在城市照明设施上架设线缆、安置其他设施或者接用电源;(5)擅自迁移、拆除、利用城市照明设施;(6)其他可能影响城市照明设施正常运行的行为。第 32 条规定:“违反本规定,有第二十八条规定行为之一的,由城市照明主管部门责令限期改正,对个人处以 200 元以上 1000 元以下的罚款;对单位处以 1000 元以上 3 万元以下的罚款;造成损失的,依法赔偿损失。”

前述案例中,《苏州市市政设施管理条例》(2016 修正)第 42 条规定:“需要迁移、拆除城市照明设施的,应当经市政设施行政主管部门批准后,由城市照明设施所有人或者管理人负责实施,所需费用由申请人承担。因抢险救灾等紧急情况需要迁移、拆除城市照明设施的,应当及时告知市政设施行政主管部门,并在一个工作日内补办审批手续。”第 53 条规定:“违反本条例第四十条、第四十二条、第四十六条规定的,由市政设施行政主管部门责令限期改正,处以五百元以上五千元以下罚款;情节严重的,处以五千元以上一万元以下罚款。”很显然,相较于《城市照明管理规定》第 32 条规定的处罚,《苏州市市政设施管理条例》(2016 修正)没有区分单位与个人,罚款数额也相去甚远。

一个是部门规章,一个是设区市的地方性法规,从性质上并不构成上位法与下位法的关系。《立法法》(2023 修正)第 106 条第 1 款第 2 项规定,“地方性法规与部门规章之间对同一事项的规定不一致,不能确定如何适用时,由国务院提出意见,国务院认为应当适用地方性法规的,应当决定在该地方适用地方性法规的规定;认为应当适用部门规章的,应当提请全国人民代表大会常务委员会裁决”。在国务院没有解决法律适用的情况下,也不好说哪个更有效力,但从实务的角度出发,《城市照明管理规定》更具有可操作性。

多数城市管理综合执法部门对损坏照明设施的行为,依据的是《城市照明管理规定》细化自由裁量的基准。如《广东省住房和城乡建设系统行政处罚自由裁量权基准(城乡规划建设表)》序号 C218.32.5 规定,擅自迁移、拆除、利用城市照明设施 1 处的,对个人处以 200 元以上 400 元以下的罚款,对单位处以 1000 元以上 1 万元以下的罚款;擅自迁移、拆除、利用城市照明设施 2 处(次)的,对个人处以 400 元以上 800 元以下的罚款,对单位处以 1 万元以上 2 万元以下的罚款;擅自迁移、拆除、利用城市照明设施多于 3 处(次),对个人处以 800 元以上 1000 元以下的罚款,对单位处以 2 万元以上 3 万元以下的罚款。

相关规定

《城市照明管理规定》

第二十八条 任何单位和个人都应当保护城市照明设施,不得实施下列行为:

(一)在城市照明设施上刻划、涂污;

(二)在城市照明设施安全距离内,擅自植树、挖坑取土或者设置其他物体,或者倾倒含酸、碱、盐等腐蚀物或者具有腐蚀性的废渣、废液；

（三）擅自在城市照明设施上张贴、悬挂、设置宣传品、广告；

（四）擅自在城市照明设施上架设线缆、安置其他设施或者接用电源；

（五）擅自迁移、拆除、利用城市照明设施；

（六）其他可能影响城市照明设施正常运行的行为。

第三十二条　违反本规定，有第二十八条规定行为之一的，由城市照明主管部门责令限期改正，对个人处以200元以上1000元以下的罚款；对单位处以1000元以上3万元以下的罚款；造成损失的，依法赔偿损失。

60. 在居民住宅区、商业区、工业区以及其他禁止饲养烈性犬的区域内饲养烈性犬的怎么处罚？

具体案例

2019年5月2日13时，张某寄放在北京市大兴区旧宫镇芳源里小区王某家的德牧犬在一层电梯口扑伤案外人李某，大兴公安分局德茂派出所接到李某报警后出警，在民警到王某家中查看伤人犬时，张某所养的德牧犬将正在工作的民警咬伤。后大兴公安分局分别对张某，案外人王某、李某，被咬伤民警进行了询问调查。大兴公安分局经核实，编号为京朝字150×××6养犬登记证信息与张某提供的养犬证信息不符。大兴公安分局查证后，于2019年6月24日作出处罚决定书，决定给予张某没收其饲养的德牧犬的处罚，当日直接送达张某，大兴公安分局作出行政处罚前对张某履行了告知程序。张某不服提起诉讼，一审法院判决驳回张某的诉讼请求，二审法院予以维持。[①]

律师答疑

电影《忠犬八公的故事》讲述的是一个真实的故事：八公是主人上野英三郎饲养的一只秋田犬，每天早上八公都在家门口目送主人上班，傍晚时分再到附近的涩谷站接他回家。一天晚上，上野英三郎工作时突发心脏病去世，并没有像往常一样回到涩谷站。然而八公依然忠实地在涩谷站前等他，一等就是9年，直到去世。为纪念八公，涩谷站前设有一座忠犬八公铜像，成为当地著名的旅游景点。

如今，养狗成了很多人娱乐休闲的方式，然而上面故事中所讲的秋田犬在多数城市重点区域却是禁止饲养的烈性犬。人们在饲养犬只的时候，一定要咨询当地城市养犬管理部门规定，防止违法饲养了禁养的犬只而受到处罚。

一是明确养犬管理工作的主管部门。国家对养犬管理工作没规定明确的部门，各地方规定不一，有的是公安机关，有的是城市管理和综合执法部门。如《北京市养犬管理规定》第4条第3款规定，公安机关是养犬管理工作的主管机关，全面负责养犬管理工作，并具体负责养犬登记和年检，查处无证养犬、违法携犬外出等行为。《上海市养犬管理条例》（2016修正）第5条第1款规定，区、县公安部门负责本辖区内的养犬管理以及相关处罚。《广州市养犬管理条例》（2015修正）第3条规定，市公安机关主管本市行政区域内的养犬行政管理工作，负责组织实施该条例；区公安机关负责本行政区域内的养犬行政管理工作。《深圳市养犬管理条例》（2019修正）第4条规定："市城管和综合执法部门（以下简称市主管部门）负责组织、协调本条例实施的有关工作；区城管和综合执法部门（以下简称区主管部门）负责本行政区域的养犬管理工作。"

---

① 参见北京市第二中级人民法院行政判决书，（2019）京02行终1955号。

二是明确禁养的种类和规格。一般而言，城市养犬管理规定会划定养犬的重点管理区和一般管理区，在重点管理区又会另行出台规定禁养的犬只种类或者规格。如《北京市养犬管理规定》第7条第1款规定："本市东城区、西城区、崇文区①、宣武区②、朝阳区、海淀区、丰台区、石景山区为重点管理区，其他区、县为一般管理区。"第10条第1款规定："在重点管理区内，每户只准养一只犬，不得养烈性犬、大型犬。禁养犬的具体品种和体高、体长标准，由畜牧兽医行政部门确定，向社会公布。"《关于发布北京市养犬重点管理区准养犬类的公告》规定，重点管理区内禁止饲养成年体高超过35厘米的犬种。《深圳市养犬管理条例》(2019修正)第9条规定："禁止在居民住宅区、商业区、工业区以及市主管部门划定的其他禁止饲养烈性犬的区域内饲养烈性犬。烈性犬的具体品种，由市场监管部门确定，并向社会公布。"《深圳市市场监督管理局关于公布烈性犬名单的通告》通告的烈性犬品种：(1)西藏獒犬，(2)比特斗牛梗犬，(3)阿根廷杜高犬，(4)巴西非拉犬，(5)日本土佐犬，(6)中亚牧羊犬，(7)川东犬(重庆犬)，(8)苏俄牧羊犬，(9)牛头梗犬，(10)英国马士提夫犬，(11)意大利卡斯罗犬，(12)大丹犬，(13)俄罗斯高加索犬，(14)意大利扭玻利顿犬，(15)斯塔福梗犬，(16)阿富汗猎犬，(17)波音达犬，(18)威玛猎犬，(19)雪达犬，(20)寻血猎犬，(21)巴仙吉犬，(22)秋田犬，(23)纽芬兰犬，(24)贝林登梗犬，(25)凯丽蓝梗犬。

三是明确饲养烈性犬和大型犬的法律责任。养犬管理部门会罚款和没收犬只，如果对他人造成伤害，饲养人要承担民事赔偿责任。《深圳市养犬管理条例》(2019修正)第34条规定："违反本条例第九条规定，饲养烈性犬的，由区主管部门处五千元罚款，并没收犬只。"《北京市养

① 已撤并为东城区。

② 已撤并为西城区。

犬管理规定》第 26 条规定，对违反该规定第 8 条、第 10 条第 1 款、第 22 条，在禁养区内养犬的或者在重点管理区内饲养烈性犬、大型犬的以及冒用、涂改和伪造养犬登记证养犬的，由公安机关没收其犬，并可对单位处 1 万元罚款，对个人处 5000 元罚款。《民法典》侵权责任编第九章“饲养动物损害责任”第 1247 条规定：“禁止饲养的烈性犬等危险动物造成他人损害的，动物饲养人或者管理人应当承担侵权责任。”

相关规定

《民法典》

第一千二百四十七条　禁止饲养的烈性犬等危险动物造成他人损害的，动物饲养人或者管理人应当承担侵权责任。

61. 未对饲养的犬只注射狂犬病疫苗的怎么处罚？

具体案例

2020 年 10 月 20 日，深圳市龙岗区吉华街道执法队执法人员巡查至吉华街道某社区时，发现某花园公共场所有人在遛狗。经调查，犬只的主人是尹某，犬只品种是柯基犬。该犬只未按规定注射狂犬病疫苗，犬只主人不能提供深圳市犬类免疫证。执法人员依法进行现场勘验及调查询问，形成勘验笔录、现场照片、调查询问笔录等证据，同时责令尹某在 2020 年 10 月 27 日 9 时前改正违法行为，补办犬只免疫证。2020 年 11 月 10 日，行政机关依法制作行政处罚决定书，作出罚款 500 元的行政处罚，并当场送达。尹某已缴纳罚款，并在规定时限内将犬只送到动物防疫机构注射狂犬病疫苗及办理深圳市犬类免疫证。①

律师答疑

狗是人类最亲密的动物朋友之一,但也是人类狂犬病最大的传染源。狂犬病是狂犬病毒所致的急性传染病,俗称"疯狗症""恐水症",人兽共患,多见于犬、狼、猫等肉食动物,人多因被病兽咬伤而感染。临床表现为特有的恐水、怕风、咽肌痉挛、进行性瘫痪等。我国的狂犬病主要由犬传播,对于狂犬病尚缺乏有效的治疗手段,人患狂犬病后的病死率几近100%。表面"健康"的犬只可能是无症状携带者,对人类的健康存在较大的隐患。

目前,预防狂犬病的唯一有效办法是为犬只注射狂犬病疫苗。我国实行狂犬病强制免疫制度。《动物防疫法》(2021修订)第17条第1款规定:"饲养动物的单位和个人应当履行动物疫病强制免疫义务,按照强制免疫计划和技术规范,对动物实施免疫接种,并按照国家有关规定建立免疫档案、加施畜禽标识,保证可追溯。"第30条第1款规定:"单位和个人饲养犬只,应当按照规定定期免疫接种狂犬病疫苗,凭动物诊疗机构出具的免疫证明向所在地养犬登记机关申请登记。"注射狂犬病疫苗,是对犬只的健康负责,也是对自己和他人身体健康负责。在深圳为犬只注射狂犬病疫苗是免费的。《深圳市养犬管理条例》(2019修正)第18条规定:"实行狂犬病免费强制免疫制度。养犬人应当按照有关规定,将其饲养的犬只送动物防疫机构注射狂犬病疫苗,取得犬只免疫证明。"这不仅是一项便民惠民的政策,也是推广注射狂犬病疫苗、提高养犬人为犬只注射狂犬病疫苗积极性的重要措施。为了人犬共同的健康利益,养犬人务必要提高狂犬病预防意识,按规定给犬只注射狂犬病疫苗。

未给饲养犬只注射狂犬病疫苗的,面临被主管部门罚款的风险,逾期不改正的,将作无害化处理。这里的主管部门不特定,有农业农村主

① 参见深圳市城市管理和综合执法局2020年第四季度以案释法典型案例。

管部门,也有公安机关,还有政府指定的主管部门,要根据各地具体的管理法规来确定。根据行政处罚权相对集中的规定,以城市管理和综合执法部门为主管部门的居多。《动物防疫法》(2021修订)第92条规定,对饲养的犬只未按照规定定期进行狂犬病免疫接种的,由县级以上地方人民政府农业农村主管部门责令限期改正,可以处1000元以下罚款;逾期不改正的,处1000元以上5000元以下罚款,由县级以上地方人民政府农业农村主管部门委托动物诊疗机构、无害化处理场所等代为处理,所需费用由违法行为人承担。《广东省爱国卫生工作条例》(2018修订)第24条第1款规定:"饲养动物应当依法进行疫病检疫免疫。依法需要进行疫病强制免疫的动物,未经免疫不得携带外出。"第68条第1款规定:"违反本条例第二十四条第一款规定,携带未免疫饲养动物外出的,由公安机关或者政府指定的主管部门责令改正,对单位处二千元以上五千元以下罚款,对个人处五百元以上一千元以下罚款。"《深圳市养犬管理条例》(2019修正)第36条规定:"违反本条例第十八条规定,未将其饲养的犬只送动物防疫机构注射狂犬病疫苗,取得犬只免疫证明的,由区主管部门责令限期改正,并处五百元罚款;逾期不改正的,可以没收犬只。"

相关规定

《动物防疫法》(2021修订)

第十七条　饲养动物的单位和个人应当履行动物疫病强制免疫义务,按照强制免疫计划和技术规范,对动物实施免疫接种,并按照国家有关规定建立免疫档案、加施畜禽标识,保证可追溯。

实施强制免疫接种的动物未达到免疫质量要求,实施补充免疫接种后仍不符合免疫质量要求的,有关单位和个人应当按照国家有关规定处理。

用于预防接种的疫苗应当符合国家质量标准。

第九十二条　违反本法规定，有下列行为之一的，由县级以上地方人民政府农业农村主管部门责令限期改正，可以处一千元以下罚款；逾期不改正的，处一千元以上五千元以下罚款，由县级以上地方人民政府农业农村主管部门委托动物诊疗机构、无害化处理场所等代为处理，所需费用由违法行为人承担：

（一）对饲养的动物未按照动物疫病强制免疫计划或者免疫技术规范实施免疫接种的；

（二）对饲养的种用、乳用动物未按照国务院农业农村主管部门的要求定期开展疫病检测，或者经检测不合格而未按照规定处理的；

（三）对饲养的犬只未按照规定定期进行狂犬病免疫接种的；

（四）动物、动物产品的运载工具在装载前和卸载后未按照规定及时清洗、消毒的。

62. 养犬未登记的怎么处罚？

具体案例

2019年4月15日11时，深圳市龙岗区吉华街道执法队执法人员日常巡查时，发现××花园××栋××室住户饲养了一只边境牧羊犬，犬主为周某，无法提供养犬登记证。周某的行为属于未经登记擅自养犬，违反了《深圳市养犬管理条例》（2019修正）第8条规定，当事人对违法事实无异议。行政执法机关依据《深圳市养犬管理条例》（2019修正）第33条的规定，责令其于2019年4月18日17时前补办登记，并于2019年4月15日依法送达了行政处罚事先（听证）告知书。当事人对被认定的违法事实及拟作出的行政处罚不陈述、不申辩，并于2019年4月17日补办了养犬登记。行政执法机关于2019年4月24日依法送达了行政处罚决定书，对当事人罚款人民币500元。当事人按时缴纳了罚款。①

律师答疑

近年来，因犬只伤人、犬只扰民或者犬只未束犬链等不文明养犬行为引起的纠纷屡见不鲜。对犬只进行登记，既方便政府部门的统一管理，在出现纠纷时也能更准确地找到对应的饲养人依法依规处理，平息矛盾。

登记是一项基本制度，凡是出台养犬管理制度的城市，都把养犬登记作为一项重要内容。《北京市养犬管理规定》第9条规定，本市实行养犬登记、年检制度，未经登记和年检，任何单位、个人不得养犬。《上海市养犬管理条例》(2016修正)第11条规定，本市实行养犬登记制度和年检制度，饲养犬龄满3个月的犬只，养犬人应当办理养犬登记，未经登记，不得饲养犬龄满3个月的犬只。《广州市养犬管理条例》(2015修正)第12条规定，严格管理区内养犬，犬龄满3个月的，养犬人应当申请养犬登记。

深圳市实行养犬电子登记制度。《深圳市养犬管理条例》(2019修正)第8条规定："实行养犬登记制度。养犬人应当到住所所在地的区主管部门申请养犬登记。未经登记，任何组织和个人不得饲养犬只。"第11条规定："对符合条件的居民和单位，区主管部门应当即时办理登记手续，发放养犬登记证及号牌，并为犬只植入电子标签。"2020年6月8日，深圳市城市管理和综合执法局发出《深圳市城市管理和综合执法局关于全面启动芯片注射工作的通知》，要求免费对系统登记犬只100%注射芯片，管理人员通过识别器就能掌握登记犬只的全部信息，有效提升了登记犬只科学化管理水平。

对未经登记的犬只怎么处理呢？《北京市养犬管理规定》第27条规

① 参见深圳市城市管理和综合执法局2019年第二季度以案释法典型案例。

定："对违反本规定第九条，未经登记、年检养犬的，由公安机关没收其犬，或者对单位处5000元罚款，对个人处2000元罚款。"《上海市养犬管理条例》（2016修正）第42条第1款规定："违反本条例第十一条规定，饲养未登记、年检犬只的，由公安部门责令限期改正；逾期不改正的，对单位处一千元以上五千元以下罚款，对个人处二百元以上一千元以下罚款，并督促养犬人在规定的期限内进行登记、年检。逾期仍不登记、年检的，收容犬只。"《广州市养犬管理条例》（2015修正）第45条第1款规定："违反本条例第十二条规定，未申请养犬登记的，由公安机关扣押犬只，责令三日内申请办理登记，可以对单位处每只犬五千元罚款，对个人处每只犬二千元罚款；逾期不申请补办的，没收犬只。"《深圳市养犬管理条例》（2019修正）第33条规定："违反本条例第八条规定，未经登记擅自养犬的，由区主管部门责令限期办理登记，每只处五百元罚款；逾期未补办登记的，每只处二千元罚款，并可以没收犬只。"

对没收的犬只怎么处理呢？总结梳理各城市的犬只管理制度，一般情况下，被没收的犬只会送到犬只收容所或者犬只留检所，犬只收容所等场所接收的具备饲养条件的弃养犬只和无主犬只，符合养犬条件的单位或者个人可以领养。对无人领养的弃养犬只和无主犬只，犬只收容场所可以以适当的方式进行处理。对病死犬只或者不符合收容条件的犬只进行无害化处理。

相关规定

《动物防疫法》（2021修订）

第三十条第一款　单位和个人饲养犬只，应当按照规定定期免疫接种狂犬病疫苗，凭动物诊疗机构出具的免疫证明向所在地养犬登记机关申请登记。

第四章

林业管理

63. 盗伐林木如何认定？

具体案例

2016年4月6日，罗某在未向林业行政主管部门申请办理林木采伐许可证的情况下，擅自采伐位于都龙镇××水洞厂××村牛滚塘地段4株杉木，计木材活力木蓄积1.8780立方米，折合材积1.3240立方米，价值2520元。云南省文山壮族苗族自治州马关县森林公安局受案后于2016年7月5日作出第0057号林业行政处罚决定书，对罗某处以行政处罚：(1)责令罗某在2016年12月31日前补种林木20株；(2)并处罚款合计人民币7560元。后因程序错误被法院判决撤销，又重新作出第0016号林业行政处罚决定书，对罗某处以行政处罚：(1)责令罗某于2017年12月31日前补种林木20株；(2)并处罚款合计人民币7560元。罗某不服，提起诉讼，一审法院判决驳回罗某的诉讼请求，二审法院予以维持。[1]

律师答疑

国家对采伐林木实行许可制度，采伐林地上的林木应当申请采伐许可证，并按照采伐许可证的规定进行采伐。未经许可擅自采伐林木的，可能构成盗伐林木或者滥伐林木的行为。《森林法》(2019修订)第76条第1款规定，盗伐林木的，由县级以上人民政府林业主管部门责令限期在原地或者异地补种盗伐株数1倍以上5倍以下的树木，并处盗伐林木价值5倍以上10倍以下的罚款。但对于什么样的情形属于盗伐林木

① 参见云南省文山壮族苗族自治州中级人民法院行政判决书，(2018)云26行终71号。

没有明确,《森林法实施条例》(2018 修订)也无相关的规定。最高人民法院《关于审理破坏森林资源刑事案件具体应用法律若干问题的解释》第 3 条规定,以非法占有为目的,具有下列情形之一,数量较大的,依照《刑法》第 345 条第 1 款的规定,以盗伐林木罪定罪处罚:(1)擅自砍伐国家、集体、他人所有或者他人承包经营管理的森林或者其他林木的;(2)擅自砍伐本单位或者本人承包经营管理的森林或者其他林木的;(3)在林木采伐许可证规定的地点以外采伐国家、集体、他人所有或者他人承包经营管理的森林或者其他林木的。

第 4 条规定,盗伐林木"数量较大",以 2 立方米至 5 立方米或者幼树 100 株至 200 株为起点;盗伐林木"数量巨大",以 20 立方米至 50 立方米或者幼树 1000 株至 2000 株为起点;盗伐林木"数量特别巨大",以 100 立方米至 200 立方米或者幼树 5000 株至 10,000 株为起点。

最高人民检察院、公安部《关于公安机关管辖的刑事案件立案追诉标准的规定(一)》第 72 条规定,盗伐森林或者其他林木,涉嫌下列情形之一的,应予立案追诉:(1)盗伐 2 立方米至 5 立方米以上的;(2)盗伐幼树 100 株至 200 株以上的。

以非法占有为目的,具有下列情形之一的,属于该条规定的"盗伐森林或者其他林木":(1)擅自砍伐国家、集体、他人所有或者他人承包经营管理的森林或者其他林木的;(2)擅自砍伐本单位或者本人承包经营管理的森林或者其他林木的;(3)在林木采伐许可证规定的地点以外采伐国家、集体、他人所有或者他人承包经营管理的森林或者其他林木的。

该条和该规定第 73 条、第 74 条规定的林木数量以立木蓄积计算,计算方法为,原木材积除以该树种的出材率;"幼树"是指胸径 5 厘米以下的树木。

因此,未经许可擅自砍伐国家、集体、他人所有或者他人承包经营管理的森林或者其他林木,或者砍伐本单位或者本人承包经营管理的森林或者其他林木,未达到追诉标准的,可能构成《森林法》(2019 修订)第

76 条所指的“盗伐林木”的违法行为，由县级以上人民政府林业主管部门责令限期在原地或者异地补种盗伐株数 1 倍以上 5 倍以下的树木，并处以盗伐林木价值 5 倍以上 10 倍以下的罚款。一些地方将包括林业在内的行政处罚权统一交由城市管理和综合执法局集中行使，如深圳市出台《深圳经济特区城市管理综合执法条例》，明确综合执法的职责范围包括城市管理、林业管理、道路管理、户外广告管理、环境保护管理、畜禽屠宰管理、文化市场管理方面的法律、法规、规章，对与城市管理密切相关的事项进行执法查处。因此，对林业管理方面的行政执法权要根据当地的法规来确定。

在作出行政处罚的裁量时，要注意把握新、老标准的运用。《森林法》(2019 修订)第 76 条规定的补种株数是盗伐株数 1 倍以上 5 倍以下，罚款是盗伐林木价值 5 倍以上 10 倍以下。《森林法实施条例》(2018 修订)第 38 条规定，盗伐森林或者其他林木，以立木材积计算不足 0. 5 立方米或者幼树不足 20 株的，由县级以上人民政府林业主管部门责令补种盗伐株数 10 倍的树木，没收盗伐的林木或者变卖所得，并处盗伐林木价值 3 倍至 5 倍的罚款；盗伐森林或者其他林木，以立木材积计算 0. 5 立方米以上或者幼树 20 株以上的，由县级以上人民政府林业主管部门责令补种盗伐株数 10 倍的树木，没收盗伐的林木或者变卖所得，并处盗伐林木价值 5 倍至 10 倍的罚款。新修订的《森林法》于 2020 年 7 月 1 日起施行，《森林法实施条例》于 2018 年 3 月 19 日修订，相对滞后，应当以《森林法》规定的标准执行。

此外，林业管理方面的行政处罚权要按照《行政处罚法》(2021 修订)规定的程序行使。《林业行政处罚程序规定》施行已久，与《行政处罚法》(2021 修订)不一致的地方应以《行政处罚法》(2021 修订)规定为准。前述案例中，就是因为马关县森林公安局在罗某申请听证期限未届满，就作出林业行政处罚决定书，才被法院判决撤销第一次作出的行政处罚决定。

相关规定

《森林法》(2019 修订)

第五十六条　采伐林地上的林木应当申请采伐许可证,并按照采伐许可证的规定进行采伐;采伐自然保护区以外的竹林,不需要申请采伐许可证,但应当符合林木采伐技术规程。

农村居民采伐自留地和房前屋后个人所有的零星林木,不需要申请采伐许可证。

非林地上的农田防护林、防风固沙林、护路林、护岸护堤林和城镇林木等的更新采伐,由有关主管部门按照有关规定管理。

采挖移植林木按照采伐林木管理。具体办法由国务院林业主管部门制定。

禁止伪造、变造、买卖、租借采伐许可证。

第七十六条第一款　盗伐林木的,由县级以上人民政府林业主管部门责令限期在原地或者异地补种盗伐株数一倍以上五倍以下的树木,并处盗伐林木价值五倍以上十倍以下的罚款。

64. 滥伐林木的怎么处罚?

具体案例

2020 年 9 月 1 日,蛟河市林业局接新站森林公安派出所根据转交的案件线索,对郭某滥伐林木的行为进行了立案调查,并对案涉地点进行了现场勘验、检查,对郭某及其他证人进行了调查询问。经调查,确定郭某滥伐林木的违法事实成立。2020 年 9 月 6 日,蛟河市林业局向郭某送达了林业行政处罚先行告知书，告知其有陈述和申辩的权利。2020 年 9 月 10 日，蛟河市林业局作出责令补种树木通知书和林业行政处罚决定书，认定郭某于 2019 年 7 月下旬至 2019 年 8 月上旬在新站镇基良村大西屯香瓜地滥伐自有人工落叶松 17 株，蓄积 0.6719 立方米，材积 0.4473 立方米，价值人民币 246.03 元，违反了《森林法》(2019 修订)第 56 条第 1 款的规定，其行为已构成违法，并依据《森林法》(2019 修订)第 76 条第 2 款的规定，决定给予郭某滥伐林木价值 3 倍的罚款，即 246.03 元×3 倍 = 738.09 元；限其在 2020 年 10 月 1 日前补种树木 34 株。郭某不服提起诉讼，一审法院判决驳回郭某的诉讼请求，二审法院以程序轻微违法为由撤销一审判决，确认行政处罚决定违法。[①]

律师答疑

滥伐林木与盗伐林木有相通之处，《森林法》(2019 修订)对其没有定义，其认定标准来自最高人民法院的司法解释和最高人民检察院、公安部的立案追诉标准。最高人民法院《关于审理破坏森林资源刑事案件具体应用法律若干问题的解释》第 4 条规定，违反森林法的规定，具有下列情形之一，数量较大的，依照《刑法》第 345 条第 2 款的规定，以滥伐林木罪定罪处罚：(1)未经林业行政主管部门及法律规定的其他主管部门批准并核发林木采伐许可证，或者虽持有林木采伐许可证，但违反林木采伐许可证规定的时间、数量、树种或者方式，任意采伐本单位所有或者本人所有的森林或者其他林木的；(2)超过林木采伐许可证规定的数量采伐他人所有的森林或者其他林木的。

林木权属争议一方在林木权属确权之前，擅自砍伐森林或者其他林木，数量较大的，以滥伐林木罪论处。

其中，滥伐林木"数量较大"，以 10 立方米至 20 立方米或者幼树 500

① 参见吉林省吉林市中级人民法院行政判决书，(2021)吉 02 行终 35 号。

株至1000株为起点;滥伐林木"数量巨大",以50立方米至100立方米或者幼树2500株至5000株为起点。

最高人民检察院、公安部《关于公安机关管辖的刑事案件立案追诉标准的规定(一)》第73条规定:

"违反森林法的规定,滥伐森林或者其他林木,涉嫌下列情形之一的,应予立案追诉:

"(一)滥伐十至二十立方米以上的;

"(二)滥伐幼树五百至一千株以上的。

"违反森林法的规定,具有下列情形之一的,属于该条规定的'滥伐森林或者其他林木':

"(一)未经林业行政主管部门及法律规定的其他主管部门批准并核发林木采伐许可证,或者虽持有林木采伐许可证,但违反林木采伐许可证规定的时间、数量、树种或者方式,任意采伐本单位所有或者本人所有的森林或者其他林木的;

"(二)超过林木采伐许可证规定的数量采伐他人所有的森林或者其他林木的。

"违反森林法的规定,在林木采伐许可证规定的地点以外,采伐本单位或者本人所有的森林或者其他林木的,除农村居民采伐自留地和房前屋后个人所有的零星林木以外,属于该条第二款第(一)项'未经林业行政主管部门及法律规定的其他主管部门批准并核发林木采伐许可证'规定的情形。

"林木权属争议一方在林木权属确权之前,擅自砍伐森林或者其他林木的,属于该条规定的'滥伐森林或者其他林木'。

"滥伐林木的数量,应在伐区调查设计允许的误差额上计算。"

在实务中,对盗伐和滥伐林木的情况缺乏行政法上的认定标准,一般情况下,只能借助刑法上的认定标准,对罪与非罪、定性与定量进行判断,准确界定违法行为属于何种情形。此外,与盗伐林木对应,滥伐林木也有一个新旧法适用问题,《森林法实施条例》规定的处罚标准与《森林法》不一致的,应当以《森林法》规定的标准处罚。

相关规定

《森林法》(2019 修订)

第五十六条　采伐林地上的林木应当申请采伐许可证,并按照采伐许可证的规定进行采伐;采伐自然保护区以外的竹林,不需要申请采伐许可证,但应当符合林木采伐技术规程。

农村居民采伐自留地和房前屋后个人所有的零星林木,不需要申请采伐许可证。

非林地上的农田防护林、防风固沙林、护路林、护岸护堤林和城镇林木等的更新采伐,由有关主管部门按照有关规定管理。

采挖移植林木按照采伐林木管理。具体办法由国务院林业主管部门制定。

禁止伪造、变造、买卖、租借采伐许可证。

第五十八条　申请采伐许可证,应当提交有关采伐的地点、林种、树种、面积、蓄积、方式、更新措施和林木权属等内容的材料。超过省级以上人民政府林业主管部门规定面积或者蓄积量的,还应当提交伐区调查设计材料。

第七十六条第二款　滥伐林木的,由县级以上人民政府林业主管部门责令限期在原地或者异地补种滥伐株数一倍以上三倍以下的树木,可以处滥伐林木价值三倍以上五倍以下的罚款。

65. 非法开垦、采石、采砂、采土或者其他活动造成林木和林地毁坏的怎么处罚?

具体案例

2019年5月,瓮安县某公司在银盏镇银盏村罗家坝组团山在未办理林地使用手续的情况下开矿,非法占用了瓮安县银盏镇银盏村罗家坝组团山的林地,占用林地面积4658平方米。县林业局认为某公司的上述行为违反了《贵州省林地管理条例》(2019修正)第23条第2款之规定,于2019年11月9日向该公司送达了责令停止违法行为通知书,11月18日送达了林业行政处罚听证权利告知书。11月22日县林业局依照《贵州省林地管理条例》(2019修正)第35条的规定,对其作出林业行政处罚决定书,责令其于2020年12月31日前在瓮安县银盏镇恢复林地,办理林地使用手续,并处以46,600元的罚款。该公司按照要求进行了补植复绿。①

律师答疑

"绿水青山就是金山银山",既指出了一条兼顾经济发展和环境保护的双赢发展道路,也道出了森林在中国人精神世界的无上价值。"明月松间照,清泉石上流",森林的冷绿万顷,便是人们心中的诗意万千。然而,总有人与这美好的诗意相向而行,治理和管控势在必行。

首先,要注意毁坏林木违法行为侵害主体。《森林法》(2019修订)第39条第1款规定,禁止毁林开垦、采石、采砂、采土以及其他毁坏林木

① 参见贵州省瓮安县人民法院行政裁定书,(2020)黔2725行审16号。

和林地的行为。这里是指非法开垦、采石、采砂、采土及其他行为毁坏林木和林地，其核心是毁坏林地。《土地管理法》（2019 修正）第 4 条规定，农用地包括耕地、林地、草地、农田水利用地、养殖水面等。任何建设行为占用农用地的，都应当经审批许可；未经批准或者采取欺骗手段骗取批准的，都是非法占地的行为。如果经鉴定，破坏林业种植条件的，就构成毁坏林地的行为。毁坏林木是毁坏林地的附带行为，如果达到相应的数额就以毁坏财物罪评价。最高人民检察院、公安部《关于公安机关管辖的刑事案件立案追诉标准的规定（一）》第 33 条规定："故意毁坏公私财物，涉嫌下列情形之一的，应予立案追诉：（一）造成公私财物损失五千元以上的；（二）毁坏公私财物三次以上的；（三）纠集三人以上公然毁坏公私财物的；（四）其他情节严重的情形。"因此，主管部门在处理类似案件时，一个重要内容就是对毁坏林地和林木进行鉴定：一是鉴定是否达到破坏林地的程度；二是评估毁坏林木的价值，涉嫌刑事犯罪的移送司法机关。

其次，要注意毁坏林木与盗伐林木的区别。盗伐林木的行为相对单一，侵害的客体是林木，主观上有故意占有的目的，并不涉及林地。而毁坏林木的行为是开垦、采石、采砂、采土等毁坏林地的附随行为，并没有主观占有的目的。如果在毁坏林地的同时，将林木据为己有，根据《行政处罚法》（2021 修订）第 29 条"对当事人的同一个违法行为，不得给予两次以上罚款的行政处罚。同一个违法行为违反多个法律规范应当给予罚款处罚的，按照罚款数额高的规定处罚"的规定，从重进行处罚。

最后，要注意把握罪与非罪界限。根据最高人民检察院、公安部《关于公安机关管辖的刑事案件立案追诉标准的规定（一）》第 67 条的规定，如果非法占用防护林地或者特种用途林地数量单种或者合计 5 亩以上或者非法占用其他林地 10 亩以上，造成林地大量毁坏，应予立案追诉。同时，对毁坏耕地的行为作了扩大解释，违反土地管理法规，非法占用林地，改变被占用林地用途，在非法占用的林地上实施建窑、建坟、建房、挖沙、采石、采矿、取土、种植农作物、堆放或者排泄废弃物等行为或者进行其他非林业生产、建设,造成林地的原有植被或者林业种植条件严重毁坏或者严重污染,被毁坏林地数量达到以上规定的,属于该条规定的“造成林地大量毁坏”。

相关规定

《森林法》(2019修订)

第三十九条第一款　禁止毁林开垦、采石、采砂、采土以及其他毁坏林木和林地的行为。

第七十四条第一款　违反本法规定,进行开垦、采石、采砂、采土或者其他活动,造成林木毁坏的,由县级以上人民政府林业主管部门责令停止违法行为,限期在原地或者异地补种毁坏株数一倍以上三倍以下的树木,可以处毁坏林木价值五倍以下的罚款;造成林地毁坏的,由县级以上人民政府林业主管部门责令停止违法行为,限期恢复植被和林业生产条件,可以处恢复植被和林业生产条件所需费用三倍以下的罚款。

最高人民检察院、公安部《关于公安机关管辖的刑事案件立案追诉标准的规定(一)》

第六十七条　[非法占用农用地案(刑法第三百四十二条)]违反土地管理法规,非法占用耕地、林地等农用地,改变被占用土地用途,造成耕地、林地等农用地大量毁坏,涉嫌下列情形之一的,应予立案追诉:

(一)非法占用基本农田五亩以上或者基本农田以外的耕地十亩以上的;

（二）非法占用防护林地或者特种用途林地数量单种或者合计五亩以上的；

（三）非法占用其他林地十亩以上的；

（四）非法占用本款第（二）项、第（三）项规定的林地，其中一项数量达到相应规定的数量标准的百分之五十以上，且两项数量合计达到该项规定的数量标准的；

（五）非法占用其他农用地数量较大的情形。

违反土地管理法规，非法占用耕地建窑、建坟、建房、挖沙、采石、采矿、取土、堆放固体废弃物或者进行其他非农业建设，造成耕地种植条件严重毁坏或者严重污染，被毁坏耕地数量达到以上规定的，属于本条规定的"造成耕地大量毁坏"。

违反土地管理法规，非法占用林地，改变被占用林地用途，在非法占用的林地上实施建窑、建坟、建房、挖沙、采石、采矿、取土、种植农作物、堆放或者排泄废弃物等行为或者进行其他非林业生产、建设，造成林地的原有植被或者林业种植条件严重毁坏或者严重污染，被毁坏林地数量达到以上规定的，属于本条规定的"造成林地大量毁坏"。

66. 擅自改变林地用途的怎么处罚？

具体案例

2019年12月30日，韶关市武江自然资源和规划局（以下简称武江自资局）接到举报，胡某未经批准在胡屋村委"汤湖脚"山温泉旁边建设民宿，涉嫌非法占用林地。武江自资局委托第三方对武江区江湾镇胡屋村委

“汤湖脚”山被改变林地用途的具体方位、占地面积进行鉴定。经过法定程序,2020年1月16日,武江自资局作出林业行政处罚决定书,查明胡某在未经林业部门批准的情况下,擅自在武江区江湾镇胡屋村委“汤湖脚”山温泉旁边建设民宿、餐饮设施,擅自改变林地用途的总面积为335.0平方米,认为胡某的行为违反了《森林法》(2019修订)第23条的规定,依据《森林法实施条例》(2018修订)第43条的规定,决定:(1)责令胡某限期6个月内恢复林地原状;(2)对胡某处行政罚款4000元。胡某申请复议被维持后,提起诉讼,一审法院驳回胡某起诉,胡某上诉。二审法院认为,鉴定报告数据来源不清,主要证据不足,一审法院引用的规范行为的条款与给予处罚的条款没有一一对应,适用法律、法规错误,遂判决撤销一审判决,撤销行政处罚决定和复议决定,限期重新作出处罚决定。①

律师答疑

随着民宿的兴起,尤其乡村民宿火热,违法占用林地兴建民宿的情况时有发生,甚至因违法占用林地而犯罪。有人问:在自家林地上修建民宿也违法吗?未经批准占用林地是违法的;擅自改变林地用途的,轻则受到行政处罚,重则可能因触犯刑法而获罪。

首先,森林资源属于国家或者集体所有。《森林法》(2019修订)第14条第1款规定,森林资源属于国家所有,由法律规定属于集体所有的除外。第15条规定,林地和林地上的森林、林木的所有权、使用权,由不动产登记机构统一登记造册,核发证书,森林、林木、林地的所有者和使用者应当依法保护和合理利用森林、林木、林地,不得非法改变林地用途和毁坏森林、林木、林地。农户自家林地只是指经营权由组集体承包给个人,林地所有权仍然属于集体。个人持有的林权证显示,林地所有权一栏填写的是村组集体。个人或集体因生产、生活或国家工程建设需要

---

① 参见广东省韶关市中级人民法院行政判决书,(2020)粤02行终218号。

占用林地的，可以依法申请。因此，个人在自家林地盖民宿也需要依法申请；擅自修建民宿是一种非法占用林地行为，严重的将构成犯罪。

其次，林地使用许可需要严格审批。我国林地种类较多，《森林法》（2019 修订）第 83 条规定，林地是指县级以上人民政府规划确定的用于发展林业的土地。包括郁闭度 0.2 以上的乔木林地以及竹林地、灌木林地、疏林地、采伐迹地、火烧迹地、未成林造林地、苗圃地等。《建设项目使用林地审核审批管理办法》按保护等级又分为Ⅰ级、Ⅱ级、Ⅲ级、Ⅳ级保护林地，明确规定各类建设项目不得使用Ⅰ级保护林地，国务院批准、同意的建设项目，国务院有关部门和省级人民政府及其有关部门批准的基础设施、公共事业、民生建设项目，国防、外交建设项目，县（市、区）和设区的市、自治州人民政府及其有关部门批准的基础设施、公共事业、民生建设项目，可以使用Ⅱ级及其以下保护林地。关于审批的程序，国家林业和草原局于 2021 年 9 月 13 日印发《建设项目使用林地审核审批管理规范》的通知，明确审核审批内容，规范审核审批程序，强化审核审批监管，各县级以上林业主管部门有专门办理林业用地许可的窗口，可办理相关审批业务。

最后，注意把握行政处罚与刑事犯罪的边界。擅自改变林地用途达到一定标准的同样构成《刑法》第 342 条规定的非法占用农用地罪。最高人民检察院、公安部《关于公安机关管辖的刑事案件立案追诉标准的规定（一）》第 67 条规定，如果改变林地用途，占用防护林地或者特种用途林地数量单种或者合计 5 亩以上的，占有其他林地 10 亩以上的，造成林地大量毁坏，应予立案追诉。

前述案例中，胡某的行为确属改变林地用途的行为；但由于主管部门在作出行政处罚时证据不够充分，鉴定报告不够细致完善，导致主要违法事实不清。一审法院引用法律条件没有一一对应，将毁林采土行为与擅自改变林地用途处罚规定的情形错误对应，导致适用法律错误，这也是主管部门在作出行政处罚时应当吸取的经验教训。

相关规定

《森林法》(2019 修订)

第三十六条　国家保护林地,严格控制林地转为非林地,实行占用林地总量控制,确保林地保有量不减少。各类建设项目占用林地不得超过本行政区域的占用林地总量控制指标。

第七十三条第一款　违反本法规定,未经县级以上人民政府林业主管部门审核同意,擅自改变林地用途的,由县级以上人民政府林业主管部门责令限期恢复植被和林业生产条件,可以处恢复植被和林业生产条件所需费用三倍以下的罚款。

67. 临时使用的林地上可以修建永久性建筑物吗?

具体案例

2008 年 6 月,资中县某猪业有限公司决定在资中县宋家镇雷氏祠村某社建设良种猪繁育基地,刘某(公司法定代表人)负责主管、经办此项事务。刘某到资中县林业局办理征占用林地手续并取得临时使用林地批准通知(占用林地面积 5 亩,使用林地期限 2 年)。2008 年 12 月,该公司在上述地址占用林地建成养猪厂房、办公楼、硬化地面等建筑体。2010 年 6 月至案发,被该公司取得的临时使用林地手续到期后,该公司未继续办理征占用林地手续,也未将占用的林地恢复。经资中县林业调查规划设计队调查,某猪业有限公司占用的林地面积为 16.53 亩,被占用的林地种植条件完全丧失,原有植被已遭到完全毁坏,并已不具备涵养水源、保持水土、净化大气、维护生态平衡的功能,涉案林地难以自然恢复。该案移送司法机关后，资中县人民法院判决某猪业有限公司犯非法占用农用地罪，判处罚金人民币6000元；刘某犯非法占用农用地罪，判处罚金人民币4000元。[①]

律师答疑

首先，临时占用林地逾期违反土地管理法规。前述案例中，某猪业有限公司办理征占用林地手续并取得临时使用林地批准通知，占用林地面积5亩，使用林地期限2年。但该单位取得的临时使用林地手续到期后，未继续办理征占用林地手续，也未将占用的林地恢复。根据全国人民代表大会常务委员会《关于〈中华人民共和国刑法〉第二百二十八条、第三百四十二条、第四百一十条的解释》规定，"违反土地管理法规"，是指违反土地管理法、森林法、草原法等法律及有关行政法规中关于土地管理的规定。《土地管理法》(2019修正)第4条规定："……土地分为农用地、建设用地和未利用地……农用地是指直接用于农业生产的土地，包括耕地、林地……"第57条规定："……临时使用土地的使用者应当按照临时使用土地合同约定的用途使用土地，并不得修建永久性建筑物。临时使用土地期限一般不超过二年。"《森林法》(2019修订)第38条第1款规定："需要临时使用林地的，应当经县级以上人民政府林业主管部门批准；临时使用林地的期限一般不超过二年，并不得在临时使用的林地上修建永久性建筑物。"

其次，超占林地的行为应当以非法占用土地罪评价。根据最高人民法院《关于审理破坏林地资源刑事案件具体应用法律若干问题的解释》第1条第1~2项的规定，"非法占用并毁坏防护林地、特种用途林地数量分别或者合计达到五亩以上"，"非法占用并毁坏其他林地数量达到十亩以上"，构成非法占用农地罪。前述案例中，资中县林业调查规划设计队的鉴定意见为非法占用林地面积为16.53亩。全国人民代表大会常务委员会《关于司法鉴定管理问题的决定》规定，进行登记管理的有

① 参见四川省资中县人民法院刑事判决书，(2016)川1025刑初103号。

法医学鉴定、物证类鉴定、声像资料鉴定等。《刑事诉讼法》(2018 修正)第 126 条及最高人民法院《关于适用〈中华人民共和国刑事诉讼法〉的解释》(2021)第 100 条第 1 款规定,因无鉴定机构,或者根据法律、司法解释规定,指派、聘请有专门知识的人就案件的专门性问题出具的报告,可以作为证据使用。侦查机关为确定涉案林地面积及毁损情况,聘请了具有相应资质的林业工程师铙某、闵某,在侦查人员主持下进行了测量、检验,出具了检验报告,可以作为认定事实的依据。扣减了审批的面积后某猪业有限公司非法占用林地数量达到较大的程度,达到刑事追诉标准。

再次,关于永久性建筑物、构筑物的认定。目前,关于永久性建筑物、构筑物的认定,法律、法规和规章没有专门的标准。《关于促进规模化畜禽养殖有关用地政策的通知》第 2 条第 2 款规定:"其他企业和个人兴办或与农村集体经济组织、农民和畜牧业合作经济组织联合兴办规模化畜禽养殖所需用地,实行分类管理。畜禽舍等生产设施及绿化隔离带用地,按照农用地管理,不需办理农用地转用审批手续;管理和生活用房、疫病防控设施、饲料储藏用房、硬化道路等附属设施,属于永久性建(构)筑物,其用地比照农村集体建设用地管理,需依法办理农用地转用审批手续。"就本案而言,该公司修建的猪厂房、办公楼、硬化地面等建筑体均属于永久性建筑。在临时使用林地上修建永久性建筑,显然违反了《森林法》(2019 修订)第 38 条之规定,应当按照第 73 条进行处罚。

最后,关于永久性建筑的拆除。在当事人不履行、不起诉的情况下,强制拆除需要申请人民法院强制执行。《行政强制法》第 44 条规定:"对违法的建筑物、构筑物、设施等需要强制拆除的,应当由行政机关予以公告,限期当事人自行拆除。当事人在法定期限内不申请行政复议或者提起行政诉讼,又不拆除的,行政机关可以依法强制拆除。"《森林法》(2019 修订)及其实施条例没有规定违法建筑的拆除,可依照土地管理法律、法规的规定,应当向人民法院申请。《土地管理法实施条例》(2021 修订)第 52 条规定,违反《土地管理法》(2019 修正)第 57 条规定，在临时使用的土地上修建永久性建筑物的，由县级以上人民政府自然资源主管部门责令限期拆除；逾期不拆除的，由作出行政决定的机关依法申请人民法院强制执行。

当前，随着乡村振兴的开展，农村地区发展规模化养殖越来越多；如果无序发展将会带来环境污染的危害，影响美丽乡村建设。根据《关于促进规模化畜禽养殖有关用地政策的通知》第3条第3款的规定，其他企业或个人申请规模化畜禽养殖的，经县级畜牧主管部门审核同意后，县(市)、乡(镇)国土资源管理部门积极帮助协调用地选址，并到县级国土资源管理部门办理用地备案手续。其中，生产设施及绿化隔离带用地占用耕地的，应签订复耕保证书，原址不能复耕的，要依法另行补充耕地；附属设施用地涉及占用农用地的，应按照规定的批准权限和要求办理农用地转用审批手续。因此，农村经济主体要注意学习相关法规，提高风险防范意识，遵纪守法。

相关规定

《森林法》(2019修订)

第三十八条第一款　需要临时使用林地的，应当经县级以上人民政府林业主管部门批准；临时使用林地的期限一般不超过二年，并不得在临时使用的林地上修建永久性建筑物。

第七十三条第一款　违反本法规定，未经县级以上人民政府林业主管部门审核同意，擅自改变林地用途的，由县级以上人民政府林业主管部门责令限期恢复植被和林业生产条件，可以处恢复植被和林业生产条件所需费用三倍以下的罚款。

第七十三条第三款　在临时使用的林地上修建永久性建筑物，或者临时使用林地期满后一年内未恢复植被或者林业生产条件的，依照本条第一款规定处罚。

68. 收购、加工、运输明知是盗伐、滥伐等非法来源的林木的怎么处罚?

具体案例

2019年1月22日,和某成、和某勤合伙到玉龙县高寒村委会羊子脑壳村,向当地一微信名叫"花花地江边"的村民非法收购33件云南松原木,由和某成运输,和某勤巡逻,后被玉龙县森林公安局黑白水林区派出所巡逻民警查获。2019年5月2日,玉龙县森林公安局聘请云南丽江丽林司法鉴定中心对涉案木材的材种、木材材积(蓄积)进行鉴定。经鉴定,和某成、和某勤涉嫌非法收购、运输盗伐、滥伐的33件原木材积为7.85立方米,立木材积(蓄积)为13.083立方米。其中8件为松科云杉属的云杉,原木材积为1.955立方米,立木材积(蓄积)为3.258立方米;25件为松科冷云杉属的冷杉,原木材积为5.895立方米,立木材积(蓄积)为9.825立方米。和某成与和某勤供述,二人共同非法收购、运输盗伐、滥伐的林木有16车次,分别卖给了王某、陈某等人。一审法院以非法收购、运输盗伐、滥伐的林木罪分别判决和某成有期徒刑2年,罚金6000元;和某勤有期徒刑1年,罚金3000元。二人上诉后,二审法院维持了一审判决。[①]

律师答疑

对于此类违法行为的处理主要是判断应当属于行政处罚还是刑事追诉;如果达到刑事追诉的标准,就应当移交司法机关进行处理。实务

① 参见云南省丽江市中级人民法院刑事裁定书,(2019)云07刑终202号。

中主要做到以下几点：

一是明确刑事立案追诉的标准。最高人民检察院、公安部《关于公安机关管辖的刑事案件立案追诉标准的规定（一）》第74条规定，非法收购、运输明知是盗伐、滥伐的林木20立方米以上或者幼树1000株以上的，应予立案追诉。这里“非法收购”的“明知”，是指知道或者应当知道。在非法的木材交易场所或者销售单位收购木材的，收购以明显低于市场价格出售的木材的，收购违反规定出售的木材的，可以视为应当知道，但是有证据证明确属被蒙骗的除外。达不到刑事追诉的标准，就应当按照《森林法》（2019修订）第78条的规定，没收林木或者变卖所得，可处林木价款3倍以下的罚款。

二是明确司法移送的程序和规定。行政执法机关移送涉嫌犯罪案件的有效性文件是2001年7月9日中华人民共和国国务院令第310号公布的《行政执法机关移送涉嫌犯罪案件的规定》，2020年8月7日根据国务院《关于修改〈行政执法机关移送涉嫌犯罪案件的规定〉的决定》进行修订，以及2016年6月16日公安部印发的《公安机关受理行政执法机关移送涉嫌犯罪案件规定》。《行政执法机关移送涉嫌犯罪案件的规定》第3条第1款规定：“行政执法机关在依法查处违法行为过程中，发现违法事实涉及的金额、违法事实的情节、违法事实造成的后果等，根据刑法关于破坏社会主义市场经济秩序罪、妨害社会管理秩序罪等罪的规定和最高人民法院、最高人民检察院关于破坏社会主义市场经济秩序罪、妨害社会管理秩序罪等罪的司法解释以及最高人民检察院、公安部关于经济犯罪案件的追诉标准等规定，涉嫌构成犯罪，依法需要追究刑事责任的，必须依照本规定向公安机关移送。”第11条第1款规定：行政执法机关对应当向公安机关移送的涉嫌犯罪案件，不得以行政处罚代替移送。还规定了移送时间、移送材料的要求，以及公安机关的处理办法。

三是明确行政处罚与刑事追诉的关系。既不能以行政处罚代替刑事移送；也不能既给予行政处罚又进行刑事追诉，构成重复处理。《行政执法机关移送涉嫌犯罪案件的规定》第 11 条规定："……行政执法机关向公安机关移送涉嫌犯罪案件前已经作出的警告,责令停产停业,暂扣或者吊销许可证、暂扣或者吊销执照的行政处罚决定,不停止执行。依照行政处罚法的规定,行政执法机关向公安机关移送涉嫌犯罪案件前,已经依法给予当事人罚款的,人民法院判处罚金时,依法折抵相应罚金。"第 13 条规定："公安机关对发现的违法行为,经审查,没有犯罪事实,或者立案侦查后认为犯罪事实显著轻微,不需要追究刑事责任,但依法应当追究行政责任的,应当及时将案件移送同级行政执法机关,有关行政执法机关应当依法作出处理。"

相关规定

《森林法》(2019 修订)

第六十五条　木材经营加工企业应当建立原料和产品出入库台账。任何单位和个人不得收购、加工、运输明知是盗伐、滥伐等非法来源的林木。

第七十八条　违反本法规定,收购、加工、运输明知是盗伐、滥伐等非法来源的林木的,由县级以上人民政府林业主管部门责令停止违法行为,没收违法收购、加工、运输的林木或者变卖所得,可以处违法收购、加工、运输林木价款三倍以下的罚款。

《刑法》(2020 修正)

第三百四十五条第三款　【非法收购、运输盗伐、滥伐的林木罪】非法收购、运输明知是盗伐、滥伐的林木,情节严重的,处三年以下有期徒刑、拘役或者管制,并处或者单处罚金;情节特别严重的,处三年以上七年以下有期徒刑,并处罚金。

69. 拒不接受森林防火检查或者不消除森林火险行为的怎么处罚？

具体案例

2018年3月31日上午，陆河县螺溪镇政府工作人员在清明森林防火执勤点对被告人叶某的弟弟叶某1驾驶的丰田牌小轿车进行森林防火检查时，叶某1拒不配合并强行冲卡，工作人员即向螺溪派出所报警。接警后，螺溪派出所民警罗某、朱某等人迅速赶到螺溪镇南和村委排里村杨梅坑，依法对冲卡人叶某1进行传唤。其间，遭到被告人叶某及其家属叶某2等人的推搡和阻挠。在民警朱某对叶某1进行控制时，叶某上前挥拳殴打朱某的头部，导致朱某受伤，并致使民警正常执行职务受阻。经鉴定，朱某的伤情达到轻微伤。叶某因犯妨害公务罪，被判处有期徒刑10个月。①

律师答疑

《森林防火条例》(2008修订)第27条规定："森林防火期内，经省、自治区、直辖市人民政府批准，林业主管部门、国务院确定的重点国有林区的管理机构可以设立临时性的森林防火检查站，对进入森林防火区的车辆和人员进行森林防火检查。"第49条规定："违反本条例规定，森林防火区内的有关单位或者个人拒绝接受森林防火检查或者接到森林火灾隐患整改通知书逾期不消除火灾隐患的，由县级以上地方人民政府林业主管部门责令改正，给予警告，对个人并处200元以上2000元以下罚

① 参见汕尾市陆河县人民法院刑事判决书，(2018)粤1523刑初44号。

款，对单位并处5000元以上1万元以下罚款。”如果不配合检查，进而以暴力、威胁方法阻碍国家机关工作人员依法执行职务的，触犯《刑法》（2020修正）第277条之规定，将被追究刑事责任。前述案例中，叶某1强行冲卡、叶某挥拳殴打朱某的行为，就是典型的妨害公务的行为。

《刑法》（2020修正）第277条第1款规定，以暴力、威胁方法阻碍国家机关工作人员依法执行职务的，处3年以下有期徒刑、拘役、管制或者罚金。当前执行森林防火巡查、检查的并不一定具有国家机关工作人员的身份。相关司法解释对“国家机关工作人员”作了扩大解释。2000年4月24日最高人民检察院《关于以暴力威胁方法阻碍事业编制人员依法执行行政执法职务是否可对侵害人以妨害公务罪论处的批复》：对于以暴力、威胁方法阻碍国有事业单位人员依照法律、行政法规的规定执行行政执法职务的，或者以暴力、威胁方法阻碍国家机关中受委托从事行政执法活动的事业编制人员执行行政执法职务的，可以对侵害人以妨害公务罪追究刑事责任。

2020年年初，自新冠疫情发生以来，全国发生了多起以暴力、威胁方法阻碍防控人员执行防控公务的事件。2020年2月6日最高人民法院、最高人民检察院、公安部、司法部印发的《关于依法惩治妨害新型冠状病毒感染肺炎疫情防控违法犯罪的意见》规定：“以暴力、威胁方法阻碍国家机关工作人员（含在依照法律、法规规定行使国家有关疫情防控行政管理职权的组织中从事公务的人员，在受国家机关委托代表国家机关行使疫情防控职权的组织中从事公务的人员，虽未列入国家机关人员编制但在国家机关中从事疫情防控公务的人员）依法履行为防控疫情而采取的防疫、检疫、强制隔离、隔离治疗等措施的，依照刑法第二百七十七条第一款、第三款的规定，以妨害公务罪定罪处罚……”

因此，在森林防火期内，在重要国有林区接受防火检查时应当主动配合，切勿产生烦躁情绪；更不能与检查人员发生冲突，酿成更大悲剧。

相关规定

《森林防火条例》(2008 修订)

第四十九条　违反本条例规定,森林防火区内的有关单位或者个人拒绝接受森林防火检查或者接到森林火灾隐患整改通知书逾期不消除火灾隐患的,由县级以上地方人民政府林业主管部门责令改正,给予警告,对个人并处200元以上2000元以下罚款,对单位并处5000元以上1万元以下罚款。

《刑法》(2020 修正)

第二百七十七条　【妨害公务罪】以暴力、威胁方法阻碍国家机关工作人员依法执行职务的,处三年以下有期徒刑、拘役、管制或者罚金。

以暴力、威胁方法阻碍全国人民代表大会和地方各级人民代表大会代表依法执行代表职务的,依照前款的规定处罚。

在自然灾害和突发事件中,以暴力、威胁方法阻碍红十字会工作人员依法履行职责的,依照第一款的规定处罚。

故意阻碍国家安全机关、公安机关依法执行国家安全工作任务,未使用暴力、威胁方法,造成严重后果的,依照第一款的规定处罚。

【袭警罪】暴力袭击正在依法执行职务的人民警察的,处三年以下有期徒刑、拘役或者管制;使用枪支、管制刀具,或者以驾驶机动车撞击等手段,严重危及其人身安全的,处三年以上七年以下有期徒刑。

70. 对擅自在森林防火区野外用火的行为怎么处罚？

具体案例

2018年2月17日，宋某给其父亲上坟时，不慎引燃坟边杂草继而引起森林火灾，致使多处山林被烧毁。火灾面积经玉屏侗族自治县林业局（以下简称玉屏县林业局）实地测算，过火面积为51.27亩；其中，过火林地面积47.58亩，过火有林地面积2.59亩，非林地面积3.69亩。玉屏县林业局经调查核实后，认为因宋某的行为导致多处山林被烧毁，造成严重后果，其行为违反了《森林防火条例》（2008修订）第25条的规定，并根据该条例第53条的规定于2018年12月4日作出林业行政处罚决定书，决定对宋某处以1500元罚款。在处罚决定作出之前，玉屏县林业局按程序依法进行了告知。宋某对先行告知书不服，认为上坟时自己带上山的纸钱还没有烧就发现旁边着火了，火灾并非本人引起。玉屏县林业局对其陈述申辩理由进行了复核，认为其申辩理由不能成立，不予采纳。宋某不服处罚决定，申请行政复议后提起行政诉讼。一审法院驳回宋某的诉讼请求，二审法院予以维持。①

律师答疑

2022年8月17日至26日，重庆江津、大足、铜梁、巴南等地先后发生多起森林火灾，引起了社会的广泛关注。极端高温天气导致的森林自燃是重庆山火频繁的重要因素。重庆连晴高温持续26天，森林草原红色预警信号已持续18天，林下可燃物含水率极低，遇上火星或者局部热量聚集过高，极易引发自燃，进而蔓延形成森林火灾。此外，人为因素不

① 参见贵州省铜仁市中级人民法院行政判决书，(2019)黔06行终56号。

可忽视。涪陵区两起山火过火面积分别约500亩和300亩,起火原因初步查明为原住老人烧野蜂包和民用电线在高温大风下断裂起火。

森林火灾的起因主要有两大类:人为火和自然火。人为火包括以下几种:(1)生产性火源包括,农、林、牧业生产用火,林副业生产用火,工矿运输生产用火等。(2)非生产性火源,如野外吸烟、做饭、烧纸、取暖等。(3)故意纵火,在人为火源引起的火灾中,以开垦烧荒、吸烟等引起的森林火灾最多。自然火,包括雷电火、自燃等。目前发生的森林火灾绝大多数是人为原因引发的。据应急管理部的统计,2010年至2019年,在已查明火因的森林草原火灾中,由人为原因引发的占97%以上。

关于森林防火区的划定,全国范围内基本上是以县为单位划定森林防火区,并向社会公布。《森林防火条例》(2008修订)第23条第1款规定:"县级以上地方人民政府应当根据本行政区域内森林资源分布状况和森林火灾发生规律,划定森林防火区,规定森林防火期,并向社会公布。"《广东省森林防火条例》(2021修正)第17条规定:"县级以上人民政府应当根据本行政区域内森林资源分布状况和森林火灾发生规律,将林地及距离林地边缘不少于三十米的范围划定为森林防火区,并向社会公布。"《贵州省森林防火条例》(2020修正)第12条规定:"县级以上人民政府应当根据本行政区域内森林资源分布状况和森林火灾发生规律,划定森林防火区。县级以上人民政府可以划定自然保护区、风景名胜区、森林公园、地质公园、林场等区域的特定范围为常年禁火区。划定的森林防火区和常年禁火区应当向社会公布。"

关于森林防火期的划定,我国幅员辽阔,南北气候差异较大,各地规定的森林防火期不尽相同。《内蒙古自治区森林草原防火条例》(2016修订)第29条规定:"每年三月十五日至六月十五日、九月十五日至十一月十五日为自治区森林草原防火期。旗县级人民政府可以根据本行政区域内自然气候条件和火灾发生规律,决定提前进入或者延期结束防火期。"《广东省森林防火条例》(2021修正)第16条规定:"本省实行全年森林防火，每年十月一日至次年四月三十日为森林特别防护期。县级以上人民政府可以根据实际需要决定提前进入或者延后结束森林特别防护期，并向社会公布。”《贵州省森林防火条例》（2020 修正）第 13 条规定：“每年 10 月至次年 5 月为全省森林防火期，2 月至 4 月为全省森林高火险期。县级以上人民政府可以根据森林防火需要发布命令，调整森林防火期和森林高火险期……县级以上人民政府可以在高温、干旱、大风等高火险天气以及春节、元宵节、清明节等火灾高发时段发布森林禁火令，规定禁火期和禁火区。”

关于森林防火区和森林防火期禁止的行为，《森林防火条例》（2008 修订）第 25 条规定：“森林防火期内，禁止在森林防火区野外用火……”第 28 条规定：“森林防火期内，预报有高温、干旱、大风等高火险天气的，县级以上地方人民政府应当划定森林高火险区，规定森林高火险期。必要时，县级以上地方人民政府可以根据需要发布命令，严禁一切野外用火；对可能引起森林火灾的居民生活用火应当严格管理。”《广东省森林防火条例》（2021 修正）第 24 条规定：“在森林防火区野外禁止下列行为：（一）上坟烧纸、烧香点烛等；（二）燃放烟花爆竹、孔明灯等；（三）携带易燃易爆物品；（四）吸烟、野炊、烧烤、烤火取暖；（五）烧黄蜂、熏蛇鼠、烧山狩猎；（六）炼山、烧杂、烧灰积肥、烧荒烧炭或者烧田基草、甘蔗叶、稻草、果园草等；（七）其他容易引起森林火灾的用火行为。”

关于对擅自在森林防火区野外用火的处罚，《森林防火条例》（2008 修订）第 50 条规定：“违反本条例规定，森林防火期内未经批准擅自在森林防火区内野外用火的，由县级以上地方人民政府林业主管部门责令停止违法行为，给予警告，对个人并处 200 元以上 3000 元以下罚款……”《森林防火条例》（2008 修订）没有规定对单位的处罚，一些地方性法规进行补充完善。如《广东省森林防火条例》第 43 条规定：“违反本条例第二十四条、第二十五条规定，未引起森林火灾的，由县级以上人民政府林业主管部门责令停止违法行为，给予警告，对个人并处两百元以上两千元以下罚款,对单位并处一万元以上三万元以下罚款;引起森林火灾的,对个人并处两千元以上三千元以下罚款,对单位并处三万元以上五万元以下罚款;造成损失的,依法承担民事赔偿责任;构成犯罪的,依法追究刑事责任。”前述案例中,宋某违反规定在防火区内擅自野外用火,并造成严重后果,玉屏县林业局对其处以1500元罚款,法律适用正确,处罚适当。

森林资源是全社会的财富,保护森林资源是全社会的责任。要严格遵守森林防灭火相关法律、法规,自觉摒弃扫墓烧香烧纸燃放烟花爆竹、农田随意私烧乱点等陋习,倡导移风易俗,低碳、鲜花等文明祭扫。发现森林火情后,立即拨打“12119”报警。

相关规定

《森林防火条例》(2008修订)

第二十五条　森林防火期内,禁止在森林防火区野外用火。因防治病虫鼠害、冻害等特殊情况确需野外用火的,应当经县级人民政府批准,并按照要求采取防火措施,严防失火;需要进入森林防火区进行实弹演习、爆破等活动的,应当经省、自治区、直辖市人民政府林业主管部门批准,并采取必要的防火措施;中国人民解放军和中国人民武装警察部队因处置突发事件和执行其他紧急任务需要进入森林防火区的,应当经其上级主管部门批准,并采取必要的防火措施。

第五十条　违反本条例规定,森林防火期内未经批准擅自在森林防火区内野外用火的,由县级以上地方人民政府林业主管部门责令停止违法行为,给予警告,对个人并处200元以上3000元以下罚款,对单位并处1万元以上5万元以下罚款。

71. 未设置森林防火警示宣传标志的怎么处罚?

具体案例

2017年4月,眉山市森林公安局东坡区分局在处理一起森林火灾案时,发现林地的经营管理人林某未设置森林防火警示宣传标志,是发生这起森林火灾的原因之一。经过立案调查,2017年4月5日,眉山市森林公安局东坡区分局依据《森林防火条例》(2008修订)第48条之规定,作出眉东森公林罚决字(2017)第05号行政处罚决定书,责令林某改正未设置森林防火警示宣传标志的违法行为。①

律师答疑

目前,引发森林草原火灾的原因绝大多数是野营野炊、上坟烧纸、吸烟烧荒、燃放烟花爆竹等人为因素。究其原因,是肇事者不学法、不懂法,缺乏森林防火常识。因此,在进入林区道路和森林范围内设置警示宣传标志,提醒人们预防森林火灾的注意事项及严重后果,能在一定程度上预防和减少森林火灾的发生。

森林、林木、林地的经营单位和个人负有森林防火的义务,按要求设置森林防火警示宣传标志,既是其法定责任,也是灾害发生后减轻自身管理责任的预防措施。《森林防火条例》(2008修订)第20条规定:"森林、林木、林地的经营单位和个人应当按照林业主管部门的规定,建立森林防火责任制,划定森林防火责任区,确定森林防火责任人,并配备森林防火设施和设备。"第26条规定:"森林防火期内,森林、林木、林地的经

① 参见2017年8月21日眉山市东坡区政府信息公开。

营单位应当设置森林防火警示宣传标志,并对进入其经营范围的人员进行森林防火安全宣传。森林防火期内,进入森林防火区的各种机动车辆应当按照规定安装防火装置,配备灭火器材。”四川省攀枝花市中级人民法院(2015)攀民终字第463号民事判决书载明,在一起森林火灾引起的民事赔偿中,在未查明起火原因的情况下,因防火责任人攀枝花市农林科学研究院未设置森林防火警示宣传标志,未尽到森林火灾的预防义务,遵循公平责任原则,损失共同分担,被判决给付受害人14万元的经济补偿。

前述案例中,主管部门以林某未设置森林防火警示宣传标志为由,适用《森林防火条例》(2008修订)第48条的规定进行处罚,法律依据不够准确。《森林防火条例》(2008修订)第48条规定:“违反本条例规定,森林、林木、林地的经营单位或者个人未履行森林防火责任的,由县级以上地方人民政府林业主管部门责令改正,对个人处500元以上5000元以下罚款,对单位处1万元以上5万元以下罚款。”《森林防火条例》(2008修订)第26条第1款专门规定,森林防火期内,森林、林木、林地的经营单位应当设置森林防火警示宣传标志,并对进入其经营范围的人员进行森林防火安全宣传,未规定个人设置森林防火警示宣传标志的责任。第52条第1项规定的罚则,也是针对“森林、林木、林地的经营单位”。如果把“未设置森林防火警示宣传标志”作为未履行防火责任的一项内容,依据第48条规定进行处罚也说得过去,但在法规没有明确将“未设置森林防火警示宣传标志”作为处罚个人的情形下,直接以个人未履行“未设置森林防火警示宣传标志”的责任进行处罚,有待商榷。

相关规定

《森林防火条例》(2008修订)

第二十六条第一款　森林防火期内,森林、林木、林地的经营单位应当设置森林防火警示宣传标志，并对进入其经营范围的人员进行森林防火安全宣传。

第五十二条　违反本条例规定，有下列行为之一的，由县级以上地方人民政府林业主管部门责令改正，给予警告，对个人并处200元以上2000元以下罚款，对单位并处2000元以上5000元以下罚款：

（一）森林防火期内，森林、林木、林地的经营单位未设置森林防火警示宣传标志的；

（二）森林防火期内，进入森林防火区的机动车辆未安装森林防火装置的；

（三）森林高火险期内，未经批准擅自进入森林高火险区活动的。

72. 未取得种子生产经营许可证生产、经营种子的怎么处罚？

具体案例

2018年12月15日，镇沅县林业和草原局对潘某“未取得种子生产经营许可证生产经营种子”一案立案调查。执法人员现场勘验经营面积为3794.72平方米，培育核桃苗（云新系列）41,099株、凤凰木11,276株。根据国家林业和草原局2001年6月1日公布的第一批主要林木目录，核桃属国家规定的主要林木。2017年10月25日，镇沅县价格认证机构对潘某培育的核桃苗、凤凰木进行市场价格鉴定，货值达6.911万元人民币。镇沅县林业和草原局认为，潘某未取得种子生产经营许可证,违反了《种子法》(2021 修正)第 32 条、第 33 条的规定。经过相关法定程序后,2019 年 1 月 18 日,镇沅县林业和草原局依据《种子法》(2021 修正)第 77 条第 1 款第 1 项和《普洱市林业行政处罚自由裁量权细化实施标准》第 90 条第 7 项的规定,对潘某作出林业行政处罚决定:(1)责令改正违法行为,(2)对违法培植的苗木予以没收,(3)并处货值金额 4 倍的罚款 27.644 万元;并向潘某邮寄送达。2019 年 7 月 16 日,潘某以镇沅县林业和草原局处罚程序违法、认定事实错误为由提起行政诉讼。一审法院驳回了潘某的诉讼请求,二审法院予以维持。[1]

律师答疑

“春种一粒粟,秋收万颗子。”种子,事关农民收入,事关国家粮食安全。近年来,随着农业结构调整的加快,一些假冒农资趁机“大举下乡”。由于缺乏农业技术知识,农民普遍缺乏鉴别能力,不少地方发生假冒伪劣种子坑农害农问题,农民辛辛苦苦忙一季,结果颗粒无收。

国家对种子生产经营实行许可制度。《种子法》(2021 修正)第 31 条规定,从事种子进出口业务的种子生产经营许可证,由国务院农业农村、林业草原主管部门核发。国务院农业农村、林业草原主管部门可以委托省、自治区、直辖市人民政府农业农村、林业草原主管部门接收申请材料。

从事主要农作物杂交种子及其亲本种子、林木良种繁殖材料生产经营的,以及符合国务院农业农村主管部门规定条件的实行选育生产经营相结合的农作物种子企业的种子生产经营许可证,由省、自治区、直辖市人民政府农业农村、林业草原主管部门核发。

前两款规定以外的其他种子的生产经营许可证,由生产经营者所在地县级以上地方人民政府农业农村、林业草原主管部门核发。

---

① 参见云南省普洱市中级人民法院行政判决书,(2020)云 08 行终 12 号。

只从事非主要农作物种子和非主要林木种子生产的,不需要办理种子生产经营许可证。

《农作物种子生产经营许可管理办法》(2022 第二次修订)是针对农作物种子生产、经营许可管理的部门规章,《林木种子生产经营许可证管理办法》是针对林木种子生产经营许可证的申请、审核、核发和管理的部门规章。目前这两部规章仍然有效。

明确办理种子生产经营许可证的范围,《种子法》所指的种子并非一般意义上的植物种子。《种子法》(2021 修正)第 2 条第 2 款规定,“本法所称种子,是指农作物和林木的种植材料或者繁殖材料,包括籽粒、果实、根、茎、苗、芽、叶、花等”。《林木种子生产经营许可证管理办法》(2016)第 3 条规定,该办法所称林木种子是指林木的种植材料(苗木)或者繁殖材料,具体是指乔木、灌木、藤本、竹类、花卉以及绿化和药用草本植物的籽粒、果实、根、茎、苗、芽、叶、花等。并非所有的种子生产经营都要办理经营许可证。《种子法》(2021 修正)第 31 条第 4 款规定,只从事非主要农作物种子和非主要林木种子生产的,不需要办理种子生产经营许可证。第 37 条规定,农民个人自繁自用的常规种子有剩余的,可以在当地集贸市场上出售、串换,不需要办理种子生产经营许可证。

关于主要农作物和主要林木的认定,《种子法》(2021 修正)第 90 条规定,主要农作物是指稻、小麦、玉米、棉花、大豆,主要林木由国务院林业草原主管部门确定并公布。2001 年 6 月 1 日原国家林业局公布第一批 128 种主要林木目录,2016 年 8 月 11 日公布了第二批 237 种主要林木目录。这种分批次将调查确定的主要林木以目录的形式进行公布,在国家林业主管部门没有颁布相关文件对主要林木目录批次进行废止前,所颁布的批次均具有效力。前述案例中潘某培育的核桃苗属于第一批目录公布的主要林木,应当办理生产经营许可证。

关于对无证经营种子行为的处罚,《种子法》(2021 修正)第 76 条第 1 款第 1 项规定:“违反本法第三十二条、第三十三条、第三十四条规定,有下列行为之一的,由县级以上人民政府农业农村、林业草原主管部门责令改正,没收违法所得和种子;违法生产经营的货值金额不足一万元的,并处三千元以上三万元以下罚款;货值金额一万元以上的,并处货值金额三倍以上五倍以下罚款;可以吊销种子生产经营许可证:(一)未取得种子生产经营许可证生产经营种子的。”但适用该条款,行政机关还应当对行政相对人是否有属于《种子法》(2021 修正)第 38 条规定的事由进行审查,排除该种情形后,才可以依据《种子法》的相应条款进行行政处罚。《种子法》(2021 修正)第 38 条第 1 款规定:“种子生产经营许可证的有效区域由发证机关在其管辖范围内确定。种子生产经营者在种子生产经营许可证载明的有效区域设立分支机构的,专门经营不再分装的包装种子的,或者受具有种子生产经营许可证的种子生产经营者以书面委托生产、代销其种子的,不需要办理种子生产经营许可证,但应当向当地农业、林业主管部门备案。”如果没有向当地农业、林业主管部门备案,则应当按照《种子法》(2021 修正)第 80 条“违反本法第八条规定,侵占、破坏种质资源,私自采集或者采伐国家重点保护的天然种质资源的,由县级以上人民政府农业农村、林业草原主管部门责令停止违法行为,没收种质资源和违法所得,并处五千元以上五万元以下罚款;造成损失的,依法承担赔偿责任”的规定处理。

相关规定

《种子法》(2021 修正)

第三十二条第一款　申请取得种子生产经营许可证的,应当具有与种子生产经营相适应的生产经营设施、设备及专业技术人员,以及法规和国务院农业农村、林业草原主管部门规定的其他条件。

第三十三条 种子生产经营许可证应当载明生产经营者名称、地址、法定代表人、生产种子的品种、地点和种子经营的范围、有效期限、有效区域等事项。

前款事项发生变更的,应当自变更之日起三十日内,向原核发许可证机关申请变更登记。

除本法另有规定外,禁止任何单位和个人无种子生产经营许可证或者违反种子生产经营许可证的规定生产、经营种子。禁止伪造、变造、买卖、租借种子生产经营许可证。

第七十六条 违反本法第三十二条、第三十三条、第三十四条规定,有下列行为之一的,由县级以上人民政府农业农村、林业草原主管部门责令改正,没收违法所得和种子;违法生产经营的货值金额不足一万元的,并处三千元以上三万元以下罚款;货值金额一万元以上的,并处货值金额三倍以上五倍以下罚款;可以吊销种子生产经营许可证:

(一)未取得种子生产经营许可证生产经营种子的;

(二)以欺骗、贿赂等不正当手段取得种子生产经营许可证的;

(三)未按照种子生产经营许可证的规定生产经营种子的;

(四)伪造、变造、买卖、租借种子生产经营许可证的;

(五)不再具有繁殖种子的隔离和培育条件,或者不再具有无检疫性有害生物的种子生产地点或者县级以上人民政府林业草原主管部门确定的采种林,继续从事种子生产的;

(六)未执行种子检验、检疫规程生产种子的。

被吊销种子生产经营许可证的单位,其法定代表人、直接负责的主管人员自处罚决定作出之日起五年内不得担任种子企业的法定代表人、高级管理人员。

73. 非法猎捕国家重点保护野生动物的怎么处罚？

具体案例

2018年6月，谢某、陈某、田某（已作不诉处理）用粘网猎捕了1只成年鸟，后谢某爬上树拿走窝里的4只幼鸟，田某帮忙承接传递。随后，陈某、谢某将猎捕的4只幼鸟带到陈某表姐夫杨某家中寄养，成年鸟则被陈某带回家中饲养。2018年6月11日、15日，经陈某联系，陈某、谢某将猎捕的其中3只幼鸟（其中1只为附带赠送）分2次各以人民币300元的价格出售给买家吴某（另案处理），余下1只幼鸟被陈某赠送给杨某喂养死亡，成年鸟经陈某饲养未果后放飞。2018年8月2日，陈某、谢某先后被公安机关抓获。经鉴定机构对提取的涉案自拍照片1张（有成年鸟和幼鸟）进行鉴定，鉴定意见为该鸟为隼形目动物，并被列入1989年1月14日原林业部、原农业部第1号令发布的《国家重点保护野生动物名录》二级或者一级。一审法院以非法猎捕珍贵、濒危野生动物罪，判处谢某有期徒刑3年，并处罚金人民币5000元；陈某有期徒刑2年6个月，并处罚金人民币4000元。二人上诉后，二审法院以主从犯认定有误为由，改判谢某有期徒刑2年3个月，陈某有期徒刑2年3个月。[①]

律师答疑

《野生动物保护法》（2022修订）第10条规定：“国家对野生动物实行分类分级保护。国家对珍贵、濒危的野生动物实行重点保护。国家重点保护的野生动物分为一级保护野生动物和二级保护野生动物。《国家

---

① 参见贵州省六盘水市中级人民法院刑事判决书，（2020）黔02刑终149号。

重点保护野生动物名录》,由国务院野生动物保护主管部门组织科学论证评估后,报国务院批准公布。有重要生态、科学、社会价值的陆生野生动物名录,由国务院野生动物保护主管部门征求国务院农业农村、自然资源、科学技术、生态环境、卫生健康等部门意见,组织科学论证评估后制定并公布。地方重点保护野生动物,是指国家重点保护野生动物以外,由省、自治区、直辖市重点保护的野生动物。地方重点保护野生动物名录,由省、自治区、直辖市人民政府组织科学论证评估,征求国务院野生动物保护主管部门意见后制定、公布。对本条规定的名录,应当每五年组织科学论证评估,根据论证评估情况进行调整,也可以根据野生动物保护的实际需要及时进行调整。"1989 年 1 月,原林业部、原农业部首次发布《国家重点保护野生动物名录》,2021 年 2 月,国家林业和草原局、农业农村部联合发布公告,公布新调整的《国家重点保护野生动物名录》。调整后的名录共列入野生动物 980 种和 8 类,其中国家一级保护野生动物 234 种和 1 类、国家二级保护野生动物 746 种和 7 类。上述物种中,686 种为陆生野生动物,294 种和 8 类为水生野生动物。

《刑法》(2020 修正)第 341 条第 1 款规定,非法猎捕、杀害国家重点保护的珍贵、濒危野生动物的,或者非法收购、运输、出售国家重点保护的珍贵、濒危野生动物及其制品的,处 5 年以下有期徒刑或者拘役,并处罚金;情节严重的,处 5 年以上 10 年以下有期徒刑,并处罚金;情节特别严重的,处 10 年以上有期徒刑,并处罚金或者没收财产。最高人民检察院、公安部《关于公安机关管辖的刑事案件立案追诉标准的规定(一)》第 64 条规定:"非法猎捕、杀害国家重点保护的珍贵、濒危野生动物的,应予立案追诉。本条和本规定第六十五条规定的'珍贵、濒危野生动物',包括列入《国家重点保护野生动物名录》的国家一、二级保护野生动物、列入《濒危野生动植物种国际贸易公约》附录一、附录二的野生动物以及驯养繁殖的上述物种。"但对于立案的数量标准并不明确,各地行政执法和司法机关把握尺度不尽一致。

2022 年 4 月 6 日，最高人民法院、最高人民检察院出台《关于办理破坏野生动物资源刑事案件适用法律若干问题的解释》（法释〔2022〕12 号）。该解释第 6 条第 1 款规定："非法猎捕、杀害国家重点保护的珍贵、濒危野生动物，或者非法收购、运输、出售国家重点保护的珍贵、濒危野生动物及其制品，价值二万元以上不满二十万元的，应当依照刑法第三百四十一条第一款的规定，以危害珍贵、濒危野生动物罪处五年以下有期徒刑或者拘役，并处罚金；价值二十万元以上不满二百万元的，应当认定为'情节严重'，处五年以上十年以下有期徒刑，并处罚金；价值二百万元以上的，应当认定为'情节特别严重'，处十年以上有期徒刑，并处罚金或者没收财产。"

关于野生动物价值的评估方法，2017 年 11 月 1 日发布的《野生动物及其制品价值评估方法》第 4 条规定，野生动物整体的价值，按照《陆生野生动物基准价值标准目录》所列该种野生动物的基准价值乘以相应的倍数核算。具体方法是：（1）国家一级保护野生动物，按照所列野生动物基准价值的 10 倍核算；国家二级保护野生动物，按照所列野生动物基准价值的 5 倍核算。（2）地方重点保护的野生动物和有重要生态、科学、社会价值的野生动物，按照所列野生动物基准价值核算。两栖类野生动物的卵、蛋的价值，按照该种野生动物整体价值的 1/1000 核算；爬行类野生动物的卵、蛋的价值，按照该种野生动物整体价值的 1/10 核算；鸟类野生动物的卵、蛋的价值，按照该种野生动物整体价值的 1/2 核算。

前述案例中，司法机关的鉴定意见"一级或二级"，是不准确的。《国家重点保护野生动物名录》隼形目，除了猎隼、矛隼是一级，其他红腿小隼、白腿小隼、红隼等 10 种是二级。《陆生野生动物基准价值标准目录》规定猎隼每只 5000 元，其他所有种每只 3000 元。如果是猎隼，属于国家一级保护动物，按 10 倍核算，每只 5 万元，5 只是 25 万元；如果是其他所有种，属于国家二级保护动物，按 5 倍核算，每只 1.5 万元，5 只

7.5 万元,处罚的标准是不一样的。因此,行政机关在办理此类案件时,一定要按照相关规定,对猎捕的野生动物准确定性,准确评估价值,作为处罚或移送的依据。

鸟类是人类最友善的朋友,是人类精神家园不可替代的生灵。无论是"山气日夕佳,飞鸟相与还"的田园景象,"两个黄鹂鸣翠柳,一行白鹭上青天"的江南春色,还是"晴空一鹤排云上,便引诗情到碧霄"的壮美秋色,都少不了鸟类的相伴。然而,人类却是鸟类灭绝的罪魁祸首。《生物地理学杂志》发表的一篇最新研究成果显示,人类在长达 5 万年的时间里,一共灭绝了至少 469 种鸟类。目前全世界共有 9775 种鸟类,有 1212 种濒临灭绝,保护鸟类是人类的共同责任。类似捕鸟取蛋的案例时有发生,有的甚至获刑 3 年以上。有人说:不就抓几只鸟、掏几枚蛋吗,谁小时候没干过? 判罚太重了。法律是全国人大及其常务委员会制定的,代表全国人民的意志。严格执行法律规定,对猎捕野生动物行为进行惩治,既是保护濒危野生动物的需要,是人类共同的责任,也是维持法律尊严的必然要求。

相关规定

《野生动物保护法》(2022 修订)

第二十一条　禁止猎捕、杀害国家重点保护野生动物。

因科学研究、种群调控、疫源疫病监测或者其他特殊情况,需要猎捕国家一级保护野生动物的,应当向国务院野生动物保护主管部门申请特许猎捕证;需要猎捕国家二级保护野生动物的,应当向省、自治区、直辖市人民政府野生动物保护主管部门申请特许猎捕证。

第四十八条　违反本法第二十条、第二十一条、第二十三条第一款、第二十四条第一款规定，有下列行为之一的，由县级以上人民政府野生动物保护主管部门、海警机构和有关自然保护地管理机构按照职责分工没收猎获物、猎捕工具和违法所得，吊销特许猎捕证，并处猎获物价值二倍以上二十倍以下罚款；没有猎获物或者猎获物价值不足五千元的，并处一万元以上十万元以下罚款；构成犯罪的，依法追究刑事责任：

（一）在自然保护地、禁猎（渔）区、禁猎（渔）期猎捕国家重点保护野生动物；

（二）未取得特许猎捕证、未按照特许猎捕证规定猎捕、杀害国家重点保护野生动物；

（三）使用禁用的工具、方法猎捕国家重点保护野生动物。

违反本法第二十三条第一款规定，未将猎捕情况向野生动物保护主管部门备案的，由核发特许猎捕证、狩猎证的野生动物保护主管部门责令限期改正；逾期不改正的，处一万元以上十万元以下罚款；情节严重的，吊销特许猎捕证、狩猎证。

《刑法》（2020修正）

第三百四十一条第一款　【危害珍贵、濒危野生动物罪】非法猎捕、杀害国家重点保护的珍贵、濒危野生动物的，或者非法收购、运输、出售国家重点保护的珍贵、濒危野生动物及其制品的，处五年以下有期徒刑或者拘役，并处罚金；情节严重的，处五年以上十年以下有期徒刑，并处罚金；情节特别严重的，处十年以上有期徒刑，并处罚金或者没收财产。

74. 非法出售、购买、利用、运输、携带、寄递国家重点保护野生动物及其制品的怎么处罚?

具体案例

2020年7月2日,涿州市民警在李某租住的家中发现其人工繁殖并出售鹦鹉,当场查获2只绿颊锥尾鹦鹉。李某称鹦鹉系其2019年12月5日从北京大兴区庞各庄镇购买的,后带回涿州家中进行人工繁殖。2020年4月4日,李某将繁殖出的1只绿颊锥尾鹦鹉幼鸟以250元的价格出售给谭某。经鉴定,绿颊锥尾鹦鹉是国家二级保护动物。一审法院以李某犯非法出售珍贵、濒危野生动物罪,判处有期徒刑10个月,并处罚金人民币5000元,扣押在案的3只绿颊锥尾鹦鹉。李某不服上诉称其购买并养殖的2只绿颊锥尾鹦鹉为宠物鹦鹉,并非珍贵野生动物,原审法院以非法出售珍贵、濒危野生动物罪定罪量刑属事实不清,适用法律错误。二审判决维持了一审判决。①

律师答疑

首先,明确国家重点保护野生动物与珍贵、濒危野生动物的关系。《野生动物保护法》(2022修订)第10条规定:"国家对野生动物实行分类分级保护。国家对珍贵、濒危的野生动物实行重点保护。国家重点保护的野生动物分为一级保护野生动物和二级保护野生动物。《国家重点保护野生动物名录》,由国务院野生动物保护主管部门组织科学论证评估后,报国务院批准公布。有重要生态、科学、社会价值的陆生野生动物

① 参见河北省保定市中级人民法院刑事裁定书,(2021)冀06刑终75号。

名录，由国务院野生动物保护主管部门征求国务院农业农村、自然资源、科学技术、生态环境、卫生健康等部门意见，组织科学论证评估后制定并公布。地方重点保护野生动物，是指国家重点保护野生动物以外，由省、自治区、直辖市重点保护的野生动物。地方重点保护野生动物名录，由省、自治区、直辖市人民政府组织科学论证评估，征求国务院野生动物保护主管部门意见后制定、公布。对本条规定的名录，应当每五年组织科学论证评估，根据论证评估情况进行调整，也可以根据野生动物保护的实际需要及时进行调整。"珍贵、濒危野生动物是一种泛指。根据最高人民法院、最高人民检察院《关于办理破坏野生动物资源刑事案件适用法律若干问题的解释》（法释〔2022〕12 号）第 4 条的规定，《刑法》（2020 修正）第 341 条第 1 款规定的"国家重点保护的珍贵、濒危野生动物"包括：（1）列入《国家重点保护野生动物名录》的野生动物；（2）经国务院野生动物保护主管部门核准按照国家重点保护的野生动物管理的野生动物。最高人民检察院、公安部《关于公安机关管辖的刑事案件立案追诉标准的规定（一）》第 64 条规定，"珍贵、濒危野生动物"，包括列入《国家重点保护野生动物名录》的国家一、二级保护野生动物，列入《濒危野生动植物种国际贸易公约》附录一、附录二的野生动物以及驯养繁殖的上述物种。因此，凡列入《国家重点保护野生动物名录》的动物，任何非法收购、运输、出售国家重点保护的珍贵、濒危野生动物及其制品的行为，都构成《刑法》（2020 修正）第 341 条规定的危害珍贵、濒危野生动物罪。

其次，注意把握行政处罚与刑事立案的界限。最高人民法院、最高人民检察院《关于办理破坏野生动物资源刑事案件适用法律若干问题的解释》（法释〔2022〕12 号）第 6 条第 1 款规定："非法猎捕、杀害国家重点保护的珍贵、濒危野生动物，或者非法收购、运输、出售国家重点保护的珍贵、濒危野生动物及其制品，价值二万元以上不满二十万元的，应当依照刑法第三百四十一条第一款的规定，以危害珍贵、濒危野生动物罪处五年以下有期徒刑或者拘役，并处罚金；价值二十万元以上不满二百万元的,应当认定为'情节严重',处五年以上十年以下有期徒刑,并处罚金;价值二百万元以上的,应当认定为'情节特别严重',处十年以上有期徒刑,并处罚金或者没收财产。"《行政执法机关移送涉嫌犯罪案件的规定》第11条第1款规定:行政执法机关对应当向公安机关移送的涉嫌犯罪案件,不得以行政处罚代替移送。关于国家重点保护野生动物的价值评估,按照《野生动物及其制品价值评估方法》《陆生野生动物基准价值标准目录》的计算标准计算,上节已作说明,不再赘述。

最后,要加大普法宣传的力度。从1989年1月原林业部、原农业部首次发布国家重点保护野生动物名录至今已经过去20多年,就算是从事行政执法的专业人员也难以一下子分辨出国家重点保护的野生动物,更不要说普通民众。尤其是作为宠物饲养的动物,线上和线下交易频繁,一不小心就可能触碰法律红线。因此,利用每年4月8日的国际珍稀动物保护日、爱鸟周、野生动物保护宣传月等时机,大力开展保护野生动物的宣传教育,真正让保护野生动物、维护生态安全成为大家的自觉行动,共同保护好美好的地球家园。

相关规定

《野生动物保护法》(2022修订)

第二十八条　禁止出售、购买、利用国家重点保护野生动物及其制品。

因科学研究、人工繁育、公众展示展演、文物保护或者其他特殊情况,需要出售、购买、利用国家重点保护野生动物及其制品的,应当经省、自治区、直辖市人民政府野生动物保护主管部门批准,并按照规定取得和使用专用标识,保证可追溯,但国务院对批准机关另有规定的除外。

出售、利用有重要生态、科学、社会价值的陆生野生动物和地方重点保护野生动物及其制品的，应当提供狩猎、人工繁育、进出口等合法来源证明。

实行国家重点保护野生动物和有重要生态、科学、社会价值的陆生野生动物及其制品专用标识的范围和管理办法，由国务院野生动物保护主管部门规定。

出售本条第二款、第三款规定的野生动物的，还应当依法附有检疫证明。

利用野生动物进行公众展示展演应当采取安全管理措施，并保障野生动物健康状态，具体管理办法由国务院野生动物保护主管部门会同国务院有关部门制定。

第四十八条　违反本法第二十条、第二十一条、第二十三条第一款、第二十四条第一款规定，有下列行为之一的，由县级以上人民政府野生动物保护主管部门、海警机构和有关自然保护地管理机构按照职责分工没收猎获物、猎捕工具和违法所得，吊销特许猎捕证，并处猎获物价值二倍以上二十倍以下罚款；没有猎获物或者猎获物价值不足五千元的，并处一万元以上十万元以下罚款；构成犯罪的，依法追究刑事责任：

（一）在自然保护地、禁猎（渔）区、禁猎（渔）期猎捕国家重点保护野生动物；

（二）未取得特许猎捕证、未按照特许猎捕证规定猎捕、杀害国家重点保护野生动物；

（三）使用禁用的工具、方法猎捕国家重点保护野生动物。

违反本法第二十三条第一款规定，未将猎捕情况向野生动物保护主管部门备案的，由核发特许猎捕证、狩猎证的野生动物保护主管部门责令限期改正；逾期不改正的，处一万元以上十万元以下罚款；情节严重的，吊销特许猎捕证、狩猎证。

《刑法》(2020修正)

第三百四十一条第一款 【危害珍贵、濒危野生动物罪】非法猎捕、杀害国家重点保护的珍贵、濒危野生动物的，或者非法收购、运输、出售国家重点保护的珍贵、濒危野生动物及其制品的，处五年以下有期徒刑或者拘役，并处罚金；情节严重的，处五年以上十年以下有期徒刑，并处罚金；情节特别严重的，处十年以上有期徒刑，并处罚金或者没收财产。

75. 食用国家重点保护野生动物的怎么处罚？

具体案例

2022年7月14日，四川省南充市一位名叫"提子"的美食网红博主拍摄水煮鲨鱼和烧烤鲨鱼的视频火爆网络。网友举报疑烹食的鲨鱼是濒危野生动物大白鲨，当地警方随后介入调查。接到四川警方提供的线索后，福建省漳州市东山县公安局立即组成专案组进行调查。经调查，2022年4月10日，东山县渔民颜某在拖网作业时，捕获一条重约150斤的鲨鱼。此后，这条鲨鱼被沈某以7700元贩卖给四川省南充市金某(网红博主"提子")。2022年7月12日，金某拍摄并发布了吃鲨鱼的相关视频。中国水产科学研究院南海水产研究所对送检的鲨鱼残体组织样本进行DNA条形码鉴定，认定为软骨鱼纲鼠鲨目鼠鲨科的噬人鱼种类，属于国家二级保护动物。东山县人民检察院审查后认为，沈某、颜某已构成危害珍贵、濒危野生动物罪，对其批准逮捕。沈某、颜某表示自愿认罪认罚。猎捕、贩卖者有罪，那么购买、烹食的“吃货”金某有罪吗？[1]

律师答疑

人类历史上，从茹毛饮血的原始社会开始，就有着食用野生动物的习惯。古代由于生产力水平低下、食物短缺等原因，捕食野生动物是获取食物的一种重要方式。《诗经》云：“不狩不猎，胡瞻尔庭有县貆兮？”即便是现代，我国有些地区仍然保留着渔猎的传统。在人类食物丰足的今天，食用野生动物的“传统”需要变革和摒弃。

研究表明，近年来新发传染病，如SARS病毒、埃博拉病毒、中东呼吸综合征等都与野生动物密切相关，滥食野生动物是人感染病毒的主要途径之一。尽管此次新冠疫情的源头尚未确定，但源于野生动物的致病风险始终威胁着人类的生命安全和身体健康。

《野生动物保护法》(2022修订)重点保护珍贵、濒危野生动物，对于有重要生态、科学、社会价值的陆生野生动物(“三有”野生动物)和其他非保护类陆生野生动物是否禁止食用没有作出规定。2020年2月24日，第十三届全国人大常委会第十六次会议表决通过了《关于全面禁止非法野生动物交易、革除滥食野生动物陋习、切实保障人民群众生命健康安全的决定》，明确规定，凡《野生动物保护法》和其他有关法律禁止猎捕、交易、运输、食用野生动物的，必须严格禁止。全面禁止食用国家保护的“有重要生态、科学、社会价值的陆生野生动物”以及其他陆生野生动物，包括人工繁育、人工饲养的陆生野生动物。全面禁止以食用为目的猎捕、交易、运输在野外环境自然生长繁殖的陆生野生动物。

国家林业和草原局《关于规范禁食野生动物分类管理范围的通知》(林护发〔2020〕90号)明确了禁食野生动物分类管理范围，对于竹鼠、果子狸、豪猪、王锦蛇、草兔、东北兔、蒙古兔、灰雁等45种野生动物停止养

---

① 参见《成都商报》2022年9月19日报道。

殖。对于刺猬、猪獾、狗獾、海狸鼠、蓝孔雀等 19 种野生动物允许用于药用、展示、科研等非食用性目的的养殖。

各省、自治区、直辖市相继发出通知或者出台地方性法规禁止食用野生动物。2020 年 2 月 10 日,湖南省升级野生动物管控措施。湖南省林业局发布了《关于进一步加强野生动物管控的通知》,明确规定新冠疫情期间,在全省范围内禁止食用野生动物。2020 年 2 月 14 日,天津市十七届人大常委会第十七次会议表决通过了天津市人民代表大会常务委员会《关于禁止食用野生动物的决定》,实行禁止食用野生动物名录管理制度。2022 年 2 月 18 日,福建省十三届人大常委会第十六次会议表决通过了福建省人民代表大会常务委员会《关于革除滥食野生动物陋习、切实保障人民群众生命健康安全的决定》。2020 年 3 月 31 日,广东省十三届人大常委会第十九次会议表决通过了《广东省野生动物保护管理条例》,明确禁止食用野生动物,对食用国家重点保护野生动物及其制品的,处野生动物及其制品价值 2 倍以上 20 倍以下的罚款;食用非国家重点保护野生动物或者其他陆生野生动物的,处野生动物价值 1 倍以上 5 倍以下的罚款。对组织食用的,从重处罚。

由以上规定可知,食用野生动物的,会受到行政处罚。如果食用国家重点保护的珍贵、濒危野生动物,可能涉嫌犯罪。《刑法》(2020 修正)第 341 条第 1 款规定:“非法猎捕、杀害国家重点保护的珍贵、濒危野生动物的,或者非法收购、运输、出售国家重点保护的珍贵、濒危野生动物及其制品的,处五年以下有期徒刑或者拘役,并处罚金;情节严重的,处五年以上十年以下有期徒刑,并处罚金;情节特别严重的,处十年以上有期徒刑,并处罚金或者没收财产。”《刑法》对于购买和食用野生动物没有规定。2020 年 12 月 24 日,最高人民法院、最高人民检察院、公安部、司法部联合制定的《关于依法惩治非法野生动物交易犯罪的指导意见》公布。该意见第 3 条规定:“依法严厉打击以食用或者其他目的非法购买野生动物的犯罪行为,坚决革除滥食野生动物的陋习。知道或者应当知道是国家重点保护的珍贵、濒危野生动物及其制品，为食用或者其他目的而非法购买，符合刑法第三百四十一条第一款规定的，以非法收购珍贵、濒危野生动物、珍贵、濒危野生动物制品罪定罪处罚。”前述案例中，金某以食用为目的购买国家二级保护动物的行为，已涉嫌犯罪。

没有食用，就没有买卖；没有买卖，就没有杀害。全面禁止食用野生动物，禁住的是个人口欲，维护的是“舌尖上的安全”，保障的是人民群众生命健康安全。

相关规定

《广东省野生动物保护管理条例》

第二十九条　禁止食用国家重点保护野生动物和其他陆生野生动物，包括人工繁育、人工饲养的陆生野生动物，以及有关法律禁止食用的其他野生动物。

禁止生产、经营使用国家重点保护野生动物及其制品制作的食品。

第三十条　禁止以家畜家禽名义食用野生动物。列入畜禽遗传资源目录的动物，按照国家规定应当加施畜禽标识而没有加施的，不得屠宰、加工、出售。

第四十五条　违反本条例第二十九条第一款、第三十条规定，食用野生动物的，由县级以上林业、农业农村、市场监督管理等部门按照职责分工责令停止违法行为，按以下规定对食用者进行处罚；对组织食用的，从重处罚：

（一）属于国家重点保护野生动物及其制品的，处野生动物及其制品价值二倍以上二十倍以下的罚款；

（二）属于非国家重点保护野生动物或者其他陆生野生动物的，处野生动物价值一倍以上五倍以下的罚款。

76. 非法从境外引进野生动物物种的怎么处罚？

具体案例

2022年7月初，汝州市民反映在云禅湖水域发现一条长达七八十厘米的长嘴“怪鱼”，并将拍摄到的画面发到了网上。经有关专家辨识，认为其可能是外来物种鳄雀鳝。公园管理方立即组织力量对其展开围捕：最初使用了大型抛网捕捞，后又请专业捕捞队，运用声呐定位寻找，但鳄雀鳝受到惊扰后潜伏起来，园方又采购了大型围网投饵诱捕，还是一无所获，不得已才采取排干湖水的办法，于2022年8月27日0时许捕获2条鳄雀鳝。公园管理方已对其进行无害化处理，并安排人员对该湖区进行了专业消毒。①

律师答疑

2022年7月，山东、广东、湖南、北京、青海、宁夏等多地发现在居民小区池塘或公园湖泊中有鳄雀鳝出现，其中河南省汝州耗时1个月抽干湖水捕获鳄雀鳝的事件最为抢眼。这些鳄雀鳝最终得到妥善处置，外来入侵物种的问题也引起了广泛关注。

首先，应当明确外来入侵物种的概念。农业农村部、自然资源部、生

① 参见央视新闻客户端2022年8月29日讯。

态环境部、海关总署联合公布的《外来入侵物种管理办法》第2条规定，该办法所称外来物种，是指在中华人民共和国境内无天然分布，经自然或人为途径传入的物种，包括该物种所有可能存活和繁殖的部分。该办法所称外来入侵物种，是指传入定殖并对生态系统、生境、物种带来威胁或者危害，影响我国生态环境，损害农林牧渔业可持续发展和生物多样性的外来物种。我国是世界上遭受外来物种入侵危害最严重的国家之一。2003年至2016年国家先后4次发布《中国外来入侵物种名单》，累计记录了71个物种，我们所熟知的巴西彩龟、小龙虾、食蚊鱼、非洲大蜗牛、福寿螺都是名单中的物种。生态环境部发布的《2019中国生态环境状况公报》透露，我国已发现660多种外来入侵物种。2021年，农业农村部等相关部门发布了《关于印发进一步加强外来物种入侵防控工作方案的通知》，决定对10种主要外来水生生物进行全国性普查，其中也包含鳄雀鳝。

其次，准确把握防控外来入侵物种的法律体系。针对外来生物入侵，许多国际组织及发达国家制定了法律、法规，采取积极有效的措施。我国也充分认识到生物安全是关乎人民生命健康、民生福祉，关乎国家长治久安的大事。自2021年3月1日起施行的《刑法修正案（十一）》在《刑法》第344条后增加一条［非法引进、释放、丢弃外来入侵物种罪］，作为第344条之一。2021年4月15日颁布施行的《生物安全法》，将生物安全作为国家战略布局统一考虑。自2022年8月1日起施行的《外来入侵物种管理办法》，专门就外来入侵物种源头预防、监测预警、治理修复、构建全链条防控体系作出详细规定。这些法律法规是防治入侵物种的有力武器。

最后，注意把握非法引进外来物种的处罚尺度。《野生动物保护法》（2022修订）第40条规定，从境外引进野生动物物种的，应当经国务院野生动物保护主管部门或者国务院批准。因此，未经主管部门批准，擅自引进外来物种的，根据《野生动物保护法》（2022修订）第58条之规定："违反本法第四十条第一款规定，从境外引进野生动物物种的，由县级以上人民政府野生动物保护主管部门没收所引进的野生动物，并处五万元以上二十五万元以下罚款……"《生物安全法》第 81 条规定，未经批准，擅自引进外来物种的，由县级以上人民政府有关部门根据职责分工，没收引进的外来物种，并处 5 万元以上 25 万元以下的罚款。二者的处罚是一致的。对于擅自释放或者丢弃外来物种的，《生物安全法》规定的处罚是责令限期捕回、找回释放或者丢弃的外来物种，处 1 万元以上 5 万元以下的罚款。

目前，虽然《刑法修正案(十一)》增加了"非法引进、释放或者丢弃外来入侵物种罪"，但对于什么是"情节严重"没有相应的标准和具体的规定，只能在实务中根据引进的数量规模、危害程度、损害大小来确定，行政执法机关可依据相关法律作出行政处罚。所以，不管出于什么样的目的，都不能擅自引进外来野生物种，更不能随便丢弃或者放生。

相关规定

《野生动物保护法》(2022 修订)

第四十条　从境外引进野生动物物种的，应当经国务院野生动物保护主管部门批准。从境外引进列入本法第三十七条第一款名录的野生动物，还应当依法取得允许进出口证明书。海关凭进口批准文件或者允许进出口证明书办理进境检疫，并依法办理其他海关手续。

从境外引进野生动物物种的，应当采取安全可靠的防范措施，防止其进入野外环境，避免对生态系统造成危害；不得违法放生、丢弃，确需将其放生至野外环境的，应当遵守有关法律法规的规定。

发现来自境外的野生动物对生态系统造成危害的，县级以上人民政府野生动物保护等有关部门应当采取相应的安全控制措施。

第五十八条　违反本法第四十条第一款规定，从境外引进野生动物物种的，由县级以上人民政府野生动物保护主管部门没收所引进的野生动物，并处五万元以上五十万元以下罚款；未依法实施进境检疫的，依照《中华人民共和国进出境动植物检疫法》的规定处罚；构成犯罪的，依法追究刑事责任。

《生物安全法》

第八十一条　违反本法规定，未经批准，擅自引进外来物种的，由县级以上人民政府有关部门根据职责分工，没收引进的外来物种，并处五万元以上二十五万元以下的罚款。

违反本法规定，未经批准，擅自释放或者丢弃外来物种的，由县级以上人民政府有关部门根据职责分工，责令限期捕回、找回释放或者丢弃的外来物种，处一万元以上五万元以下的罚款。

第八十二条　违反本法规定，构成犯罪的，依法追究刑事责任；造成人身、财产或者其他损害的，依法承担民事责任。

《刑法修正案(十一)》

第四十三条　在刑法第三百四十四条后增加一条，作为第三百四十四条之一："违反国家规定，非法引进、释放或者丢弃外来入侵物种，情节严重的，处三年以下有期徒刑或者拘役，并处或者单处罚金。"

第五章

建设工程

77. 施工单位将承包的工程转包或违法进行分包的怎么处罚？

具体案例

2019 年 10 月 28 日，根据审计部门移送的有关问题线索，佛山市禅城区看守所新建项目二次装修工程涉嫌违法转包，佛山市禅城区住房城乡建设和水利局立即对该项目立案调查。经调查，该项目施工方佛山市威创建筑工程有限公司的项目负责人陈某未实际参与该项目施工过程的组织管理工作，根据住房和城乡建设部《建筑工程施工发包与承包违法行为认定查处管理办法》第 8 条第 1 款第 3 项的规定，其行为应当认定为转包。根据《建设工程质量管理条例》第 62 条第 1 款、第 73 条的规定，禅城区住房城乡建设和水利局依法对佛山市威创建筑工程有限公司处以罚款人民币 33，190.93 元，对其项目负责人陈某处单位罚款的 5% 即 1659.55 元，并将相关行政处罚信息在“信用中国”予以公示。①

律师答疑

首先，关于转包的认定。《建筑工程施工发包与承包违法行为认定查处管理办法》自 2019 年 1 月 1 日起施行，2014 年 10 月 1 日起施行的《建筑工程施工转包违法分包等违法行为认定查处管理办法（试行）》（建市〔2014〕118 号）同时废止。《建筑工程施工发包与承包违法行为认定查处管理办法》第 7 条规定，该办法所称转包，是指承包单位承包工程

① 参见《广州日报》2022 年 7 月 6 日报道。

后，不履行合同约定的责任和义务，将其承包的全部工程或者将其承包的全部工程肢解后以分包的名义分别转给其他单位或个人施工的行为。第8条规定，存在下列情形之一的，应当认定为转包，但有证据证明属于挂靠或者其他违法行为的除外：(1)承包单位将其承包的全部工程转给其他单位(包括母公司承接建筑工程后将所承接工程交由具有独立法人资格的子公司施工的情形)或个人施工的；(2)承包单位将其承包的全部工程肢解以后，以分包的名义分别转给其他单位或个人施工的；(3)施工总承包单位或专业承包单位未派驻项目负责人、技术负责人、质量管理负责人、安全管理负责人等主要管理人员，或派驻的项目负责人、技术负责人、质量管理负责人、安全管理负责人中一人及以上与施工单位没有订立劳动合同且没有建立劳动工资和社会养老保险关系，或派驻的项目负责人未对该工程的施工活动进行组织管理，又不能进行合理解释并提供相应证明的；(4)合同约定由承包单位负责采购的主要建筑材料、构配件及工程设备或租赁的施工机械设备，由其他单位或个人采购、租赁，或施工单位不能提供有关采购、租赁合同及发票等证明，又不能进行合理解释并提供相应证明的；(5)专业作业承包人承包的范围是承包单位承包的全部工程，专业作业承包人计取的是除上缴给承包单位"管理费"之外的全部工程价款的；(6)承包单位通过采取合作、联营、个人承包等形式或名义，直接或变相将其承包的全部工程转给其他单位或个人施工的；(7)专业工程的发包单位不是该工程的施工总承包或专业承包单位的，但建设单位依约作为发包单位的除外；(8)专业作业的发包单位不是该工程承包单位的；(9)施工合同主体之间没有工程款收付关系，或者承包单位收到款项后又将款项转拨给其他单位和个人，又不能进行合理解释并提供材料证明的。

两个以上的单位组成联合体承包工程，在联合体分工协议中约定或者在项目实际实施过程中，联合体一方不进行施工也未对施工活动进行组织管理，并且向联合体其他方收取管理费或者其他类似费用的，视为联合体一方将承包的工程转包给联合体其他方。

前述案例中，项目负责人陈某未实际参与该项目施工过程的组织管理工作，符合该办法第 8 条第 1 款第 3 项的规定，应当认定为转包行为。

其次，关于违法分包的认定。之所以称为“违法分包”是因为建筑施工允许将专业工程和劳务作业进行分包。《房屋建筑和市政基础设施工程施工分包管理办法》(2019 修正)第 5 条规定，房屋建筑和市政基础设施工程施工分包分为专业工程分包和劳务作业分包。专业工程分包，是指施工总承包企业将其所承包工程中的专业工程发包给具有相应资质的其他建筑企业完成的活动。劳务作业分包，是指施工总承包企业或者专业承包企业将其承包工程中的劳务作业发包给劳务分包企业完成的活动。《建筑工程施工发包与承包违法行为认定查处管理办法》第 11 条规定，该办法所称违法分包，是指承包单位承包工程后违反法律、法规规定，把单位工程或分部分项工程分包给其他单位或个人施工的行为。第 12 条规定，存在下列情形之一的，属于违法分包：(1) 承包单位将其承包的工程分包给个人的；(2) 施工总承包单位或专业承包单位将工程分包给不具备相应资质单位的；(3) 施工总承包单位将施工总承包合同范围内工程主体结构的施工分包给其他单位的，钢结构工程除外；(4) 专业分包单位将其承包的专业工程中非劳务作业部分再分包的；(5) 专业作业承包人将其承包的劳务再分包的；(6) 专业作业承包人除计取劳务作业费用外，还计取主要建筑材料款和大中型施工机械设备、主要周转材料费用的。

最后，把握处罚的自由裁量标准。《建筑法》(2019 修正)第 67 条规定了没收违法所得、罚款、责令停业整顿、降低资质等级、吊销资质证书等处罚，但没有规定具体的罚款数额。《建设工程质量管理条例》(2019 修订)第 62 条第 1 款规定：“违反本条例规定，承包单位将承包的工程转包或者违法分包的，责令改正，没收违法所得，对勘察、设计单位处合同约定的勘察费、设计费 25% 以上 50% 以下的罚款；对施工单位处工程合同价款 0.5% 以上 1% 以下的罚款；可以责令停业整顿，降低资质等级；

情节严重的，吊销资质证书。”至于具体的裁量标准，各行政区域均有自己的裁量基准，如《广东省住房和城乡建设系统行政处罚自由裁量权基准（工程建设与建筑业类）》规定，承包单位将承包的工程转包或者违法分包，未造成危害后果或造成轻微危害后果的，没收违法所得，对施工单位处工程合同价款0.5%以上0.6%以下的罚款；造成一般危害后果的，没收违法所得，对施工单位处工程合同价款0.6%以上0.85%以下的罚款；2年内2次以上同类型违法，没收违法所得，对施工单位处工程合同价款0.85%以上1%以下的罚款，责令停业整顿30日以上60日以下。对于造成一般或较大质量安全事故的，区分四种情况分别从重处罚。

此外，《建设工程质量管理条例》（2019修订）第73条规定，依照该条例规定，给予单位罚款处罚的，对单位直接负责的主管人员和其他直接责任人员处单位罚款数额5%以上10%以下的罚款。前述案例中，对项目负责人陈某的处罚正是基于此作出的。

相关规定

《建筑法》（2019修正）

第二十八条　禁止承包单位将其承包的全部建筑工程转包给他人，禁止承包单位将其承包的全部建筑工程肢解以后以分包的名义分别转包给他人。

第六十七条　承包单位将承包的工程转包的，或者违反本法规定进行分包的，责令改正，没收违法所得，并处罚款，可以责令停业整顿，降低资质等级；情节严重的，吊销资质证书。

承包单位有前款规定的违法行为的，对因转包工程或者违法分包的工程不符合规定的质量标准造成的损失，与接受转包或者分包的单位承担连带赔偿责任。

《建设工程质量管理条例》(2019 修订)

第二十五条第三款　施工单位不得转包或者违法分包工程。

第六十二条第一款　违反本条例规定，承包单位将承包的工程转包或者违法分包的，责令改正，没收违法所得，对勘察、设计单位处合同约定的勘察费、设计费25%以上50%以下的罚款；对施工单位处工程合同价款0.5%以上1%以下的罚款；可以责令停业整顿，降低资质等级；情节严重的，吊销资质证书。

第七十三条　依照本条例规定，给予单位罚款处罚的，对单位直接负责的主管人员和其他直接责任人员处单位罚款数额5%以上10%以下的罚款。

78. 施工单位未取得施工单位资质证书承揽工程的怎么处罚？

具体案例

云南省××基地改扩建项目建设中，方某于2016年6月承揽该工程外墙装饰装修工程，工程合同金额为680万元。方某承揽工程时未取得资质证书，违反了《建设工程质量管理条例》(2019 修订)第25条第1款的规定。云南省住房和城乡建设厅于2022年6月16日向方某送达了行政处罚事先告知书，方某于2022年6月21日以违法行为已超过2年为由提出听证申请。因云南省××基地改扩建项目竣工验收时间为2021年4月21日，违法行为未超过2年，方某于2022年7月14日撤回听证申请，同时提出减免处罚的陈述申辩书。经研究，方某提出的减免事项符合《行政处罚法》(2021 修订)第32条规定的情形。根据《行政处罚法》(2021修订)第32条、《建设工程质量管理条例》(2019修订)第60条的规定,云南省住房和城乡建设厅决定对方某减轻处罚,罚款68,000元。①

律师答疑

国家对从事建筑活动实施资质等级许可制度。《建筑法》(2019修正)第13条规定:“从事建筑活动的建筑施工企业、勘察单位、设计单位和工程监理单位,按照其拥有的注册资本、专业技术人员、技术装备和已完成的建筑工程业绩等资质条件,划分为不同的资质等级,经资质审查合格,取得相应等级的资质证书后,方可在其资质等级许可的范围内从事建筑活动。”

《建筑业企业资质管理规定》(2018修正)规定,建筑业企业资质分为施工总承包资质、专业承包资质、施工劳务资质三个序列。施工总承包资质、专业承包资质按照工程性质和技术特点分别划分为若干资质类别,各资质类别按照规定的条件划分为若干资质等级。施工劳务资质不分类别与等级。企业可以申请一项或多项建筑业企业资质。企业首次申请或增项申请资质,应当申请最低等级资质。其中,施工总承包资质序列特级资质、一级资质及铁路工程施工总承包二级资质,专业承包资质序列公路、水运、水利、铁路、民航方面的专业承包一级资质及铁路、民航方面的专业承包二级资质,涉及多个专业的专业承包一级资质,由国务院住房和城乡建设主管部门许可;施工总承包资质序列二级资质及铁路、通信工程施工总承包三级资质,专业承包资质序列一级资质(不含公路、水运、水利、铁路、民航方面的专业承包一级资质及涉及多个专业的专业承包一级资质),专业承包资质序列二级资质(不含铁路、民航方面的专业承包二级资质),铁路方面专业承包三级资质,特种工程专业承包

① 参见云南省住房和城乡建设厅2022年9月8日公告。

资质，由企业工商注册所在地省、自治区、直辖市人民政府住房和城乡建设主管部门许可；施工总承包资质序列三级资质（不含铁路、通信工程施工总承包三级资质），专业承包资质序列三级资质（不含铁路方面专业承包资质）及预拌混凝土、模板脚手架专业承包资质，施工劳务资质，燃气燃烧器具安装、维修企业资质，由企业工商注册所在地设区的市人民政府住房和城乡建设主管部门许可。资质证书有效期为 5 年；有效期届满，企业继续从事建筑施工活动的，应当于资质证书有效期届满 3 个月前，向原资质许可机关提出延续申请。

建立严格建筑企业的资质许可制度，本是为了加强对建筑活动的监督管理，维护公共利益和规范建筑市场秩序，保证建设工程质量安全，促进建筑业的健康发展。但在实践中，一些没有资质的施工企业挂靠有资质的施工企业或借用资质的情况大量存在。一些有资质的企业将资质出借，收取管理费。类似的情况大量出现在建筑施工的民事纠纷中，但由于挂靠和出借带有一定的隐蔽性，给行政管理带来一定难度。《建筑工程施工发包与承包违法行为认定查处管理办法》第 9 条规定："本办法所称挂靠，是指单位或个人以其他有资质的施工单位的名义承揽工程的行为。前款所称承揽工程，包括参与投标、订立合同、办理有关施工手续、从事施工等活动。"第 10 条规定："存在下列情形之一的，属于挂靠：（一）没有资质的单位或个人借用其他施工单位的资质承揽工程的；（二）有资质的施工单位相互借用资质承揽工程的，包括资质等级低的借用资质等级高的，资质等级高的借用资质等级低的，相同资质等级相互借用的；（三）本办法第八条第一款第（三）至（九）项规定的情形，有证据证明属于挂靠的。"该办法第 15 条规定，对认定有挂靠行为的施工单位或个人，依据《招标投标法》第 54 条、《建筑法》第 65 条和《建设工程质量管理条例》第 60 条规定进行处罚。

从处罚的力度来看，对未取得资质证书承揽工程或超越本单位资质等级承揽工程的处罚要超出对转包和违法分包的处罚。《建设工程质量管理条例》(2019 修订)第 60 条规定,对勘察、设计单位或者工程监理单位处的罚款是合同约定的勘察费、设计费或者监理酬金的 1 倍以上 2 倍以下,对施工单位处的罚款是工程合同价款的 2% 以上 4% 以下。同时,第 73 条规定,给予单位罚款处罚的,对单位直接负责的主管人员和其他直接责任人员处单位罚款数额 5% 以上 10% 以下的罚款,旨在强化管理人员的责任。具体的自由裁量标准按主管部门出台的行政处罚自由裁量权基准执行。如《广东省住房和城乡建设系统行政处罚自由裁量权基准(工程建设与建筑业类)》规定,对未取得资质证书承揽工程的,区分未造成危害后果或造成轻微危害后果、一般危害后果、一般质量安全事故、较大以上质量安全事故四个层级进行处罚。

相关规定

《建筑法》(2019 修正)

第二十六条　承包建筑工程的单位应当持有依法取得的资质证书,并在其资质等级许可的业务范围内承揽工程。

禁止建筑施工企业超越本企业资质等级许可的业务范围或者以任何形式用其他建筑施工企业的名义承揽工程。禁止建筑施工企业以任何形式允许其他单位或者个人使用本企业的资质证书、营业执照,以本企业的名义承揽工程。

第六十五条第三款　未取得资质证书承揽工程的,予以取缔,并处罚款;有违法所得的,予以没收。

《建设工程质量管理条例》(2019 修订)

第二十五条第一款　施工单位应当依法取得相应等级的资质证书,并在其资质等级许可的范围内承揽工程。

第六十条　违反本条例规定，勘察、设计、施工、工程监理单位超越本单位资质等级承揽工程的，责令停止违法行为，对勘察、设计单位或者工程监理单位处合同约定的勘察费、设计费或者监理酬金1倍以上2倍以下的罚款；对施工单位处工程合同价款2%以上4%以下的罚款，可以责令停业整顿，降低资质等级；情节严重的，吊销资质证书；有违法所得的，予以没收。

未取得资质证书承揽工程的，予以取缔，依照前款规定处以罚款；有违法所得的，予以没收。

以欺骗手段取得资质证书承揽工程的，吊销资质证书，依照本条第一款规定处以罚款；有违法所得的，予以没收。

第七十三条　依照本条例规定，给予单位罚款处罚的，对单位直接负责的主管人员和其他直接责任人员处单位罚款数额5%以上10%以下的罚款。

79. 建设单位未取得施工许可证或者开工报告未经批准，擅自施工的怎么处罚？

具体案例

某公司和平里小区项目于2015年8月15日开工建设，郑州市城乡建设局（以下简称城建局）执法人员在日常巡查中发现该工程无证施工。2017年12月12日，城建局对该工程整体立案，对涉案工程施工单位工作人员郭某、监理单位副总宋某进行了询问。二人称涉案工程总面积为115，264.878平方米，依据郑州市2015年第三季度建设工程造价指标工程造价为19，822.23万元；并称该工程未取得施工设计审查合格书，未办理建筑工程施工许可证、质量监督登记手续。城建局进行集体讨论，作出行政处罚事先告知书。2018年11月9日作出行政处罚决定，认定某公司未取得施工许可证、擅自开工和平里小区涉案项目，工程面积115,264.878平方米，工程总造价19,822.23万元，依据《建设工程质量管理条例》(2019修订)第56条第4项、第6项，第57条的规定，对某公司作出以下处罚：(1)施工图设计文件未经审查批准擅自施工，责令改正，处50万元罚款；(2)未按照国家规定办理工程质量监督手续擅自施工，责令改正，处50万元罚款；(3)未按照国家规定依法办理建筑施工许可证擅自施工，责令停止施工，限期改正，处396.44万元罚款。同时，认定杜某是单位直接负责的主管人员(法定代表人)，根据《建设工程质量管理条例》(2019修订)第73条的规定，以处罚某公司的496.44万元为基数，按10%的标准对杜某处49.64万元的罚款。某公司和杜某均不服，提起诉讼。一审法院以未按工程合同价款作为行政处罚的事实依据为由，分别判决撤销城建局对某公司和杜某的行政处罚决定。城建局上诉后，郑州市中级人民法院维持了一审判决。城建局遂向河南省高级人民法院申请再审。再审法院驳回了对杜某的再审申请，对某公司的再审申请，以部分行政处罚决定正确为由，裁定指令郑州市中级人民法院对该案进行再审。①

律师答疑

我国实行建筑工程施工许可制度。《建筑法》(2019修正)规定，建筑工程开工前，建设单位应当按照国家有关规定向工程所在地县级以上人民政府建设行政主管部门申请领取施工许可证；但是，国务院建设行政主管部门确定的限额以下的小型工程除外。按照国务院规定的权限和程序批准开工报告的建筑工程，不再领取施工许可证。申请领取施工

① 参见河南省高级人民法院行政裁定书，(2019)豫行申1620号。

许可证,应当具备下列条件:(1)已经办理该建筑工程用地批准手续;(2)依法应当办理建设工程规划许可证的,已经取得建设工程规划许可证;(3)需要拆迁的,其拆迁进度符合施工要求;(4)已经确定建筑施工企业;(5)有满足施工需要的资金安排、施工图纸及技术资料;(6)有保证工程质量和安全的具体措施。

建设单位应当自领取施工许可证之日起 3 个月内开工。因故不能按期开工的,应当向发证机关申请延期;延期以 2 次为限,每次不超过 3 个月。既不开工又不申请延期或者超过延期时限的,施工许可证自行废止。在建的建筑工程因故中止施工的,建设单位应当自中止施工之日起 1 个月内,向发证机关报告,并按照规定做好建筑工程的维护管理工作。建筑工程恢复施工时,应当向发证机关报告;中止施工满 1 年的工程恢复施工前,建设单位应当报发证机关核验施工许可证。

如果建设单位未取得施工许可证或者开工报告未经批准擅自施工,根据《建筑法》(2019 修正)第 64 条的规定,责令改正;对不符合开工条件的责令停止施工,可以处罚款。具体的罚款额根据《建设工程质量管理条例》(2019 修订)第 57 条的规定,处工程合同价款 1% 以上 2% 以下的罚款。同时,根据第 73 条的规定,给予单位罚款处罚的,对单位直接负责的主管人员和其他直接责任人员处单位罚款数额 5% 以上 10% 以下的罚款。注意,这里的罚款额是“工程合同价款”的 1% 以上 2% 以下。前述案例中,执法部门仅依据施工单位工作人员郭某、监理单位副总宋某的询问笔录得出施工总造价,法院认为没有穷尽调查手段查清事实,因此认定处罚决定事实不清,证据不足。此外,执法部门未能提供重大事项单位负责人集体研究的证据,存在重大程序错误,因此撤销处罚决定。对某公司法定代表人杜某的处罚决定是建立在单位处罚数额的基础上的,自然也应当予以撤销。

前述案例中,执法机关同时查明某公司存在施工图设计文件未经审查批准、未按照国家规定办理工程质量监督手续擅自施工的违法行为。

根据《建设工程质量管理条例》(2019 修订)第 56 条“违反本条例规定,建设单位有下列行为之一的,责令改正,处 20 万元以上 50 万元以下的罚款:(一)迫使承包方以低于成本的价格竞标的;(二)任意压缩合理工期的;(三)明示或者暗示设计单位或者施工单位违反工程建设强制性标准,降低工程质量的;(四)施工图设计文件未经审查或者审查不合格,擅自施工的;(五)建设项目必须实行工程监理而未实行工程监理的;(六)未按照国家规定办理工程质量监督手续的;(七)明示或者暗示施工单位使用不合格的建筑材料、建筑构配件和设备的;(八)未按照国家规定将竣工验收报告、有关认可文件或者准许使用文件报送备案的”,城建局作出行政处罚决定书对某公司罚款 50 万元,认定事实清楚,处罚决定依据的法律正确。因此,原审法院全部撤销城建局对某公司作出的行政处罚决定确有不当,河南省高级人民法院裁定指令郑州市中级人民法院进行再审。

相关规定

《建筑法》(2019 修正)

第七条　建筑工程开工前,建设单位应当按照国家有关规定向工程所在地县级以上人民政府建设行政主管部门申请领取施工许可证;但是,国务院建设行政主管部门确定的限额以下的小型工程除外。

按照国务院规定的权限和程序批准开工报告的建筑工程,不再领取施工许可证。

第六十四条　违反本法规定,未取得施工许可证或者开工报告未经批准擅自施工的,责令改正,对不符合开工条件的责令停止施工,可以处以罚款。

《建设工程质量管理条例》(2019 修订)

第五十六条 违反本条例规定,建设单位有下列行为之一的,责令改正,处20万元以上50万元以下的罚款:(一)迫使承包方以低于成本的价格竞标的;(二)任意压缩合理工期的;(三)明示或者暗示设计单位或者施工单位违反工程建设强制性标准,降低工程质量的;(四)施工图设计文件未经审查或者审查不合格,擅自施工的;(五)建设项目必须实行工程监理而未实行工程监理的;(六)未按照国家规定办理工程质量监督手续的;(七)明示或者暗示施工单位使用不合格的建筑材料、建筑构配件和设备的;(八)未按照国家规定将竣工验收报告、有关认可文件或者准许使用文件报送备案的。

第七十三条 依照本条例规定,给予单位罚款处罚的,对单位直接负责的主管人员和其他直接责任人员处单位罚款数额5%以上10%以下的罚款。

80. 施工单位未取得安全生产许可证擅自进行生产的怎么处罚?

具体案例

2017年8月6日上午9时15分,鄂尔多斯市鄂托克前旗内蒙古宏利达煤焦精细化工有限公司年产100万吨焦炭分选项目储煤仓防尘棚建筑施工工地,钢网架架设施工过程中发生坍塌,造成2人死亡、2人受伤。施工单位某钢结构工程有限公司,在未取得安全生产许可证、未取得建设项目开工许可证、未制定安全生产管理制度和操作规程的情况下,擅自施工。鄂托克前旗安全生产监督管理局于2018年1月3日立案调查,并根据查明的事实,认为某钢结构工程有限公司违反《安全生产法》(2014修正)第19条第2款、第80条第2款,《建设工程质量管理条例》(2019修订)第25条、第26条的规定,依据《安全生产法》第109条之规定,于2018年1月15日对某钢结构工程有限公司作出罚款人民币49万元的行政处罚决定。①

律师答疑

国家对矿山企业,建筑施工企业,以及危险化学品、烟花爆竹、民用爆炸物品生产企业,实行安全生产许可制度。2004年1月13日,中华人民共和国国务院令第397号公布《安全生产许可证条例》,2013年7月18日进行了第一次修订,2014年7月29日进行了第二次修订。2004年7月5日原建设部同步出台《建筑施工企业安全生产许可证管理规定》,2015年1月22日进行修正。这两部法规、规章是目前安全许可证管理的有效依据。

关于安全许可证的管理,《安全生产许可证条例》(2014修订)第3~5条规定,国务院安全生产监督管理部门负责中央管理的非煤矿矿山企业和危险化学品、烟花爆竹生产企业安全生产许可证的颁发和管理。省、自治区、直辖市人民政府安全生产监督管理部门负责前款规定以外的非煤矿矿山企业和危险化学品、烟花爆竹生产企业安全生产许可证的颁发和管理,并接受国务院安全生产监督管理部门的指导和监督。国家煤矿安全监察机构负责中央管理的煤矿企业安全生产许可证的颁发和管理。省、自治区、直辖市设立的煤矿安全监察机构负责前款规定以外的其他煤矿企业安全生产许可证的颁发和管理,并接受国家煤矿安全监察机构的指导和监督。省、自治区、直辖市人民政府建设主管部门

① 参见内蒙古自治区鄂托克前旗人民法院行政裁定书,(2018)内0623行审3号。

负责建筑施工企业安全生产许可证的颁发和管理,并接受国务院建设主管部门的指导和监督。省、自治区、直辖市人民政府民用爆炸物品行业主管部门负责民用爆炸物品生产企业安全生产许可证的颁发和管理,并接受国务院民用爆炸物品行业主管部门的指导和监督。同时规定,安全生产许可证的有效期为3年。安全生产许可证有效期满需要延期的,企业应当于期满前3个月向原安全生产许可证颁发管理机关办理延期手续。

《建筑施工企业安全生产许可证管理规定》(2015修正)规定,国家对建筑施工企业实行安全生产许可制度。建筑施工企业未取得安全生产许可证的,不得从事建筑施工活动。国务院住房城乡建设主管部门负责对全国建筑施工企业安全生产许可证的颁发和管理工作进行监督指导。省、自治区、直辖市人民政府住房城乡建设主管部门负责本行政区域内前款规定以外的建筑施工企业安全生产许可证的颁发和管理,并接受国务院住房城乡建设主管部门的指导和监督。市、县人民政府住房城乡建设主管部门负责本行政区域内建筑施工企业安全生产许可证的监督管理,并将监督检查中发现的企业违法行为及时报告安全生产许可证颁发管理机关。

企业未取得安全生产许可证擅自从事建筑施工活动的,应当依据《安全生产许可证条例》(2014修订)第19条或者《建筑施工企业安全生产许可证管理规定》(2015修正)第24条的规定进行处罚,这两个法条规定是一致的。前述案例中,导致事故发生的原因是多方面的,没有取得安全生产许可证只是其中的一项违法行为,行政机关的处罚主要考虑的是安全责任方面的因素,因此依据《安全生产法》进行处罚。仅就未取得安全生产许可证而言,《安全生产许可证条例》和《建筑施工企业安全生产许可证管理规定》更具有针对性和可操作性。

上述规定的罚款数额均为10万元以上50万元以下,具体的裁量标准只要与其一致即可。如《广东省住房和城乡建设系统行政处罚自由裁量权基准(工程建设与建筑业类)》规定,擅自从事建筑施工活动的时间少于1个月的，处10万元以上15万元以下的罚款；擅自从事建筑施工活动的时间多于1个月少于2个月的，处15万元以上40万元以下的罚款；擅自从事建筑施工活动的时间多于2个月的，处40万元以上50万元以下的罚款。

相关规定

《安全生产许可证条例》(2014修订)

第二条　国家对矿山企业、建筑施工企业和危险化学品、烟花爆竹、民用爆炸物品生产企业(以下统称企业)实行安全生产许可制度。企业未取得安全生产许可证的，不得从事生产活动。

第十九条　违反本条例规定，未取得安全生产许可证擅自进行生产的，责令停止生产，没收违法所得，并处10万元以上50万元以下的罚款；造成重大事故或者其他严重后果，构成犯罪的，依法追究刑事责任。

《建筑施工企业安全生产许可证管理规定》(2015修正)

第二条　国家对建筑施工企业实行安全生产许可制度。

建筑施工企业未取得安全生产许可证的，不得从事建筑施工活动。

本规定所称建筑施工企业，是指从事土木工程、建筑工程、线路管道和设备安装工程及装修工程的新建、扩建、改建和拆除等有关活动的企业。

第二十四条　违反本规定，建筑施工企业未取得安全生产许可证擅自从事建筑施工活动的，责令其在建项目停止施工，没收违法所得，并处10万元以上50万元以下的罚款；造成重大安全事故或者其他严重后果，构成犯罪的，依法追究刑事责任。

81. 施工单位转让安全生产许可证的怎么处罚？

具体案例

2013年11月1日15时54分许，位于岑溪市三堡镇车河村的岑溪市三堡镇爆竹厂发生烟花爆竹爆炸事故，造成12人死亡、9人重伤、7人轻伤，3栋工房全部炸毁，1栋工房重度损坏，直接经济损失达1041.55万元。对梧州市岑溪“11·1”烟花爆竹爆炸重大事故调查作出的梧州市岑溪市三堡镇爆竹厂“11·1”烟花爆竹爆炸重大事故调查报告认定，该事故是一起生产安全责任事故。事故的直接原因是：企业多股东分包、转包生产线及出租工位各自组织生产，现场作业管理极其混乱，李某违规检修插引机，引发引火线、爆竹半成品燃爆，继而导致相邻工作间和工房爆炸。其中，高某和陈某作为生产线的实际控制人，擅自将生产线和安全生产许可证转让，应当承担相应法律责任，分别被判处有期徒刑3年，缓刑4年。①

律师答疑

安全重于泰山。国家对矿山企业、建筑施工企业和危险化学品、烟花爆竹、民用爆炸物品生产企业实行安全生产许可制度，目的在于保护高危行业的人身、财产安全，强化管理者的安全责任。但是仍有投机取巧者置法律规定于不顾，铤而走险，转让、冒用甚至伪造安全许可证，逃避行政机关的监管。

2021年4月20日，云南省宣威市人民法院（2021）云0381民初555号民事判决书判决了一起转让安全生产许可证的民事纠纷。马某为投

① 参见广西壮族自治区梧州市中级人民法院刑事裁定书，（2015）梧刑一终字第47号。

资采石厂,以76,000元的价格从撒某手中转让取得安全生产许可证,双方签订了《安全生产许可证协议》,后因撒某拒绝注销采矿证,导致马某的目的不能实现,遂诉至法院,请求确认协议无效,全额退款。法院根据双方的责任,判决确认协议无效,按主次责任划分,由撒某退还马某53,200元。这虽然是一起民事纠纷,但双方转让安全生产许可证的行为已经违反了行政法规,应当受到相应的行政处罚。

对于这种双方转让的行为,不但转让者应受到处罚,接受转让者同样应受到处罚。《安全生产许可证条例》(2014修订)第21条第1款规定,转让安全生产许可证的,没收违法所得,处10万元以上50万元以下的罚款,并吊销其安全生产许可证;构成犯罪的,依法追究刑事责任;接受转让的,依照该条例第19条的规定处罚。《建筑施工企业安全生产许可证管理规定》(2015修正)第26条规定,建筑施工企业转让安全生产许可证的,没收违法所得,处10万元以上50万元以下的罚款,并吊销安全生产许可证;构成犯罪的,依法追究刑事责任;接受转让的,依照该规定第24条的规定处罚。其他的处罚同未取得安全生产许可证一致。前述案例中,高某和陈某非法转让安全生产许可证,进而引发重大安全事故,已构成重大责任事故罪,法院的判决罚当其罪。

相关规定

《安全生产许可证条例》(2014修订)

第十三条　企业不得转让、冒用安全生产许可证或者使用伪造的安全生产许可证。

第二十一条　违反本条例规定,转让安全生产许可证的,没收违法所得,处10万元以上50万元以下的罚款,并吊销其安全生产许可证;构成犯罪的,依法追究刑事责任;接受转让的,依照本条例第十九条的规定处罚。

冒用安全生产许可证或者使用伪造的安全生产许可证的，依照本条例第十九条的规定处罚。

《建筑施工企业安全生产许可证管理规定》(2015 修正)

第十八条　建筑施工企业不得转让、冒用安全生产许可证或者使用伪造的安全生产许可证。

第二十六条　违反本规定，建筑施工企业转让安全生产许可证的，没收违法所得，处 10 万元以上 50 万元以下的罚款，并吊销安全生产许可证；构成犯罪的，依法追究刑事责任；接受转让的，依照本规定第二十四条的规定处罚。

冒用安全生产许可证或者使用伪造的安全生产许可证的，依照本规定第二十四条的规定处罚。

82. 施工单位的主要负责人、项目负责人未履行安全生产管理职责的怎么处罚？

具体案例

2013 年 9 月 5 日 16 时许，广州市越秀区东兴北路地段东海嘉园三期 E、F 栋商住楼施工工地发生一起高处坠落事故，造成 1 人死亡。2014 年 4 月 4 日，广州市越秀区建设和水务局(以下简称建设局)对林某涉嫌未履行安全职责一案进行立案调查。2014 年 4 月 24 日对林某送达行政处罚告知书和行政处罚听证告知书，林某提交了对行政处罚的陈述和申辩意见。建设局经审查后认定林某作为施工工地总承包单位项目负责人，于 2013 年 9 月 5 日对塔吊安装单位广州中裕建安工程有限公司(以下简称中裕公司)在上述工地进行塔吊附着、加节顶升施工过程中未落实安全生产责任制度、安全生产规范制度和操作规程,存在未履行项目负责人安全职责的违法行为,所以于2014年5月14日作出越建管罚(2014)2号行政处罚决定书,依据《建设工程安全生产管理条例》第66条的规定,对林某处3万元的罚款。林某不服,诉至法院。一审法院驳回了林某的诉讼请求,二审法院予以维持。①

律师答疑

首先,明确施工单位的主要负责人。中共中央、国务院《关于推进安全生产领域改革发展的意见》规定,生产经营单位的法定代表人和实际控制人同为安全生产的第一责任人。法定代表人,是指依法律或法人章程规定代表法人行使职权的负责人。我国法律实行单一法定代表人制,一般认为法人的正职行政负责人为其唯一法定代表人。公司制的企业,按照《公司法》的规定,有限责任公司(包括国有独资公司)和股份有限公司的董事长是公司的法定代表人,经理负责"主持公司的生产经营工作"。因此,有限责任公司和股份有限公司的主要负责人应当是公司董事长和经理(总经理、首席执行官或其他实际履行经理职责的企业负责人)。实际控制人,通常指虽不是企业的法定代表人或者股东,但通过投资关系、协议或者其他安排,能够实际支配公司行为的人。在一般情况下,企业法定代表人由董事长或总经理担任,也是企业实际控制人。但是,一些企业特别是一些中小企业的法定代表人背后往往另有实际控制人,他们对企业的重大事项有最终的决策权,应当认定为主要负责人。

其次,明确施工单位的项目负责人。建设工程的施工单位不同于其他生产经营单位:一个施工单位有时会同时承揽几项工程,有多个施工现场。针对施工现场的特殊性,为了加强施工现场的安全生产管理,施

① 参见广东省广州市中级人民法院行政判决书,(2015)穗中法行终字第451号。

工单位要对每个工程项目委派一名项目负责人，即项目经理，对工程项目施工过程全面负责。项目负责人选调技术、生产、材料、成本等管理人员，组成项目管理班子。项目负责人在工程项目中处于中心地位，对工程项目施工安全全面负责。《建设工程安全生产管理条例》第 21 条第 2 款规定，“施工单位的项目负责人应当由取得相应执业资格的人员担任，对建设工程项目的安全施工负责……”相应的执业资格，目前是指国家对建设工程项目总承包及施工管理关键岗位的专业技术人员实行建造师执业资格制度，分为一级建造师和二级建造师。建造师经注册后，有权以建造师名义担任建设工程项目施工的项目经理及从事其他施工活动的管理。

再次，明确施工单位主要负责人和项目负责人的安全责任。《建设工程安全生产管理条例》第 21 条规定：“施工单位主要负责人依法对本单位的安全生产工作全面负责。施工单位应当建立健全安全生产责任制度和安全生产教育培训制度，制定安全生产规章制度和操作规程，保证本单位安全生产条件所需资金的投入，对所承担的建设工程进行定期和专项安全检查，并做好安全检查记录。施工单位的项目负责人应当由取得相应执业资格的人员担任，对建设工程项目的安全施工负责，落实安全生产责任制度、安全生产规章制度和操作规程，确保安全生产费用的有效使用，并根据工程的特点组织制定安全施工措施，消除安全事故隐患，及时、如实报告生产安全事故。”施工单位主要负责人、项目负责人是对安全施工起着关键作用的人员，《建设工程安全生产管理条例》对他们的安全责任作了详细而明确的规定，对于认真落实安全责任制度、保证施工单位的安全生产、防止安全事故的发生具有重大意义。

最后，明确行政处罚的法律适用。《安全生产法》（2021 修正）第 94 条第 1 款规定：“生产经营单位的主要负责人未履行本法规定的安全生产管理职责的，责令限期改正，处二万元以上五万元以下的罚款；逾期未改正的,处五万元以上十万元以下的罚款,责令生产经营单位停产停业整顿。"《建设工程安全生产管理条例》第66条第3款规定:"施工单位的主要负责人、项目负责人有前款违法行为,尚不够刑事处罚的,处2万元以上20万元以下的罚款或者按照管理权限给予撤职处分;自刑罚执行完毕或者受处分之日起,5年内不得担任任何施工单位的主要负责人、项目负责人。"二者处罚标准不一,适用情形也不同。如果施工单位的主要负责人、项目负责人未履行《安全生产法》所规定的安全管理责任,则应当按《安全生产法》(2021修正)第94条、第96条的规定作出行政处罚。如果未履行《建设工程安全生产管理条例》第21条规定的安全责任,则应当按《建设工程安全生产管理条例》第66条的规定作出行政处罚。只要做到违反条款与处罚条款一一对应,就不存在法律适应上的冲突。

相关规定

《安全生产法》(2021修正)

第二十一条　生产经营单位的主要负责人对本单位安全生产工作负有下列职责:

(一)建立健全并落实本单位全员安全生产责任制,加强安全生产标准化建设;

(二)组织制定并实施本单位安全生产规章制度和操作规程;

(三)组织制定并实施本单位安全生产教育和培训计划;

(四)保证本单位安全生产投入的有效实施;

(五)组织建立并落实安全风险分级管控和隐患排查治理双重预防工作机制,督促、检查本单位的安全生产工作,及时消除生产安全事故隐患；

（六）组织制定并实施本单位的生产安全事故应急救援预案；

（七）及时、如实报告生产安全事故。

第九十四条 生产经营单位的主要负责人未履行本法规定的安全生产管理职责的，责令限期改正，处二万元以上五万元以下的罚款；逾期未改正的，处五万元以上十万元以下的罚款，责令生产经营单位停产停业整顿。

生产经营单位的主要负责人有前款违法行为，导致发生生产安全事故的，给予撤职处分；构成犯罪的，依照刑法有关规定追究刑事责任。

生产经营单位的主要负责人依照前款规定受刑事处罚或者撤职处分的，自刑罚执行完毕或者受处分之日起，五年内不得担任任何生产经营单位的主要负责人；对重大、特别重大生产安全事故负有责任的，终身不得担任本行业生产经营单位的主要负责人。

《建设工程安全生产管理条例》

第二十一条 施工单位主要负责人依法对本单位的安全生产工作全面负责。施工单位应当建立健全安全生产责任制度和安全生产教育培训制度，制定安全生产规章制度和操作规程，保证本单位安全生产条件所需资金的投入，对所承担的建设工程进行定期和专项安全检查，并做好安全检查记录。

施工单位的项目负责人应当由取得相应执业资格的人员担任，对建设工程项目的安全施工负责，落实安全生产责任制度、安全生产规章制度和操作规程，确保安全生产费用的有效使用，并根据工程的特点组织制定安全施工措施，消除安全事故隐患，及时、如实报告生产安全事故。

第六十六条　违反本条例的规定，施工单位的主要负责人、项目负责人未履行安全生产管理职责的，责令限期改正；逾期未改正的，责令施工单位停业整顿；造成重大安全事故、重大伤亡事故或者其他严重后果，构成犯罪的，依照刑法有关规定追究刑事责任。

作业人员不服管理、违反规章制度和操作规程冒险作业造成重大伤亡事故或者其他严重后果，构成犯罪的，依照刑法有关规定追究刑事责任。

施工单位的主要负责人、项目负责人有前款违法行为，尚不够刑事处罚的，处2万元以上20万元以下的罚款或者按照管理权限给予撤职处分；自刑罚执行完毕或者受处分之日起，5年内不得担任任何施工单位的主要负责人、项目负责人。

83. 特种作业人员未按照规定经专门的安全作业培训并取得相应资格上岗作业的怎么处罚？

具体案例

2016年11月3日，胶州市安全生产监督管理局对某钢结构公司执法检查时，发现其存在三项违法行为：(1)电焊工徐某、杜某未按照规定经专门的安全作业培训并取得相应资格，上岗作业；(2)未在有较大危险因素的行车(8部)、开式双柱固定台压力机上设置明显的安全警示标志；(3)生产经营场所未设有符合紧急疏散需要、标志明显、保持畅通的出口。执法人员当场下达了责令限期整改指令书，要求该公司于2016年11月16日前对上述问题整改完毕，并对上述问题拟立案查处。履行听证程序后，安全生产监督管理局作出(胶)安监管罚(2016)120号行政处罚决定书，认为某钢结构公司的行为违反了《安全生产法》(2014修正)第27条、第32条、第39条第2款的规定，依据《安全生产法》(2014修正)第94条第7项、第96条第1项、第102条第2项的规定，罚款人民币9万元，并于当日送达。某钢结构公司不服，提起行政诉讼。一审法院判决驳回该公司的诉讼请求，二审法院以适用法律错误、处理结果不当为由撤销一审判决，变更行政处罚决定书"罚款人民币九万元"为"罚款人民币三万元"。①

律师答疑

特种作业，是指容易发生事故，对操作者本人、他人的安全健康及设备、设施的安全可能造成重大危害的作业。根据原国家安全生产监督管理局颁布的《特种作业人员安全技术培训考核管理规定》(2015修正)，特种作业的范围由特种作业目录规定。根据现行特种作业目录，特种作业大致包括：(1)电工作业，指对电气设备进行运行、维护、安装、检修、改造、施工、调试等作业(不含电力系统进网作业)；(2)焊接与热切割作业，指运用焊接或者热切割方法对材料进行加工的作业(不含《特种设备安全监察条例》规定的有关作业)；(3)高处作业，指专门或经常在坠落高度基准面2米及以上有可能坠落的高处进行的作业；(4)制冷与空调作业，指对大中型制冷与空调设备运行操作、安装与修理的作业；(5)煤矿安全作业；(6)金属非金属矿山安全作业；(7)石油天然气安全作业；(8)冶金(有色)生产安全作业；(9)危险化学品安全作业，指从事危险化工工艺过程操作及化工自动化控制仪表安装、维修、维护的作业；(10)烟花爆竹安全作业，指从事烟花爆竹生产、储存中的药物混合、造粒、筛选、装药、筑药、压药、搬运等危险工序的作业；(11)原国家安全生

---

① 参见山东省青岛市中级人民法院行政判决书，(2018)鲁02行终296号。

产监督管理局认定的其他作业。直接从事以上特种作业的从业人员,就是特种作业人员。

《安全生产法》(2021 修正)第 30 条第 1 款规定,“生产经营单位的特种作业人员必须按照国家有关规定经专门的安全作业培训,取得相应资格,方可上岗作业”。《特种作业人员安全技术培训考核管理规定》(2015 修正)第 5 条规定,特种作业人员必须经专门的安全技术培训并考核合格,取得“中华人民共和国特种作业操作证”后,方可上岗作业。没有取得特种作业相应资格的,不得上岗从事特种作业。特种作业人员的资格是安全准入类,属于行政许可范畴,由主管的负有安全生产监督管理职责的部门实施特种作业人员的考核发证工作。特种作业人员未按照规定经专门的安全作业培训并取得相应资格就上岗作业的,其所在的生产经营单位将根据规定承担相应的法律责任。

前述案例中,一共有三项违法行为。对于第 1 项违法行为,即杜某、徐某未按照规定经专门的安全作业培训并取得相应资格上岗作业,胶州市安全生产监督管理局依据《安全生产法》(2014 修正)第 27 条、第 94 条第 7 项规定作出罚款 3 万元的行政处罚,认定事实清楚,适用法律正确,裁量适当,二审法院予以认定。

对于另外两项违法行为,二审法院认为,《安全生产法》(2014 修正)第 96 条第 1 项规定:“生产经营单位有下列行为之一的,责令限期改正,可以处五万元以下的罚款;逾期未改正的,处五万元以上二十万元以下的罚款,对其直接负责的主管人员和其他直接责任人员处一万元以上二万元以下的罚款;情节严重的,责令停产停业整顿;构成犯罪的,依照刑法有关规定追究刑事责任:(一)未在有较大危险因素的生产经营场所和有关设施、设备上设置明显的安全警示标志的。”第 102 条规定:“生产经营单位有下列行为之一的,责令限期改正,可以处五万元以下的罚款,对其直接负责的主管人员和其他直接责任人员可以处一万元以下的罚款;逾期未改正的,责令停产停业整顿;构成犯罪的,依照刑法有关规定追究刑事责任……(二)生产经营场所和员工宿舍未设有符合紧急疏散需要、标志明显、保持畅通的出口,或者锁闭、封堵生产经营场所或者员工宿舍出口的。”根据上述法律规定,有关行政执法机关在责令限期改正的同时,可以根据案件情况决定是否给予违法的生产经营单位及其直接负责的主管人员和其他直接责任人员罚款的行政处罚。如果生产经营单位违法情节比较严重,现实危险性比较大,甚至导致生产安全事故发生,则有关行政执法机关可以同时对生产经营单位处以 5 万元以下的罚款,对其直接负责的主管人员和其他直接责任人员处以 1 万元以下的罚款。这里的“罚款”应是选择性处罚措施。一般来说,对于违法情节比较严重的生产经营单位才同时给予罚款的处罚,违法情节轻微的责令其限期改正违法行为即可。

前述案例中,行政机关责令上诉人限期改正后,又分别给予罚款 5 万元、1 万元的行政处罚,虽然该处罚幅度在上述法律规定的限度内,但是行政机关下达责令限期整改指令书后,上诉人对检查存在的两项问题在整改指令书规定的期限内进行了整改,行政机关针对该两项问题分别再处以 5 万元、1 万元罚款的行政处罚,不符合上述法律的立法本意,明显不当。过重罚款不利于小微实体企业的经营发展。裁量适当的行政处罚一方面能够规范企业安全生产经营活动,更好地规范市场经营秩序、释放市场活力;另一方面符合不断推进的简政放权、放管结合、优化服务、提高行政机关工作效能的要求。故对于行政机关作出的上述处罚内容,二审法院不予支持。因此,二审法院撤销一审判决,变更行政处罚决定书“罚款人民币九万元”为“罚款人民币三万元”。

2021 年 6 月 10 日修正的《安全生产法》对上述法条进行修改,删除了“可以”,提高了罚款的金额,因此不存在选择性适用问题,也彰显了国家对人民群众生命财产安全的重视。

相关规定

《安全生产法》(2021 修正)

第三十条 生产经营单位的特种作业人员必须按照国家有关规定经专门的安全作业培训,取得相应资格,方可上岗作业。

特种作业人员的范围由国务院应急管理部门会同国务院有关部门确定。

第九十七条 生产经营单位有下列行为之一的,责令限期改正,处十万元以下的罚款;逾期未改正的,责令停产停业整顿,并处十万元以上二十万元以下的罚款,对其直接负责的主管人员和其他直接责任人员处二万元以上五万元以下的罚款:

(一)未按照规定设置安全生产管理机构或者配备安全生产管理人员、注册安全工程师的;

(二)危险物品的生产、经营、储存、装卸单位以及矿山、金属冶炼、建筑施工、运输单位的主要负责人和安全生产管理人员未按照规定经考核合格的;

(三)未按照规定对从业人员、被派遣劳动者、实习学生进行安全生产教育和培训,或者未按照规定如实告知有关的安全生产事项的;

(四)未如实记录安全生产教育和培训情况的;

(五)未将事故隐患排查治理情况如实记录或者未向从业人员通报的;

(六)未按照规定制定生产安全事故应急救援预案或者未定期组织演练的;

(七)特种作业人员未按照规定经专门的安全作业培训并取得相应资格,上岗作业的。

84. 小散工程建筑施工企业专职安全生产管理人员未落实安全生产管理制度的怎么处罚?

具体案例

2021 年 6 月 3 日,深圳市福田街道综合行政执法队执法员在福田区福强路巡查时发现有工程正在施工,但现场施工人员未按照相关规定佩戴安全帽且在脚手架上作业时安全生产管理人员未在现场进行指导,其行为涉嫌违反《建筑施工企业主要负责人、项目负责人和专职安全生产管理人员安全生产管理规定》的有关规定。2021 年 6 月 9 日,专职安全生产管理人员黎某在福田街道综合行政执法队接受调查询问。调查表明,黎某未按照规定履行安全生产管理职责的违法行为属实,违反了《建筑施工企业主要负责人、项目负责人和专职安全生产管理人员安全生产管理规定》第 14 条关于“主要负责人对本企业安全生产工作全面负责,应当建立健全企业安全生产管理体系,设置安全生产管理机构,配备专职安全生产管理人员,保证安全生产投入,督促检查本企业安全生产工作,及时消除安全事故隐患,落实安全生产责任”的规定。依据《建筑施工企业主要负责人、项目负责人和专职安全生产管理人员安全生产管理规定》第 33 条“专职安全生产管理人员未按规定履行安全生产管理职责的,由县级以上地方人民政府住房和城乡建设主管部门责令限期改正,并处 1000 元以上 5000 元以下的罚款;造成生产安全事故或者其他严重后果的,按照《生产安全事故报告和调查处理条例》的有关规定,依法暂扣或者吊销安全生产考核合格证书;构成犯罪的,依法追究刑事责任”之规定,因黎某违法程度较轻且未造成严重后果,根据《广东省住房和城乡建设系统行政处罚自由裁量权基准(工程建设与建筑业类)》B711.33 的裁量标准，给予当事人黎某罚款1000元整的行政处罚，当事人已缴纳完毕。①

律师答疑

目前，建设工程大体上可分为两大类：一是管理职责明确的建设活动，主要包括需办理施工许可或报建手续的房屋市政工程、交通工程、水务工程等，由住建、水务、交通等建设工程主管部门依职责分工分别监管；二是尚未纳入监管的建设活动，主要包括无须办理施工许可证的小型建设工程，零星作业，限额以上的历史遗留违法建筑二次装修工程。

《建筑法》（2019修正）第7条第1款规定，建筑工程开工前，建设单位应当按照国家有关规定向工程所在地县级以上人民政府建设行政主管部门申请领取施工许可证；但是，国务院建设行政主管部门确定的限额以下的小型工程除外。《建筑工程施工许可管理办法》（2018修正）第2条第2款规定，工程投资额在30万元以下或者建筑面积在300平方米以下的建筑工程，可以不申请办理施工许可证。省、自治区、直辖市人民政府住房城乡建设主管部门可以根据当地的实际情况，对限额进行调整，并报国务院住房城乡建设主管部门备案。如住房和城乡建设部办公厅《关于同意广东省房屋建筑和市政基础设施工程施工许可证办理限额备案的复函》（建办市函〔2019〕472号）同意工程投资额在100万元以下（含100万元）或者建筑面积在500平方米以下（含500平方米）的房屋建筑和市政基础设施工程，可以不申请办理施工许可证的政策。

小散工程虽然无须办理施工许可证，但仍然要纳入政府相关行政主管部门的监管之中。前述案例中，小散工程建筑施工企业未配备专职安全生产管理人员，未落实安全生产管理制度，违反《建筑施工企业主要负责人、项目负责人和专职安全生产管理人员安全生产管理规定》第14条的规定，按照该规定第33条的规定作出罚款1000元的行政处罚，并无

① 参见深圳市城市管理和综合执法局2021年第二季度以案释法典型案例。

不妥。如施工单位的主要负责人、项目负责人未履行的安全生产管理职责属于《安全生产法》(2021修正)所规定的安全生产管理职责，则应依据《安全生产法》(2021修正)第94条、第96条规定作出行政处罚。

相关规定

《建筑施工企业主要负责人、项目负责人和专职安全生产管理人员安全生产管理规定》

第十四条　主要负责人对本企业安全生产工作全面负责，应当建立健全企业安全生产管理体系，设置安全生产管理机构，配备专职安全生产管理人员，保证安全生产投入，督促检查本企业安全生产工作，及时消除安全事故隐患，落实安全生产责任。

第三十三条　专职安全生产管理人员未按规定履行安全生产管理职责的，由县级以上地方人民政府住房城乡建设主管部门责令限期改正，并处1000元以上5000元以下的罚款；造成生产安全事故或者其他严重后果的，按照《生产安全事故报告和调查处理条例》的有关规定，依法暂扣或者吊销安全生产考核合格证书；构成犯罪的，依法追究刑事责任。

85. 在小散工程中承担安全评价、认证、检测、检验工作的机构，出具虚假安全评价、检测检验报告的怎么处罚？

具体案例

2015年6月9日9时30分左右，大连金州新区城市污水管网滨海

2号提升泵站(以下简称滨海2号泵站)发生一起4人死亡的较大中毒事故。大连市安全生产监督管理局接到事故报告后,于2015年6月9日立案调查。经调查,汇智公司于2001年5月15日在大连市工商行政管理局办理登记手续,经营范围:建设工程设计咨询、技术咨询、建设咨询及顾问服务等,施工图审查机构认定机构类别为二类。调查组认定,汇智公司没有按照《室外排水设计规范》(GB 50014—2006)(已废止)的规定对滨海2号泵站设计图纸进行审查,没有发现滨海2号泵站格栅间有毒气体监测和报警设施在设计上未严格执行《室外排水设计规范》(GB 50014—2006)(已废止)5.1.3强制条款的设计缺陷问题,违反了《房屋建筑和市政基础设施工程施工图设计文件审查管理办法》(以下简称《施工图审查管理办法》)第11条的规定,对事故发生负有责任。大连市安全生产监督管理局依据《安全生产法》(2014修正)第109条第2项"发生生产安全事故,对负有责任的生产经营单位除要求依法承担相应的赔偿责任外,由安全生产监督管理部门依照下列规定处以罚款:……(二)发生较大事故的,处五十万元以上一百万元以下的罚款"的规定,对汇智公司作出罚款人民币50万元的行政处罚。汇智公司不服,提起行政诉讼,一审法院驳回其诉讼请求。二审法院认为,汇智公司作为一家图纸审查机构,不是《安全生产法》所指的对生产安全事故负有责任的"生产经营单位",遂判决撤销一审判决,撤销大连市安全生产监督管理局作出的行政处罚决定书。[①]

律师答疑

首先,国家建立了安全评价、认证、检测、检验制度。在企业生产过程中,为了对企业的安全生产条件和工程建设项目进行安全评价,对有关设施、设备进行安全性能的检测、检验或者认证,并对生产经营单位的

---

① 参见辽宁省大连市中级人民法院行政判决书,(2017)辽02行终242号。

有关人员进行安全生产管理、安全教育等方面的培训等，国家建立了安全评价、认证、检测、检验制度。为了保证有关安全性评价、检测、检验或者认证等工作的客观性、公正性和权威性，要求承担相关工作的机构具有一定的专业性和中立性：既独立于政府监督管理部门，又独立于生产经营单位。《安全生产法》(2021 修正)第 15 条规定："依法设立的为安全生产提供技术、管理服务的机构，依照法律、行政法规和执法准则，接受生产经营单位的委托为其安全生产工作提供技术、管理服务。生产经营单位委托前款规定的机构提供安全生产技术、管理服务的，保证安全生产的责任仍由本单位负责。"前述案例中，汇智公司对案涉滨海 2 号泵站施工图设计文件进行审查，系对案涉施工图设计文件涉及公共利益、公众安全和工程建设强制性标准的内容所进行的审查，属于对建设工程设计质量进行监督的重要内容，其不是生产经营单位，行政机关作出的行政处罚没有法律依据。

其次，承担安全评价、认证、检测、检验职责的机构应当具备法定的资质条件。为保证安全评价、认证、检测、检验结果的客观、公正、准确，《安全生产法》(2021 修正)第 72 条第 1 款规定："承担安全评价、认证、检测、检验职责的机构应当具备国家规定的资质条件，并对其作出的安全评价、认证、检测、检验结果的合法性、真实性负责。资质条件由国务院应急管理部门会同国务院有关部门制定。"这里所讲的"资质条件"，主要指安全评价机构资质和安全生产检测检验机构资质，包括对必要的技术人员、管理人员资格方面的要求，对必要的检测、检验设备方面的要求，对必要的组织机构的要求，对建立健全有关检测、检验操作规程的要求等。承担安全评价、认证、检测、检验职责的机构开展安全评价、认证、检测、检验前应当取得相应的资质，并且在资质的有效期内、在资质认可的业务范围内开展评价、认证、检测、检验。这里讲的"国家规定"，包括法律、法规和部门规章的规定。如应急管理部 2019 年出台的《安全评价检测检验机构管理办法》，就对申请安全评价机构、安全生产检测检验机构资质应当具备的条件作出了明确规定。

最后,承担安全评价、认证、检测、检验职责的机构应当对安全评价、认证、检测、检验的结果负责。安全评价或检测检验报告是安全评价过程的具体体现和概括性总结,作为第三方出具的技术性咨询文件,可为政府安全生产监管、监察部门、行业主管部门等相关单位对评价对象的安全行为进行法律、法规、标准、行政规章、规范的符合性判别所用。一方面,承担安全评价、认证、检测、检验职责的机构应当客观、公正、规范、专业地完成受委托事项。承担安全评价、认证、检测、检验职责的机构接受委托进行有关安全评价、认证、检测、检验,必须做到客观、公正,不得与委托方存在利益交换或者其他影响其客观、公正出具报告的情形;评价、认证、检测、检验的过程必须按照规定的程序和操作规则进行,按照规定进行记录并归档。另一方面,承担安全评价、认证、检测、检验职责的机构应当出具与实际情况相符,结论定性符合客观实际的报告,评价、认证、检测、检验的结果应当有明确依据,符合相关规则和标准,保证结果的合法性和准确性。前述案例中,虽然汇智公司不承担本属于生产经营单位的安全责任,但如果报告存在失实情况或者其出具虚假报告,应当承担相应的法律责任。《安全生产法》(2021 修正)第 92 条第 1 款规定:“承担安全评价、认证、检测、检验职责的机构出具失实报告的,责令停业整顿,并处三万元以上十万元以下的罚款;给他人造成损害的,依法承担赔偿责任。”

需要注意的是,承担安全评价、认证、检测、检验职责的机构对小散工程和对管理职责明确的工程出具虚假安全评价、检测检验报告,应当按照各地县级以上人民政府规定的行政处罚权责清单的规定,分别依法处理。

相关规定

《安全生产法》(2021 修正)

第七十二条 承担安全评价、认证、检测、检验职责的机构应当具备国家规定的资质条件,并对其作出的安全评价、认证、检测、检验结果的合法性、真实性负责。资质条件由国务院应急管理部门会同国务院有关部门制定。

承担安全评价、认证、检测、检验职责的机构应当建立并实施服务公开和报告公开制度,不得租借资质、挂靠、出具虚假报告。

第九十二条 承担安全评价、认证、检测、检验职责的机构出具失实报告的,责令停业整顿,并处三万元以上十万元以下的罚款;给他人造成损害的,依法承担赔偿责任。

承担安全评价、认证、检测、检验职责的机构租借资质、挂靠、出具虚假报告的,没收违法所得;违法所得在十万元以上的,并处违法所得二倍以上五倍以下的罚款,没有违法所得或者违法所得不足十万元的,单处或者并处十万元以上二十万元以下的罚款;对其直接负责的主管人员和其他直接责任人员处五万元以上十万元以下的罚款;给他人造成损害的,与生产经营单位承担连带赔偿责任;构成犯罪的,依照刑法有关规定追究刑事责任。

对有前款违法行为的机构及其直接责任人员,吊销其相应资质和资格,五年内不得从事安全评价、认证、检测、检验等工作;情节严重的,实行终身行业和职业禁入。

第六章

其　他

86. 未经城市人民政府市容环境卫生行政主管部门同意，擅自设置大型户外广告，影响市容的怎么处罚？

具体案例

长葛市某水上世界娱乐公司在位于人民路与八一路交叉口北路东设置大型户外广告。长葛市城市执法局收到信访局《关于交办省委第九巡视组转办的第二批案件的函》，反映某水上世界娱乐公司在其楼前违规建造大型广告牌，影响其住宅安全等问题。执法局遂向该公司送达限期改正违法行为通知书，认定该公司未经审批擅自设置大型户外广告，违反了《许昌市城市市容和环境卫生管理条例》（2019 修正）第 20 条第 2 款的规定，责令其限期自行拆除违章设置的户外广告。该公司未在上述规定的时间内拆除。执法局于 2017 年 9 月 19 日立案查处，履行了告知程序，该公司未提出陈述和申辩。2017 年 12 月 22 日，执法局对该公司作出行政处罚决定书，并于当日送达该公司。该公司不服，诉至法院。一审法院驳回该公司起诉，二审法院维持了一审判决。①

律师答疑

首先，把握户外广告的发布规则。《广告法》的立法目的是规范广告活动，保护消费者的合法权益，促进广告业的健康发展，维护社会经济秩序。其调整的是商品经营者或者服务提供者通过一定媒介和形式直接或间接地介绍自己所推销产品或者服务的商业广告活动，更多关注广告的内容。而《城市市容和环境卫生管理条例》（2017 修订）和各城市制

① 参见河南省许昌市中级人民法院行政判决书，（2018）豫 10 行终 182 号。

定的户外广告管理办法,规范的是户外广告的设置。《城市市容和环境卫生管理条例》(2017 修订)第 11 条第 2 款规定,大型户外广告的设置必须征得城市人民政府市容环境卫生行政主管部门同意后,按照有关规定办理审批手续。《深圳市户外广告管理办法》(2018 修订)规定,利用公共用地设置户外广告,应当通过拍卖方式取得公共用地上的户外广告设置权,城管部门负责组织公共用地上户外广告的拍卖工作;在非公共用地设置大型户外广告的,应当向区城管部门提出设置申请。

对于设置户外广告的有效期限,各城市规定不一,2 年到 6 年不等。如《徐州市户外广告和招牌设置管理办法》第 19 条规定,电子显示屏设置期限不得超过 5 年,其他户外广告设置期限不得超过 3 年。《荆州市户外广告和招牌设置管理办法》规定,户外广告设置许可期限一般不超过 3 年,电子显示屏(牌)设置许可期限一般不超过 6 年,临时户外广告设置期限应当与批准活动期限一致,工地围栏或者围墙广告设置期限不得超过项目建设期。《惠州市户外广告和招牌设置管理办法》第 22 条第 1 款规定,大型户外广告设置的有效期限不超过 3 年,具体期限根据申请要求、户外广告设置场所使用期限、户外广告设施设计使用年限、城市管理要求等因素合理确定。《宁德市户外广告和招牌设置管理条例》第 16 条第 1 款规定,电子显示装置的大型户外广告设置许可有效期最长为 5 年,其他大型户外广告设置许可有效期最长为 3 年。

其次,明确被处罚的主体。户外广告设置在谁的建筑物或土地使用权属范围内,就确定谁是被处罚的主体的说法是错误的。《广告法》对广告主、广告经营者、广告发布者进行了区分,各自承担不同的权利和义务。要进行调查,看户外广告的设置人是谁,如对过了设置许可有效期的广告,要看是谁申请许可的。未经许可设置户外广告的,要看广告主是否委托了广告经营者设置广告。设置大型户外广告,一般情况下都是委托专门的广告公司进行设置。因此,按照“谁设置谁负责,谁违法处罚谁”的原则,设置广告的公司应当作为行政处罚的行为相对人。

再次,明确行政执法的范围及法律适用。实务中会遇到管辖权交叉的问题,如高速公路两旁的大型户外广告的管理。《公路法》(2017修正)第54条规定:“任何单位和个人未经县级以上地方人民政府交通运输主管部门批准,不得在公路用地范围内设置公路标志以外的其他标志。”《收费公路管理条例》第20条第1款规定:“收费公路的权益,包括收费权、广告经营权、服务设施经营权。”高速公路广告经营权是一种基于高速公路构筑物自身及高速公路用地这一“物”而产生的用益物权,因此高速公路广告应当由省人民政府交通运输主管部门统一规划,其设计和施工应当经省公路管理机构批准。关于高速公路沿线的范围,各省规定不同。《江苏省高速公路沿线广告设施管理办法》第2条第2款规定:“本办法所称高速公路沿线包括高速公路、高速公路用地、高速公路用地外缘起100米范围内的区域。”广东省交通运输厅《关于公路两侧广告标牌设施的管理办法》第3条规定:“本办法所称公路两侧是指从公路沿线两侧边沟(截水沟或者坡脚护坡道;无边沟的,防撞栏或者防撞墙外侧5米,下同)外缘起算,高速公路80米,国道50米,省道30米,县道20米,乡道10米以内的范围。”因此,在上述范围内的大型户外广告设置由交通管理部门进行管理。如果设立广告牌的地点位于环城高速两侧,属于城市的建成区域,并且直接对市容市貌产生影响,则应当受《城市市容和环境卫生管理条例》和各地户外广告设置管理办法的调整。即便设立的广告牌已经取得了交通运输主管部门的行政许可,也应当依照户外广告设置管理办法的规定,经过城市综合行政执法部门的批准。广告牌设置的地点特殊,同时受上述两部法律规定的调整;因两部法律规定对于设置广告牌的法律调整目的不同,在实践中并不产生适用上的冲突。

最后,应注意执法的程序。未经批准擅自设置户外广告或者已超过户外广告设置的许可期限设置户外广告的,应予以拆除;但拆除已建成的违法构筑物,亦应符合法定的程序。《行政强制法》第34条规定:“行政机关依法作出行政决定后,当事人在行政机关决定的期限内不履行义务的，具有行政强制执行权的行政机关依照本章规定强制执行。”第35条规定：“行政机关作出强制执行决定前，应当事先催告当事人履行义务……”第37条规定：“经催告，当事人逾期仍不履行行政决定，且无正当理由的，行政机关可以作出强制执行决定……”第44条规定：“对违法的建筑物、构筑物、设施等需要强制拆除的，应当由行政机关予以公告，限期当事人自行拆除。当事人在法定期限内不申请行政复议或者提起行政诉讼，又不拆除的，行政机关可以依法强制拆除。”行政强制法对违法建筑物、构筑物、设施等强制拆除行为规定了比一般行政强制执行更多的前置条件，即应经公告并经法定期限届满后，被执行人仍未自行拆除也未提起行政复议或行政诉讼的，有强制执行权的行政机关才可以依法自行强制执行。在实务中，存在“一阵风”式执法、任务式执法，经常性监管不到位，遇到任务和形势要求搞突击执法，不考虑执法的程序和行政相对人的救济权利，造成执法程序的严重违法。

此外，《城市市容和环境卫生管理条例》（2017修订）规定对擅自设置大型户外广告的，责令其停止违法行为，限期清理、拆除或者采取其他补救措施，并可处以罚款，但并没有规定罚款数额。各城市有具体规定。如《深圳经济特区市容和环境卫生管理条例》（2019修正）第32条规定：“未经主管部门批准不得设置大型户外广告。违反前款规定的，责令限期拆除，并处五千元以上一万元以下罚款。”《深圳市户外广告管理办法》（2018修订）第33条规定：“违反本办法规定，有下列情形之一的，由城管部门按照以下规定处罚：（一）未经城管部门批准擅自设置面积在10平方米以上的立柱广告、支架式广告、电子显示屏广告和墙体广告的，责令限期拆除，处1万元罚款；逾期不拆除的，实行按日计罚，每日罚款1万元，计罚期间自城管部门作出责令限期拆除的期限届满之日起至城管部门查验确已拆除之日止；当事人申请查验的，城管部门应当于申请当日实施查验，未能于申请当日实施查验的以申请日为查验日；按日计罚累积处罚总额不超过10万元；未经城管部门批准擅自设置其他户外广告的,责令限期拆除,处5000元罚款……”

相关规定

《城市市容和环境卫生管理条例》(2017修订)

第十一条 在城市中设置户外广告、标语牌、画廊、橱窗等,应当内容健康、外型美观,并定期维修、油饰或者拆除。大型户外广告的设置必须征得城市人民政府市容环境卫生行政主管部门同意后,按照有关规定办理审批手续。

第三十六条 有下列行为之一者,由城市人民政府市容环境卫生行政主管部门或者其委托的单位责令其停止违法行为,限期清理、拆除或者采取其他补救措施,并可处以罚款:(一)未经城市人民政府市容环境卫生行政主管部门同意,擅自设置大型户外广告,影响市容的……

87. 未取得燃气经营许可证从事燃气经营活动的怎么处罚?

具体案例

2019年1月7日上午,位于广州市番禺区的某餐饮店发生燃气爆燃事故,事故造成1人死亡,3人受伤,番禺区城市管理和综合执法局执法人员于当日12时25分对该店进行调查取证。经查,发生爆燃事故的餐饮店的燃气是郭某供应的,其2017年7月开始经营瓶装液化石油气,平时开着二轮摩托车在各个村兜转,收空瓶后向客户提供重瓶。郭某没有取得燃气经营许可证。经过告知、听证等程序,2019年10月12日,番禺区城市管理和综合执法局向郭某作出行政处罚决定书,依据《城镇燃气管理条例》(2016 修订)第 45 条第 1 款的规定,责令改正,罚款 365,000 元。郭某不服提起诉讼,一审法院综合考虑郭某违法行为性质、情节、能力承担范围,认为该罚款金额过高,将罚款数额酌情变更为 15 万元。[①]

律师答疑

国家对燃气经营实行许可制度。《城镇燃气管理条例》(2016 修订)第 15 条规定,从事燃气经营活动的企业,应当具备下列条件:(1)符合燃气发展规划要求;(2)有符合国家标准的燃气气源和燃气设施;(3)有固定的经营场所、完善的安全管理制度和健全的经营方案;(4)企业的主要负责人、安全生产管理人员以及运行、维护和抢修人员经专业培训并考核合格;(5)法律、法规规定的其他条件。符合前款规定条件的,由县级以上地方人民政府燃气管理部门核发燃气经营许可证。一般而言,从事管道经营的公司都会严格按照国家规定办理许可手续,行政执法中最常见的是个体户从事瓶装燃气经营。

首先,关于个人从事瓶装燃气经营活动。《城镇燃气管理条例》(2016 修订)第 16 条规定:“禁止个人从事管道燃气经营活动。个人从事瓶装燃气经营活动的,应当遵守省、自治区、直辖市的有关规定。”从全国范围来看,普遍禁止个人从事瓶装燃气经营,如需经营瓶装燃气需要注册为个体工商户加入燃气经营企业。如《广东省燃气管理条例》(2010 修订)第 13 条第 3 款规定:“个体工商户需要继续经营瓶装燃气供应的,应当加入已取得许可的燃气经营企业,作为该企业的瓶装燃气供应站,并纳入该企业的燃气经营和安全管理体系。”

其次,准确定性经营行为。在日常生活中,使用瓶装燃气的城镇和农村,往往根据预送电话联系后,送气人员提供送气上门服务。这些从

① 参见广州市广州铁路运输法院行政判决书,(2020)粤 71 行终 1757 号。

事瓶装燃气业务的人员一部分是燃气站点的工作人员,也有一部分是非法从事瓶装燃气销售的人员。前述案例中,经查郭某并非具有从事燃气经营活动资质企业的送气人员,也未取得送气人员认证资质,亦未与燃气经营企业建立劳动关系,且用微信号“燃气－安记××”联系,客户需要燃气就会直接联系郭某,郭某通过从客户处取得或自己购买液化石油气气瓶向上线充装燃气后再提供给客户,从中赚取差价。上述事实足以认定郭某构成未取得燃气经营许可证从事燃气经营活动的行为。此外,以营利为目的从事商品经营或服务的,均属经营行为。个人受液化气用户委托代灌液化气运输,挣取运输费、劳务费,应当认定为经营行为。

最后,合理确定行政处罚的数额。《城镇燃气管理条例》(2016修订)第45条第1款规定:“违反本条例规定,未取得燃气经营许可证从事燃气经营活动的,由燃气管理部门责令停止违法行为,处5万元以上50万元以下罚款;有违法所得的,没收违法所得;构成犯罪的,依法追究刑事责任。”《广东省燃气管理条例》第48条第1款规定:“违反本条例第十三条规定,未取得燃气经营许可证从事燃气经营活动的,由燃气行政主管部门责令停止违法经营活动,没收违法所得,并可处十万元以上五十万元以下的罚款。构成犯罪的,依法追究刑事责任。”广东省住房和城乡建设厅《关于住房和城乡建设系统行政处罚自由裁量权的基准》C212.45.1规定:“经营时间1个月以下,或经营场所面积在30平方米以下的,处5万元以上20万元以下罚款,有违法所得的,没收违法所得,责令停止违法行为;经营时间1个月以上2个月以下,或经营场所面积在30平方米以上50平方米以下的,处20万元以上40万元以下罚款,有违法所得的,没收违法所得,责令停止违法行为;经营时间2个月以上,或经营场所面积在50平方米以上的,处40万元以上50万元以下罚款,有违法所得的,没收违法所得,责令停止违法行为。”

前述案例中，番禺区城市管理和综合执法局是根据《广州市城市管理综合执法规范行政处罚自由裁量权规定》第6条、第16条的规定，“未取得燃气经营许可证从事燃气经营活动2个月以上的”属“严重”违法情形，可处36.5万～50万元罚款，从低进行处罚。即便如此，郭某经营方式单一、经营范围有限、客户群体受限、所获利润仅维持生计，应当将其经营行为与未经许可开办燃气企业的经营行为区别对待，对其处以36.5万元罚款有违公平、合理原则，一审法院将罚款数额酌情变更为15万元，并无不妥。

相关规定

《城镇燃气管理条例》(2016修订)

第十五条　国家对燃气经营实行许可证制度。从事燃气经营活动的企业，应当具备下列条件：

(一)符合燃气发展规划要求；

(二)有符合国家标准的燃气气源和燃气设施；

(三)有固定的经营场所、完善的安全管理制度和健全的经营方案；

(四)企业的主要负责人、安全生产管理人员以及运行、维护和抢修人员经专业培训并考核合格；

(五)法律、法规规定的其他条件。

符合前款规定条件的，由县级以上地方人民政府燃气管理部门核发燃气经营许可证。

第十六条　禁止个人从事管道燃气经营活动。

个人从事瓶装燃气经营活动的，应当遵守省、自治区、直辖市的有关规定。

第四十五条第一款 违反本条例规定，未取得燃气经营许可证从事燃气经营活动的，由燃气管理部门责令停止违法行为，处5万元以上50万元以下罚款；有违法所得的，没收违法所得；构成犯罪的，依法追究刑事责任。

88. 在不具备安全条件的场所储存燃气的怎么处罚？

具体案例

冯某系销售液化气、灶具个体工商户，燃气经营许可证有效期限为自2017年12月3日起至2020年12月2日止。2018年5月7日，重庆市武隆区商务局副局长杨某带领执法人员会同白马镇政府、白马镇安监办、白马镇派出所对冯某经营的门市部进行安全检查，现场检查发现冯某将64瓶液化石油气罐存放在门市部内，随即责令其1日内整改完毕。2018年5月11日，武隆区商务局对冯某违规存放液化气的行为立案查处。7月4日，武隆区商务局向冯某送达行政处罚预先告知书、行政处罚听证告知书，并告知其有陈述申辩的权利。在冯某提交听证申请后，7月16日下午，武隆区商务局副局长杨某主持召开了听证会。7月25日，武隆区商务局作出行政处罚决定，决定给予人民币30,000元的行政处罚。经复议，武隆区政府予以维持。冯某不服，诉至法院。一审法院认为行政处罚实体正确，但副局长杨某参与执法又主持听证，执法程序错误，判决撤销处罚决定。商务局上诉，二审法院予以维持。①

---

① 参见重庆市第三中级人民法院行政判决书，(2019)渝03行终74号。

律师答疑

人们生活中的燃烧气源大致分为液化石油气(Y)、人工煤气(R)、天然气(T)三大类,它们的成分和性质有区别,所以对应的燃具不同。天然气和煤气是通过固定的管道输送到家中,并按照使用量进行收费。液化石油气采用罐装方式,装在钢罐中;一瓶标准装满的液化气总重量大约30千克,其中液化气14.5千克,空瓶14~16千克,容积35.5升,充装量85%也就是30升,20℃时内部压力7~8个大气压。液化气本身无毒,但是泄漏后空气中浓度过高会导致缺氧,达到一定浓度范围时遇到明火极易引发爆炸,因此对瓶装液化石油气的要求非常严格。按照相对集中行政处罚权的要求,城市管理综合执法局对瓶装液化石油气不规范的行为进行管理。

一是把握液化石油气钢瓶的存放规定。《液化石油气供应工程设计规范》(GB 51142—2015)规定,液化石油气瓶装供应站按钢瓶总容积应分为三类:Ⅰ类站6~20立方米,Ⅱ类站1~6立方米,Ⅲ类站小于1立方米。液化石油气钢瓶不得露天存放,Ⅰ类、Ⅱ类液化石油气瓶装供应站的瓶库采用敞开或半敞开式建筑。瓶库内的钢瓶应按实瓶区和空瓶区分区存放。此外,该规范对液化石油气瓶装供应站的瓶库与站外建筑及道路的防火间距、瓶库与营业室的防火墙、瓶库设计规范、室温、灭火器的配置等,均有明确的规定,是液化石油气钢瓶存放的主要依据。

二是把握行政处罚自由裁量的标准。对于在不具备安全条件的场所储存燃气的行政处罚,《城镇燃气管理条例》(2016修订)第46条规定,由燃气管理部门责令限期改正,处1万元以上10万元以下罚款;有违法所得的,没收违法所得;情节严重的,吊销燃气经营许可证;造成损失的,依法承担赔偿责任;构成犯罪的,依法追究刑事责任。

三是要把握执法的程序。按照《行政处罚法》规定的程序,较大数额罚款、没收较大数额违法所得、吊销许可证件等行政处罚要进行听证。对于较大数额的认定,因各地经济发展水平的差异而有所区别。《广东省行政处罚听证程序实施办法》(2022)第7条第1款规定:“第六条所称较大数额罚款、较大数额违法所得、较大价值非法财物,是指对公民的违法行为处以5000元以上罚款(等价值违法所得或者非法财物),对法人或者其他组织的违法行为处以10万元以上罚款(等价值违法所得或者非法财物)。”重庆市规定的较大数额罚款是公民1000元,法人和其他组织2万元;拟调整为公民5000元、法人和其他组织10万元,目前正在征求意见中。前述案例中,罚款金额3万元,应当组织听证。但由于组织听证的副局长杨某参加过前期执法活动,没有按照《行政处罚法》(2017修正)第42条第1款第4项之规定①回避,因此程序不合法,被法院判决撤销行政处罚决定。

相关规定

《城镇燃气管理条例》(2016修订)

第十八条 燃气经营者不得有下列行为:

(一)拒绝向市政燃气管网覆盖范围内符合用气条件的单位或者个人供气;

(二)倒卖、抵押、出租、出借、转让、涂改燃气经营许可证;

(三)未履行必要告知义务擅自停止供气、调整供气量,或者未经审批擅自停业或者歇业;

(四)向未取得燃气经营许可证的单位或者个人提供用于经营的燃气;

(五)在不具备安全条件的场所储存燃气;

① 2021年修订后为第64条第1款第4项。

（六）要求燃气用户购买其指定的产品或者接受其提供的服务；

（七）擅自为非自有气瓶充装燃气；

（八）销售未经许可的充装单位充装的瓶装燃气或者销售充装单位擅自为非自有气瓶充装的瓶装燃气；

（九）冒用其他企业名称或者标识从事燃气经营、服务活动。

第四十六条　违反本条例规定，燃气经营者有下列行为之一的，由燃气管理部门责令限期改正，处1万元以上10万元以下罚款；有违法所得的，没收违法所得；情节严重的，吊销燃气经营许可证；造成损失的，依法承担赔偿责任；构成犯罪的，依法追究刑事责任：

（一）拒绝向市政燃气管网覆盖范围内符合用气条件的单位或者个人供气的；

（二）倒卖、抵押、出租、出借、转让、涂改燃气经营许可证的；

（三）未履行必要告知义务擅自停止供气、调整供气量，或者未经审批擅自停业或者歇业的；

（四）向未取得燃气经营许可证的单位或者个人提供用于经营的燃气的；

（五）在不具备安全条件的场所储存燃气的；

（六）要求燃气用户购买其指定的产品或者接受其提供的服务；

（七）燃气经营者未向燃气用户持续、稳定、安全供应符合国家质量标准的燃气，或者未对燃气用户的燃气设施定期进行安全检查。

89. 销售充装单位擅自为非自有气瓶充装瓶装燃气的怎么处罚？

具体案例

温州市瓯海区综合行政执法局新桥中队执法人员在日常巡查中发现温州市某石油液化气有限公司使用轻型厢式货车在新桥街道六虹桥路附近，擅自充装两只非自有气瓶(15 千克装)进行销售，以每瓶 145 元的价格收取费用。该行为已违反了《城镇燃气管理条例》(2016 修订)第 18 条的相关规定，瓯海区综合行政执法局依据《城镇燃气管理条例》(2016 修订)第 47 条的规定对其作出没收违法所得并处罚款人民币 3000 元的行政处罚。执法人员已将其非自有气瓶予以先行登记保存，该石油液化气有限公司涉嫌充装非自有气瓶的违法行为已移送属地街道进一步查处。①

律师答疑

国家对瓶装液化石油气实行严格的溯源制度。《安全生产法》(2021 修正)第 40 条规定："生产经营单位对重大危险源应当登记建档，进行定期检测、评估、监控，并制定应急预案，告知从业人员和相关人员在紧急情况下应当采取的应急措施。生产经营单位应当按照国家有关规定将本单位重大危险源及有关安全措施、应急措施报有关地方人民政府应急管理部门和有关部门备案。有关地方人民政府应急管理部门和有关部门应当通过相关信息系统实现信息共享。"第 101 条第 2 项规定：生产经营单位对重大危险源未登记建档，未进行定期检测、评估、监控，

① 参见 2022 年 7 月 19 日温州市综合行政执法局公布的以案释法案例。

未制定应急预案，或者未告知应急措施的，责令限期改正，处10万元以下的罚款；逾期未改正的，责令停产停业整顿，并处10万元以上20万元以下的罚款，对其直接负责的主管人员和其他直接责任人员处2万元以上5万元以下的罚款；构成犯罪的，依照刑法有关规定追究刑事责任。

气瓶专用管理是安全溯源的保障。瓶装燃气所用的钢瓶从生产环节就纳入国家管理系统，充装单位只能为自有的气瓶充装燃气。《气瓶安全技术规程》规定，钢瓶制造单位应当在钢质燃气气瓶的封头上压印内凹的盛装介质、制造年份、产权单位标志，在护罩上压印“人员密集的室内禁用”的字样。《广东省气瓶安全条例》第10条规定：“气瓶充装单位应当向特种设备安全监督管理部门办理气瓶使用登记，取得气瓶使用登记证……”第11条规定：“建立气瓶唯一识别编号制度。气瓶充装单位应当按照规定在登记的气瓶瓶体上标识唯一识别编号；气瓶具有唯一识别编号出厂钢印的应当直接采用。”第14条规定：“气瓶充装单位应当建立气瓶信息登记档案，对在本单位充装的气瓶进行登记，登记内容包括气瓶的品种、制造信息、检验信息和唯一识别编号等信息，并及时更新……”第17条规定：“气瓶充装单位不得充装有以下情形之一的气瓶：（一）未在本单位登记的；（二）瓶体未设置唯一识别编号的；（三）未按照安全技术规范和标准等规定涂敷信息的；（四）存在明显损伤、严重腐蚀的；（五）超期未检验或者已经达到报废条件的；（六）非法制造、非法改装、改造或者翻新的；（七）国家或者省明令淘汰、禁止制造的；（八）其他不能保证充装和使用安全的。”

销售充装单位擅自为非自有气瓶充装瓶装燃气同样违法。《城镇燃气管理条例》（2016修订）第18条规定，燃气经营者不得销售未经许可的充装单位充装的瓶装燃气或者销售充装单位擅自为非自有气瓶充装的瓶装燃气。第47条第2项规定，违反该条例规定，销售充装单位擅自为非自有气瓶充装的瓶装燃气的，由燃气管理部门责令改正，可以处1万元以下罚款。具体的处罚数额可根据各地的自由裁量基准，结合违法情节综合研判,确保作出的处罚合法合理。

此外,根据《行政处罚法》(2021 修订)第 28 条第 2 款的规定,当事人有违法所得,除依法应当退赔的外,应当予以没收。违法所得是指实施违法行为所取得的款项。因此,行政相对人有违法所得的,虽然《城镇燃气管理条例》没有规定没收的处罚,但也应当予以没收。

相关规定

《城镇燃气管理条例》(2016 修订)

第十八条 燃气经营者不得有下列行为:

(一)拒绝向市政燃气管网覆盖范围内符合用气条件的单位或者个人供气;

(二)倒卖、抵押、出租、出借、转让、涂改燃气经营许可证;

(三)未履行必要告知义务擅自停止供气、调整供气量,或者未经审批擅自停业或者歇业;

(四)向未取得燃气经营许可证的单位或者个人提供用于经营的燃气;

(五)在不具备安全条件的场所储存燃气;

(六)要求燃气用户购买其指定的产品或者接受其提供的服务;

(七)擅自为非自有气瓶充装燃气;

(八)销售未经许可的充装单位充装的瓶装燃气或者销售充装单位擅自为非自有气瓶充装的瓶装燃气;

(九)冒用其他企业名称或者标识从事燃气经营、服务活动。

第四十七条 违反本条例规定,擅自为非自有气瓶充装燃气或者销售未经许可的充装单位充装的瓶装燃气的,依照国家有关气瓶安全监察的规定进行处罚。

违反本条例规定，销售充装单位擅自为非自有气瓶充装的瓶装燃气的，由燃气管理部门责令改正，可以处1万元以下罚款。

违反本条例规定，冒用其他企业名称或者标识从事燃气经营、服务活动，依照有关反不正当竞争的法律规定进行处罚。

90. 幼儿园未经注册登记，擅自招收幼儿的怎么处罚？

具体案例

张某在哈尔滨市道外区团结镇未依法办理民办学校办学许可证，擅自开办幼儿园。哈尔滨市道外区教育局认定张某违反了《民办教育促进法》(2018修正)第64条的规定，依据《民办教育促进法》(2018修正)第64条和《教育行政处罚暂行实施办法》第10条的规定，于2018年6月6日作出教育行政处罚告知书，拟对张某作出停止办学、停止招生的行政处罚。同时告知其享有陈述、申辩及听证的权利。2018年7月23日，教育局作出教育行政处罚决定书，决定对张某作出停止办园、停止招生的行政处罚。2018年9月10日，教育局履行催告程序后，张某未予履行，遂向法院申请执行，哈尔滨市道外区人民法院裁定准予执行。①

律师答疑

首先，关于执法主体资格的认定。幼儿园的主管部门是教育行政部门，但行政处罚权可根据国务院、省、自治区、直辖市人民政府的决定进

① 参见黑龙江省哈尔滨市道外区人民法院行政裁定书，(2019)黑0104行审13号。

行调整。《民办教育促进法》(2018 修正)第 8 条第 1 款规定,县级以上地方各级人民政府教育行政部门主管本行政区域内的民办教育工作。《幼儿园管理条例》第 6 条第 2 款规定,国家教育委员会主管全国的幼儿园管理工作,地方各级人民政府的教育行政部门主管本行政辖区内的幼儿园管理工作。《行政处罚法》(2021 修订)第 18 条规定,国家在城市管理、市场监管、生态环境、文化市场、交通运输、应急管理、农业等领域推行建立综合行政执法制度,相对集中行政处罚权。国务院或者省、自治区、直辖市人民政府可以决定一个行政机关行使有关行政机关的行政处罚权。各地成立城市管理和综合执法局,集中行使城市管理的行政处罚权。在司法实践中,只要行使的是经"三定方案"确定的职权范围,即具备执法主体资格。

其次,把握幼儿园违法行为处罚的种类。前述案例中,区教育局依据的是《民办教育促进法》(2018 修正)第 64 条的规定:违反国家有关规定擅自举办民办学校的,由所在地县级以上地方人民政府教育行政部门或者人力资源社会保障行政部门会同同级公安、民政或者市场监督管理等有关部门责令停止办学、退还所收费用,并对举办者处以违法所得 1 倍以上 5 倍以下罚款。对于未经登记注册,擅自招收幼儿的,园舍、设施不符合国家卫生标准、安全标准,妨害幼儿身体健康或者威胁幼儿生命安全的,教育内容和方法违背幼儿教育规律,损害幼儿身心健康的三种行为的处罚,《幼儿园管理条例》第 27 条规定的行政处罚是限期整顿、停止招生、停止办园。《教育行政处罚暂行实施办法》第 10 条规定的行政处罚是停止招生、停止办园。相较而言,《幼儿园管理条例》《教育行政处罚暂行实施办法》规定的处罚更有针对性。

最后,关于幼儿园违法行政处罚的执行。《行政强制法》第 53 条规定:"当事人在法定期限内不申请行政复议或者提起行政诉讼,又不履行行政决定的,没有行政强制执行权的行政机关可以自期限届满之日起三个月内,依照本章规定申请人民法院强制执行。"《教育行政处罚暂行实施办法》第30条规定："教育行政处罚决定作出后，当事人应当在行政处罚决定的期限内，予以履行。当事人逾期不履行的，教育行政部门可以申请人民法院强制执行。"因此，前述案例中在被执行人逾期拒不履行行政处罚决定书所要求其履行的停止办园、停止招生的法定义务的情况下，申请执行人向人民法院申请强制执行，符合相关法律的规定。

相关规定

《幼儿园管理条例》

第十一条　国家实行幼儿园登记注册制度，未经登记注册，任何单位和个人不得举办幼儿园。

第二十七条　违反本条例，具有下列情形之一的幼儿园，由教育行政部门视情节轻重，给予限期整顿、停止招生、停止办园的行政处罚：

（一）未经登记注册，擅自招收幼儿的；

（二）园舍、设施不符合国家卫生标准、安全标准，妨害幼儿身体健康或者威胁幼儿生命安全的；

（三）教育内容和方法违背幼儿教育规律，损害幼儿身心健康的。

《教育行政处罚暂行实施办法》

第十条第一款　幼儿园在实施保育教学活动中具有下列情形之一的，由教育行政部门责令限期整顿，并视情节轻重给予停止招生、停止办园的处罚：

（一）未经注册登记，擅自招收幼儿的；

（二）园舍、设施不符合国家卫生标准、安全标准，妨害幼儿身体健康或威胁幼儿生命安全的；

（三）教育内容和方法违背幼儿教育规律，损害幼儿身心健康的。

91. 校外培训机构未经批准擅自招生办学的怎么处罚?

具体案例

某公司在阜阳市颍东区枣庄镇枣庄集鸿运大酒店和枣庄镇王庄集阿郎兄弟酒店举办的"新起点素质教育培训中心"，没有取得民办学校办学许可证，擅自违法办学。阜阳市颍东区教育局于2019年9月2日作出行政处罚（处理）决定书，以违反《教育法》（2021修正）第28条和国务院办公厅《关于规范校外培训机构发展的意见》（国办发〔2018〕80号）的相关规定，依据《教育法》（2021修正）第75条、《民办教育促进法》（2018修正）第64条和《教育行政处罚暂行实施办法》第12条的有关规定，作出责令其停止办学，退还所收费用；处违法所得1.5倍罚款，即罚款59,565元。某公司不服，提起行政诉讼，法院判决驳回其诉讼请求。①

律师答疑

面向中小学生的校外培训机构开展非学历教育培训是学校教育的补充，对于满足中小学生选择性学习需求、培育发展兴趣特长、拓展综合素质具有积极作用。但近年来，一些校外培训机构违背教育规律

① 参见安徽省阜阳市颍东区人民法院行政判决书，（2019）皖1203行初83号。

和青少年成长发展规律，开展以“应试”为导向的培训，造成中小学生课外负担过重，增加了家庭经济负担，破坏了良好的教育生态，社会反映强烈。

首先，开办校外培训机构应当审批。《教育法》(2021 修正)第 28 条规定，学校及其他教育机构的设立、变更和终止，应当按照国家有关规定办理审核、批准、注册或者备案手续。国务院办公厅《关于规范校外培训机构发展的意见》规定，校外培训机构审批登记实行属地化管理。县级教育部门负责审批颁发办学许可证；未经教育部门批准，任何校外培训机构不得以家教、咨询、文化传播等名义面向中小学生开展培训业务。校外培训机构在同一县域设立分支机构或培训点的，均须经过批准；跨县域设立分支机构或培训点的，需到分支机构或培训点所在地县级教育部门审批。中小学校不得举办或参与举办校外培训机构。

其次，国家推行黑、白名单制度。对通过审批登记的，推行白名单制度，在政府网站上公布校外培训机构的名单及主要信息，并根据日常监管和年检、年度报告公示情况及时更新。对已经审批登记，但有负面清单所列行为的校外培训机构，应当及时将其从白名单上清除并列入黑名单；对未经批准登记、违法违规举办的校外培训机构，予以严肃查处并列入黑名单。将黑名单信息纳入全国信用信息共享平台，按有关规定实施联合惩戒。将营利性校外培训机构的行政许可信息、行政处罚信息、黑名单信息、抽查检查结果等归集至国家企业信用信息公示系统，记于相对应企业名下并依法公示。对于非营利性校外培训机构的失信行为，依据社会组织信用信息管理有关规定进行信用管理并依法公示。

最后，把握行政处罚的法律依据。规范校外培训机构管理，现行有效的法律、法规有《教育法》(2021 修正)、《民办教育促进法》(2018 修正)、国务院办公厅《关于规范校外培训机构发展的意见》、国家教育委员会《教育行政处罚暂行实施办法》等。其中，《民办教育促进法》自 2003 年 9 月 1 日起施行，2013 年、2016 年、2018 年进行了三次修正，1997

年7月31日国务院颁布的《社会力量办学条例》于2003年9月1日同时废止。而各省、自治区、直辖市根据《社会力量办学条例》制定的法规即便没有废止,也失去了执行的上位法基础。如广东省1999年12月8日出台的《广东省自学教育社会助学管理办法》就是依据国务院《社会力量办学条例》进行修订的,该办法规范的是广东省行政区域内从事高等、中专教育自学考试的社会助学活动,经过多年的发展,类似行为已被以中小学生为培训对象的校外培训机构取代,相应管理规范也需要作出调整。2008年12月31日深圳市发布的《深圳市校外午托机构管理办法》,2019年8月20日修改为《深圳市校外托管机构管理办法》,第7条规定,校外托管机构开展教育培训活动的,按照校外培训机构的有关规定执行。因此,各行政执法部门的权责清单也要根据法律、法规的修订和形势的变化,及时调整并进行公布。

相关规定

《教育法》(2021修正)

第二十八条 学校及其他教育机构的设立、变更和终止,应当按照国家有关规定办理审核、批准、注册或者备案手续。

第七十五条 违反国家有关规定,举办学校或者其他教育机构的,由教育行政部门或者其他有关行政部门予以撤销;有违法所得的,没收违法所得;对直接负责的主管人员和其他直接责任人员,依法给予处分。

第七十六条 学校或者其他教育机构违反国家有关规定招收学生的,由教育行政部门或者其他有关行政部门责令退回招收的学生,退还所收费用;对学校、其他教育机构给予警告,可以处违法所得五倍以下罚款;情节严重的,责令停止相关招生资格一年以上三年以下，直至撤销招生资格、吊销办学许可证；对直接负责的主管人员和其他直接责任人员，依法给予处分；构成犯罪的，依法追究刑事责任。

《民办教育促进法》(2018 修正)

第六十四条　违反国家有关规定擅自举办民办学校的，由所在地县级以上地方人民政府教育行政部门或者人力资源社会保障行政部门会同同级公安、民政或者市场监督管理等有关部门责令停止办学、退还所收费用，并对举办者处违法所得一倍以上五倍以下罚款；构成违反治安管理行为的，由公安机关依法给予治安管理处罚；构成犯罪的，依法追究刑事责任。

92. 制造、销售封建迷信殡葬用品的怎么处罚？

具体案例

2020 年 2 月 11 日，天津市津南区市场监督管理局接到举报，大芦庄村某厂房内有人生产迷信殡葬用品。检查中，现场发现纸牛、纸马、纸电视等半成品纸质印刷品、成品纸质印刷品及加工设备。经区民政局认定，为封建迷信殡葬用品，执法人员现场共清点 31,006 个殡葬用品，并复印了有关送货单据。经查，当事人已销售 576 个“纸牛、纸马、纸轿子、纸家用电器”等。当事人已构成制造、销售封建迷信殡葬用品的行为。执法人员依法给予行政处罚，没收全部成品、半成品，并按制造、销售金额处以 76,148.4 元罚款。[①]

① 参见 2020 年 9 月 10 日天津市市场监管委公布的第 124 批典型案例。

律师答疑

“国之大事，在祀与戎。”在我国古代人类社会活动中，出于对自然界以及祖先的崇拜，由此产生了各种祭祀活动。春节、端午节、清明节、重阳节等都是由原始信仰形成的祭祀天地神灵、祖先的节日。祭祀的祭品种类繁多，如鲜花、水果、食品、纸屋、黄裱纸，近些年又出现了冥币、纸人、纸马、纸车、纸彩电、纸冰箱等新的种类。

《殡葬管理条例》(2012 修订)第 17 条规定：“禁止制造、销售封建迷信的丧葬用品……”但该条例没有对封建迷信丧葬用品作出界定。许多地方根据《殡葬管理条例》，通过立法对殡葬活动的管理作出细化规定，有关部门应当遵照执行。如《大连市殡葬管理条例》(2020 修正)第 46 条规定：“封建迷信殡葬用品，是指殡葬活动中使用的纸(绢)牛、纸(绢)马、纸(绢)人、纸钱、黄寿纸(黄裱纸)、冥纸、冥币、纸制金银锭以及各种仿制的房、车、家电、家具等。”《北京市殡葬管理条例》(2016 修正)第 23 条第 1 款规定：“禁止任何单位或者个人制造、销售冥票和纸人、纸马等封建迷信殡葬用品……”《黑龙江省殡葬管理规定》(2018 修订)第 27 条第 1 款规定：“禁止任何单位和个人制造、销售冥币、纸人、纸马等迷信殡葬用品。禁止将迷信殡葬用品带入殡仪馆内焚烧。”《重庆市殡葬管理条例》(2022 修正)第 16 条第 1 款规定：“禁止制造、销售阴币、冥币、纸扎等封建迷信殡葬用品。”

在实务中，地方性法规、规章对“封建迷信用品”有规定的，应当遵照执行，地方性法规、规章没有相关规定的，则应慎重对待。但高仿的冥币可能违反关于人民币管理的相关法规。《人民币图样使用管理办法》(2019)第 4 条规定：“禁止在祭祀用品、生活用品、票券上使用人民币图样。”第 14 条规定：“任何单位和个人不得销售非法使用人民币图样的宣传品、出版物或者其他商品。销售经批准使用人民币图样的宣传品、出版物或者其他商品时，不得滥用许可进行虚假宣传和炒作。”

从祭奠的目的看，冥币等传统祭祀用品与鲜花、花篮等时尚祭祀用品并无本质区别，但如果违反上述管理规定，则可能面临《中国人民银行法》（2003 修正）规定的处罚。《人民币图样使用管理办法》（2019）第 16 条第 1 款第 2 项规定："有下列行为之一的，由中国人民银行或其分支机构给予警告，并按照《中华人民共和国中国人民银行法》第四十四条的规定予以处罚：（二）违反本办法第四条，在祭祀用品、生活用品、票券上使用人民币图样的。"《中国人民银行法》（2003 修正）第 44 条规定："在宣传品、出版物或者其他商品上非法使用人民币图样的，中国人民银行应当责令改正，并销毁非法使用的人民币图样，没收违法所得，并处五万元以下罚款。"

相关规定

《殡葬管理条例》（2012 修订）

第十七条　禁止制造、销售封建迷信的丧葬用品。禁止在实行火葬的地区出售棺材等土葬用品。

第二十二条第二款　制造、销售封建迷信殡葬用品的，由民政部门会同工商行政管理部门予以没收，可以并处制造、销售金额 1 倍以上 3 倍以下的罚款。

93. 在实行火葬的地区出售棺材等土葬用品的怎么处罚？

具体案例

2020 年 3 月 31 日，庄河市民政局与庄河市市场监督管理局、庄河市城乡建设管理监察大队、庄河市公安局、庄河市文化市场综合执法大队组成联合执法组，在监督检查时发现庄河市大郑镇某殡葬用品商店涉嫌制造、销售棺材。庄河市民政局委托庄河市市场监督管理局予以立案查处。经查,某殡葬用品商店于 2018 年 6 月开始在庄河市销售棺材。截至被查处之日,销售棺材金额共计 56,500 元。根据《大连市殡葬管理条例》(2020 修正)第 42 条第 1 款“违反本条例第三十二条第二款规定,制造、销售封建迷信殡葬用品及棺材等土葬用品的,由民政部门会同市场监督管理部门予以没收,可以并处制造、销售金额一倍以上三倍以下罚款”的规定,庄河市市场监督管理局于 2020 年 7 月 9 日作出庄市监(市)处字(2020)1 号行政处罚决定:责令停止违法行为;没收用于违法销售的棺材 7 口;罚款 56,500 元。因某殡葬用品商店在收到行政处罚决定后,在法定期限内未申请行政复议或提起行政诉讼,经催告不履行行政处罚决定,庄河市民政局向法院申请强制执行,庄河市人民法院裁定准予执行。①

律师答疑

《殡葬管理条例》(2012 修订)第 17 条规定,“……禁止在实行火葬的地区出售棺材等土葬用品”,条例没有规定相应的罚则。实务中,地方性法规、规章对“火葬地区内生产、经营棺木”有处罚的具体规定,应当遵照执行。如《北京市殡葬管理条例》(2016 修正)第 23 条第 2 款规定:“禁止在火葬地区内生产、经营棺木。”第 35 条规定:“违反本条例第二十三条第二款的规定,在火葬区内生产、经营棺木的,由民政部门责令停止生产、经营,没收棺木以及违法所得,并处以 500 元以上 1000 元以下的罚款。”《大连市殡葬管理条例》(2020 修正)第 32 条第 2 款规定:“禁止制造、销售、运输封建迷信殡葬用品和棺材等土葬用品。”第 42 条第 1 款规定:“违反本条例第三十二条第二款规定,制造、销售封建迷信殡葬用品及棺材等土葬用品的,由民政部门会同市场监督管理部门予以没收,可以并处制造、销售金额一倍以上三倍以下罚款。”《河南省殡葬管

① 参见辽宁省庄河市人民法院行政裁定书,(2021)辽 0283 行审 62 号。

理办法》(2012 修正)第 34 条规定:"禁止制造、销售冥币、纸扎实物等封建迷信的殡葬用品。禁止在火葬区销售棺材等土葬用品。"第 39 条规定:"制造、销售冥币、纸扎实物等封建迷信殡葬用品的或在火葬区销售棺材等土葬用品的,由民政部门会同工商行政管理部门予以没收,可以并处制造、销售金额一倍以上三倍以下的罚款。"

前述案例中,行政机关依据《大连市殡葬管理条例》(2020 修正)相关规定作出的行政处罚决定,认定事实清楚,证据充分,从内容上没有问题,但作出处罚的行政机关因不具有执法主体资格,所以法院裁定准予执行没有法律依据。该案中,庄河市民政局委托庄河市市场监督管理局实施行政处罚。按照《行政处罚法》(2021 修订)第 20 条第 1 款的规定,行政机关依照法律、法规、规章的规定,可以在其法定权限内书面委托符合该法第 21 条规定条件的组织实施行政处罚。行政机关不得委托其他组织或者个人实施行政处罚。第 21 条规定,受委托组织必须符合以下条件:(1)依法成立并具有管理公共事务职能;(2)有熟悉有关法律、法规、规章和业务并取得行政执法资格的工作人员;(3)需要进行技术检查或者技术鉴定的,应当有条件组织进行相应的技术检查或者技术鉴定。与行政处罚规定不同的是,行政许可是可以委托其他行政机关实施的。《行政许可法》(2019 修正)第 24 条第 1 款规定,行政机关在其法定职权范围内,依照法律、法规、规章的规定,可以委托其他行政机关实施行政许可。委托机关应当将受委托行政机关和受委托实施行政许可的内容予以公告。法无授权不可为,庄河市民政局委托庄河市市场监督管理局实施行政处罚没有法律依据。

《行政诉讼法》(2017 修正)第 70 条第 4 项规定:"行政行为有下列情形之一的,人民法院判决撤销或者部分撤销,并可以判决被告重新作出行政行为:……(四)超越职权的。"这里的超越职权,包括根本没有行政主体资格、超越事务管辖权、超越地域管辖权、超越级别管辖权、超越法律规定的职权等情形。庄河市市场监督管理局以自己名义作出的行政处罚违反了上述法律规定。

相关规定

《殡葬管理条例》(2012 修订)

第十七条　禁止制造、销售封建迷信的丧葬用品。禁止在实行火葬的地区出售棺材等土葬用品。

94. 单位或者个人未经许可生产、经营烟花爆竹的怎么处罚?

具体案例

嵊州市公安局石璜派出所民警于 2016 年 7 月 26 日对陈某所经营的商店进行检查时,发现其货架上有“大富大贵”“家有喜事”等 16 个(包)烟花爆竹,存在许可证经营期限外予以销售的行为。2016 年 7 月 27 日,嵊州市公安局致函被告嵊州市安全生产监督管理局,建议对该违规经营行为依法予以处理。2016 年 8 月 1 日,嵊州市安全生产监督管理局决定对上述违规销售行为进行立案查处。经调查终结并履行告知义务后,于 2016 年 9 月 18 日作出嵊安监管罚(2016)34 号行政处罚决定,责令陈某停止(烟花爆竹经营许可证规定的经营期限外)经营烟花爆竹、没收涉案的 16 个(包)烟花爆竹及罚款人民币 2 万元,并于当天送达陈某。陈某不服,遂诉至法院,法院判决驳回陈某的诉讼请求。①

① 参见浙江省嵊州市中级人民法院行政判决书,(2016)浙 0683 行初 162 号。

律师答疑

“爆竹声中一岁除”，在春节等重要节庆活动中燃放烟花爆竹驱邪祈福，是中国悠久的民间传统。据民间传说，放鞭炮发出的“噼啪”声能吓走名叫“年”的怪兽，使人们安度除夕。然而，随着大气污染的加剧和因燃放烟花爆竹而造成财产损失和人身伤害的事件逐年上升，1988 年，第六届全国人大五次会议提出加强烟花爆竹的生产和燃放安全。此后，全国共有 282 个城市制定全面禁放烟花爆竹的法规。2006 年 1 月 21 日，国务院出台《烟花爆竹安全管理条例》，对烟花爆竹的生产、销售和燃放进行规范，2016 年 2 月 6 日修订。

国家对烟花爆竹的生产、经营实行许可证制度。《安全生产许可证条例》(2014 修订)第 2 条规定，国家对矿山企业、建筑施工企业和危险化学品、烟花爆竹、民用爆炸物品生产企业实行安全生产许可制度。企业未取得安全生产许可证的，不得从事生产活动。第 3 条规定，国务院安全生产监督管理部门负责中央管理的非煤矿矿山企业和危险化学品、烟花爆竹生产企业安全生产许可证的颁发和管理。省、自治区、直辖市人民政府安全生产监督管理部门负责前款规定以外的非煤矿矿山企业和危险化学品、烟花爆竹生产企业安全生产许可证的颁发和管理，并接受国务院安全生产监督管理部门的指导和监督。《烟花爆竹安全管理条例》(2016 修订)第 3 条规定：“国家对烟花爆竹的生产、经营、运输和举办焰火晚会以及其他大型焰火燃放活动，实行许可证制度。未经许可，任何单位或者个人不得生产、经营、运输烟花爆竹，不得举办焰火晚会以及其他大型焰火燃放活动。”第 10 条第 2 款规定：“生产烟花爆竹的企业，持《烟花爆竹安全生产许可证》到工商行政管理部门办理登记手续后，方可从事烟花爆竹生产活动。”

烟花爆竹的销售也必须办理经营许可证。《烟花爆竹安全管理条例》(2016 修订)第 19 条规定：申请从事烟花爆竹批发的企业，应当向所在地设区的市人民政府安全生产监督管理部门提出申请，并提供能够证明符合该条例第17条规定条件的有关材料。受理申请的安全生产监督管理部门应当自受理申请之日起30日内对提交的有关材料和经营场所进行审查,对符合条件的,核发《烟花爆竹经营(批发)许可证》。申请从事烟花爆竹零售的经营者,应当向所在地县级人民政府安全生产监督管理部门提出申请,并提供能够证明符合该条例第18条规定条件的有关材料。受理申请的安全生产监督管理部门应当自受理申请之日起20日内对提交的有关材料和经营场所进行审查,对符合条件的,核发《烟花爆竹经营(零售)许可证》。《烟花爆竹经营(零售)许可证》应当载明经营负责人、经营场所地址、经营期限、烟花爆竹种类和限制存放量。

把握烟花爆竹的生产和经营处罚的法律适用。对于未取得安全生产许可证擅自进行烟花爆竹的生产的处罚,《安全生产许可证条例》(2014修订)第19条规定:"违反本条例规定,未取得安全生产许可证擅自进行生产的,责令停止生产,没收违法所得,并处10万元以上50万元以下的罚款;造成重大事故或者其他严重后果,构成犯罪的,依法追究刑事责任。"第20条规定:"违反本条例规定,安全生产许可证有效期满未办理延期手续,继续进行生产的,责令停止生产,限期补办延期手续,没收违法所得,并处5万元以上10万元以下的罚款;逾期仍不办理延期手续,继续进行生产的,依照本条例第十九条的规定处罚。"《烟花爆竹安全管理条例》(2016修订)第36条规定:"对未经许可生产、经营烟花爆竹制品,或者向未取得烟花爆竹安全生产许可的单位或者个人销售黑火药、烟火药、引火线的,由安全生产监督管理部门责令停止非法生产、经营活动,处2万元以上10万元以下的罚款,并没收非法生产、经营的物品及违法所得。"因此,对企业未取得许可擅自进行生产烟花爆竹制品的处罚可选择适用上述法规。对未经许可从事烟花爆竹经营的处罚,适用《烟花爆竹安全管理条例》第36条的规定。

此外,有的经营者虽然也有《烟花爆竹经营(零售)许可证》,但属于季节性零售许可证,如前述案例中陈某的《烟花爆竹经营(零售)许可证》,销售日期为春节、清明、冬至各10天,故其于经营期限外销售烟花爆竹的行为同样违法。

相关规定

《烟花爆竹安全管理条例》(2016 修订)

第三条　国家对烟花爆竹的生产、经营、运输和举办焰火晚会以及其他大型焰火燃放活动,实行许可证制度。

未经许可,任何单位或者个人不得生产、经营、运输烟花爆竹,不得举办焰火晚会以及其他大型焰火燃放活动。

第三十六条第一款　对未经许可生产、经营烟花爆竹制品,或者向未取得烟花爆竹安全生产许可的单位或者个人销售黑火药、烟火药、引火线的,由安全生产监督管理部门责令停止非法生产、经营活动,处2万元以上10万元以下的罚款,并没收非法生产、经营的物品及违法所得。

《安全生产许可证条例》(2014 修订)

第二条　国家对矿山企业、建筑施工企业和危险化学品、烟花爆竹、民用爆炸物品生产企业(以下统称企业)实行安全生产许可制度。企业未取得安全生产许可证的,不得从事生产活动。

第十九条　违反本条例规定,未取得安全生产许可证擅自进行生产的,责令停止生产,没收违法所得,并处10万元以上50万元以下的罚款;造成重大事故或者其他严重后果,构成犯罪的,依法追究刑事责任。

第二十条　违反本条例规定,安全生产许可证有效期满未办理延期手续,继续进行生产的,责令停止生产,限期补办延期手续,没收违法所得,并处5万元以上10万元以下的罚款;逾期仍不办理延期手续,继续进行生产的,依照本条例第十九条的规定处罚。

95. 未取得采矿许可证擅自采矿的怎么处罚?

具体案例

2019 年 4 月 18 日 20 时 30 分,靖西市矿产资源综合执法大队的执法人员在靖西市岩红矿区巡查中,在该矿区发现两辆挖掘机在现场正在开采铝土矿,其中型号为卡特 320C 挖掘机的机主及驾驶人为覃某。执法大队认为该挖掘机涉嫌无证开采铝土矿的违法行为,将挖掘机扣押往指定停车场,并将案件移送靖西市自然资源局立案查处。靖西市自然资源局立案后,对案件进行了调查,2020 年 6 月 28 日,靖西市自然资源局对覃某送达了行政处罚事先告知书和行政处罚听证告知书,告知其自收到告知书之日起 3 个工作日内可以提出书面陈述和申辩意见,并告知其享有要求举行听证的权利。期限到后,覃某没有提出陈述和申辩,也没有要求举行听证。2020 年 7 月 2 日,靖西市自然资源局作出靖自然资罚字(2020)274 号行政处罚决定书,根据《矿产资源法》(2009 修正)第 39 条、《广西壮族自治区矿产资源管理条例》第 39 条的规定,给予覃某罚款人民币 50,000 元的处罚。靖西市自然资源局于 2020 年 7 月 2 日向覃某送达行政处罚决定书,覃某于 2020 年 7 月 9 日缴纳了罚款。后覃某不服提起诉讼,一审法院驳回了覃某的诉讼请求,二审法院予以维持。①

律师答疑

国家对矿产资源开采实行许可制度。《矿产资源法》(2009 修正)第 3 条第 1 款规定,矿产资源属于国家所有,由国务院行使国家对矿产资

---

① 参见广西壮族自治区百色市中级人民法院行政判决书,(2021)桂 10 行终 13 号。

源的所有权。地表或者地下的矿产资源的国家所有权,不因其所依附的土地的所有权或者使用权的不同而改变。《矿产资源法》(2009修正)第16条规定,开采国家规划矿区和对国民经济具有重要价值的矿区内的矿产资源、可供开采的矿产储量规模在大型以上的矿产资源、国家规定实行保护性开采的特定矿种、领海及中国管辖的其他海域的矿产资源等矿产,由国务院地质矿产主管部门审批,并颁发采矿许可证。开采石油、天然气、放射性矿产等特定矿种的,可以由国务院授权的有关主管部门审批,并颁发采矿许可证。其他可供开采的矿产的储量规模为中型的,由省、自治区、直辖市人民政府地质矿产主管部门审批和颁发采矿许可证。矿产储量规模的大型、中型的划分标准,由国务院矿产储量审批机构规定,即依据原国土资源部《关于印发〈矿产资源储量规模划分标准〉的通知》(国土资发〔2000〕133号)进行判定。国务院规定试行保护性开采的特定矿种,指的是黄金、钨、锡、锑、离子型稀土5种。

2021年12月3日,自然资源部办公厅印发《关于深化"证照分离"改革进一步激发市场主体发展活力工作实施方案》,在优化审批服务方面,对"勘查矿产资源审批""开采矿产资源审批"2项涉企经营许可事项,精简审批材料,积极探索采取委托等方式、按照有关授权分别将省级自然资源主管部门负责的部分探矿权、采矿权审批权限下放至设区的市、县级自然资源主管部门。同时,《矿产资源法》(2009修正)第35条规定,允许个人采挖零星分散资源和只能用作普通建筑材料的砂、石、黏土以及为生活自用采挖少量矿产。

关于"未取得采矿许可证擅自采矿"的认定。最高人民检察院、公安部《关于公安机关管辖的刑事案件立案追诉标准的规定(一)》第68条规定,具有下列情形之一的,属于该条规定的"未取得采矿许可证擅自采矿":(1)无采矿许可证开采矿产资源的;(2)采矿许可证被注销、吊销后继续开采矿产资源的;(3)超越采矿许可证规定的矿区范围开采矿产资源的;(4)未按采矿许可证规定的矿种开采矿产资源的(共生、伴生矿种除外)；(5)其他未取得采矿许可证开采矿产资源的情形。

在采矿许可证被依法暂扣期间擅自开采的，视为该条规定的“未取得采矿许可证擅自采矿”。

关于“未取得采矿许可证擅自采矿”的处罚。《矿产资源法》(2009修正)第39条第1款规定：“违反本法规定，未取得采矿许可证擅自采矿的，擅自进入国家规划矿区、对国民经济具有重要价值的矿区范围采矿的，擅自开采国家规定实行保护性开采的特定矿种的，责令停止开采、赔偿损失，没收采出的矿产品和违法所得，可以并处罚款；拒不停止开采，造成矿产资源破坏的，依照刑法有关规定对直接责任人员追究刑事责任。”《矿产资源法实施细则》第42条规定，依照《矿产资源法》第39条规定处以罚款的，处以违法所得50%以下的罚款。对于“违法所得50%”不够具体明确，地方性法规可以进行补充完善。如前述案例中，靖西市自然资源局依据的是《广西壮族自治区矿产资源管理条例》(2016修正)第39条的规定：“违反本条例第十八条规定，未取得采矿许可证，擅自开采矿产资源的，由地质矿产主管部门责令停止开采、赔偿损失，没收采出的矿产品和违法所得，可以并处二千元以上十万元以下的罚款；对违法开采矿产资源的采矿设备，责令限期拆除；拒不停止开采，造成矿产资源严重破坏，构成犯罪的，依法追究刑事责任。”《广东省矿产资源管理条例》(2012修正)第59条规定：“违反本条例规定，未取得采矿许可证擅自采矿的，由县级以上地矿主管部门责令停止采矿、赔偿损失，没收采出的矿产品，能够计算违法所得的，追缴违法所得，并处违法所得百分之五十以下的罚款；不能计算违法所得的，处以十万元以下的罚款。拒不停止开采，造成矿产资源破坏，构成犯罪的，由司法机关依法追究刑事责任。”

关于“未取得采矿许可证擅自采矿”的司法移送。《刑法》(2020修正)第343条第1款规定：“违反矿产资源法的规定，未取得采矿许可证擅自采矿，擅自进入国家规划矿区、对国民经济具有重要价值的矿区和他人矿区范围采矿，或者擅自开采国家规定实行保护性开采的特定矿种，情节严重的，处三年以下有期徒刑、拘役或者管制，并处或者单处罚金；情节特别严重的，处三年以上七年以下有期徒刑，并处罚金。”最高人民检察院、公安部《关于公安机关管辖的刑事案件立案追诉标准的规定（一）》第68条第1款规定：“违反矿产资源法的规定，未取得采矿许可证擅自采矿的，或者擅自进入国家规划矿区、对国民经济具有重要价值的矿区和他人矿区范围采矿的，或者擅自开采国家规定实行保护性开采的特定矿种，经责令停止开采后拒不停止开采，造成矿产资源破坏的价值数额在五万至十万元以上的，应予立案追诉。”造成矿产资源破坏的价值数额，由省级以上地质矿产主管部门出具鉴定意见，经查证属实后予以认定。

相关规定

《矿产资源法》（2009修正）

第十六条　开采下列矿产资源的，由国务院地质矿产主管部门审批，并颁发采矿许可证：

（一）国家规划矿区和对国民经济具有重要价值的矿区内的矿产资源；

（二）前项规定区域以外可供开采的矿产储量规模在大型以上的矿产资源；

（三）国家规定实行保护性开采的特定矿种；

（四）领海及中国管辖的其他海域的矿产资源；

（五）国务院规定的其他矿产资源。

开采石油、天然气、放射性矿产等特定矿种的，可以由国务院授权的有关主管部门审批，并颁发采矿许可证。

开采第一款、第二款规定以外的矿产资源，其可供开采的矿产的储量规模为中型的，由省、自治区、直辖市人民政府地质矿产主管部门审批和颁发采矿许可证。

开采第一款、第二款和第三款规定以外的矿产资源的管理办法，由省、自治区、直辖市人民代表大会常务委员会依法制定。

依照第三款、第四款的规定审批和颁发采矿许可证的，由省、自治区、直辖市人民政府地质矿产主管部门汇总向国务院地质矿产主管部门备案。

矿产储量规模的大型、中型的划分标准，由国务院矿产储量审批机构规定。

第三十九条 违反本法规定，未取得采矿许可证擅自采矿的，擅自进入国家规划矿区、对国民经济具有重要价值的矿区范围采矿的，擅自开采国家规定实行保护性开采的特定矿种的，责令停止开采、赔偿损失，没收采出的矿产品和违法所得，可以并处罚款；拒不停止开采，造成矿产资源破坏的，依照刑法有关规定对直接责任人员追究刑事责任。

单位和个人进入他人依法设立的国有矿山企业和其他矿山企业矿区范围内采矿的，依照前款规定处罚。

《矿产资源法实施细则》

第四十二条 依照《矿产资源法》第三十九条、第四十条、第四十二条、第四十三条、第四十四条规定处以罚款的，分别按照下列规定执行：

(一)未取得采矿许可证擅自采矿的，擅自进入国家规划矿区、对国民经济具有重要价值的矿区和他人矿区范围采矿的，擅自开采国家规定实行保护性开采的特定矿种的，处以违法所得百分之五十以下的罚款；

(二)超越批准的矿区范围采矿的，处以违法所得百分之三十以下的罚款；

（三）买卖、出租或者以其他形式转让矿产资源的，买卖、出租采矿权的，对卖方、出租方、出让方处以违法所得一倍以下的罚款；

（四）非法用采矿权作抵押的，处以5000元以下的罚款；

（五）违反规定收购和销售国家规定统一收购的矿产品的，处以违法所得一倍以下的罚款；

（六）采取破坏性的开采方法开采矿产资源，造成矿产资源严重破坏的，处以相当于矿产资源损失价值百分之五十以下的罚款。

96. 违反规定将探矿权、采矿权倒卖牟利的怎么处罚？

具体案例

2007年10月14日，刘某注册成立柳林县富家沟陶瓷粘土矿（以下简称粘土矿）。2009年9月30日，吕梁市规划和自然资源局向粘土矿颁发了采矿许可证，经济类型为私营经济，期限为3年，自2009年9月30日至2012年9月30日止。2012年8月30日粘土矿递交书面申请，要求办理延期。吕梁市规划和自然资源局向粘土矿送达承诺件通知单，承诺20个工作日内办结，让粘土矿于2012年9月27日后凭此通知单来领件或缴费。粘土矿于2012年9月10日向柳林县财政局缴纳非煤价款519,296元。2012年9月20日吕梁市规划和自然资源局作出关于柳林县富家沟陶瓷粘土矿资源整合和有偿使用后换领采矿许可证的审查意见的文件，未给粘土矿换发采矿许可证。粘土矿于2017年9月19日提起诉讼，法院以粘土矿未提供法定代表人或负责人的身份证明，不能证明原告主体为由,驳回粘土矿的起诉。粘土矿于2017年12月27日由独资所有人刘某转让于吉某。吉某于2018年1月30日办理了工商登记。2018年3月14日吉某向临县人民法院提起诉讼。一审法院认为换发采矿许可证属被告的法定职责,被告主体适格,被告未在法律规定的时间内办理采矿许可证的延期,属不履行换发许可证的法定职责,判决责令吕梁市规划和自然资源局于判决生效之日起20个工作日内给粘土矿换发采矿许可证。吕梁市规划和自然资源局上诉,二审法院认为,刘某与吉某之间的企业转让包括采矿权转让,采矿权转让未经审批管理机关依法批准,被上诉人依法不能成为采矿权的受让人。被上诉人作为采矿权非法受让人要求保护的权益属于非法权益,其不是行政许可的行政管理相对人,与行政许可之间不存在法律上的利害关系,不具有原告的诉讼主体资格,无权对上诉人不予换发采矿许可证的行为提起行政诉讼。遂裁定撤销一审法院判决,驳回粘土矿的起诉。①

律师答疑

国家允许探矿权、采矿权依法转让,但禁止倒卖探矿权、采矿权牟利的行为。《矿产资源法》(2009修正)第6条规定:"除按下列规定可以转让外,探矿权、采矿权不得转让:(一)探矿权人有权在划定的勘查作业区内进行规定的勘查作业,有权优先取得勘查作业区内矿产资源的采矿权。探矿权人在完成规定的最低勘查投入后,经依法批准,可以将探矿权转让他人。(二)已取得采矿权的矿山企业,因企业合并、分立,与他人合资、合作经营,或者因企业资产出售以及有其他变更企业资产产权的情形而需要变更采矿权主体的,经依法批准可以将采矿权转让他人采矿。前款规定的具体办法和实施步骤由国务院规定。禁止将探矿权、采

---

① 参见山西省吕梁市中级人民法院行政裁定书,(2019)晋11行终19号。

矿权倒卖牟利。”

《探矿权采矿权转让管理办法》(2014 修订)第 3 条规定:“除按照下列规定可以转让外,探矿权、采矿权不得转让:(一)探矿权人有权在划定的勘查作业区内进行规定的勘查作业,有权优先取得勘查作业区内矿产资源的采矿权。探矿权人在完成规定的最低勘查投入后,经依法批准,可以将探矿权转让他人。(二)已经取得采矿权的矿山企业,因企业合并、分立,与他人合资、合作经营,或者因企业资产出售以及有其他变更企业资产产权的情形,需要变更采矿权主体的,经依法批准,可以将采矿权转让他人采矿。”《探矿权采矿权转让管理办法》(2014 修订)第 6 条第 1 款规定:“转让采矿权,应当具备下列条件:(一)矿山企业投入采矿生产满 1 年;(二)采矿权属无争议;(三)按照国家有关规定已经缴纳采矿权使用费、采矿权价款、矿产资源补偿费和资源税;(四)国务院地质矿产主管部门规定的其他条件。”

由以上法律规定可以看出,探矿权、采矿权转让必须具备一定的条件,而且要经过行政主管部门的批准。一些单位和个人为了规避行政主管部门的监管,打着企业资产出售、股权转让的旗号,将探矿权、采矿权倒卖牟利。前述案例中,刘某控制的公司申请延期,按照《矿产资源开采登记管理办法》(2014 修订)第 7 条的规定,采矿许可证有效期满,需要继续采矿的,采矿权人应当在采矿许可证有效期届满的 30 日前,到登记管理机关办理延续登记手续。采矿权人逾期不办理延续登记手续的,采矿许可证自行废止。刘某在办理延期未果,诉讼败诉的情况下,将公司转让给吉某。由于采矿权转让未经审批管理机关依法批准,吉某申请采矿权延期行为自然无法律上的利害关系,二审法院裁定并无不妥。

相关规定

《矿产资源法》(2009修正)

第六条第三款 禁止将探矿权、采矿权倒卖牟利。

第四十二条第二款 违反本法第六条的规定将探矿权、采矿权倒卖牟利的,吊销勘查许可证、采矿许可证,没收违法所得,处以罚款。

《矿产资源法实施细则》

第四十二条第三项 依照《矿产资源法》第三十九条、第四十条、第四十二条、第四十三条、第四十四条规定处以罚款的,分别按照下列规定执行:……(三)买卖、出租或者以其他形式转让矿产资源的,买卖、出租采矿权的,对卖方、出租方、出让方处以违法所得一倍以下的罚款。

97. 未经批准进行营业性演出的怎么处罚?

具体案例

在2022年2月至3月佛冈县酒吧综合治理工作期间,佛冈县文化广电旅游体育局执法人员在调取的位于佛冈县石角镇沿江西路某酒吧的视频中发现,该酒吧在2022年2月25日晚上有从事营业性演出经营活动的行为。之后,县文化广电旅游体育局对该酒吧的法人、主要负责人进行调查问讯,证实其于2月25日晚进行的现场营业性演出活动未办理相关举办手续,其行为违反了《营业性演出管理条例》(2020修订)

的规定。执法人员依据《营业性演出管理条例》(2020修订)第44条的规定,给予当事人罚款人民币5万元的行政处罚。[①]

律师答疑

什么是营业性演出?公众喜闻乐见的歌曲、戏剧表演、舞蹈、杂技表演、魔术、马戏、曲艺、玩偶、朗读、民间文艺、模特、服装等当场文艺演出都归属于表演的范畴。随着影视技术的发展,各种达人秀、脱口秀、真人秀、模仿秀等新的表演形式不断产生,丰富了文艺表演的种类。《营业性演出管理条例》(2020修订)第2条规定,该条例所称营业性演出,是指以营利为目的为公众举办的现场文艺表演活动。《营业性演出管理条例实施细则》(2022修订)第2条进一步明确,营业性演出是指以营利为目的、通过下列方式为公众举办的现场文艺表演活动:(1)售票或者接受赞助的;(2)支付演出单位或者个人报酬的;(3)以演出为媒介进行广告宣传或者产品促销的;(4)以其他营利方式组织演出的。

国家对营业性演出经营主体实行许可制度。《营业性演出管理条例》(2020修订)第6条规定:"文艺表演团体申请从事营业性演出活动,应当有与其业务相适应的专职演员和器材设备,并向县级人民政府文化主管部门提出申请;演出经纪机构申请从事营业性演出经营活动,应当有3名以上专职演出经纪人员和与其业务相适应的资金,并向省、自治区、直辖市人民政府文化主管部门提出申请。文化主管部门应当自受理申请之日起20日内作出决定。批准的,颁发营业性演出许可证;不批准的,应当书面通知申请人并说明理由。"第9条规定:"以从事营业性演出为职业的个体演员(以下简称个体演员)和以从事营业性演出的居间、代理活动为职业的个体演出经纪人(以下简称个体演出经纪人),应当依法到工商行政管理部门办理注册登记,领取营业执照。个体演员、个

① 参见2022年5月30日清远市佛冈县文化广电旅游体育局公布的以案释法案例。

体演出经纪人应当自领取营业执照之日起20日内向所在地县级人民政府文化主管部门备案。”

同时,举办营业性演出也需要批准。《营业性演出管理条例》(2020修订)第13条规定:“举办营业性演出,应当向演出所在地县级人民政府文化主管部门提出申请。县级人民政府文化主管部门应当自受理申请之日起3日内作出决定。对符合本条例第二十五条规定的,发给批准文件;对不符合本条例第二十五条规定的,不予批准,书面通知申请人并说明理由。”如果违反上述规定,未经批准举办营业性演出,根据《营业性演出管理条例》(2020修订)第44条的规定,由县级人民政府文化主管部门责令停止演出,没收违法所得,并处违法所得8倍以上10倍以下的罚款;没有违法所得或者违法所得不足1万元的,并处5万元以上10万元以下的罚款;情节严重的,由原发证机关吊销营业性演出许可证。

未经批准进行营业性演出的处罚权,原则上归县级人民政府文化主管部门行使,但对于未经批准在室外进行营业性演出的行为进行查处的,根据“三定方案”或县级以上人民政府的决定可以作出调整。例如,《深圳市人民政府关于完善街道综合行政执法体制机制的决定》第1条规定,将属于城市管理综合执法的事项纳入街道综合行政执法范围;第10项规定,“根据文化市场管理方面的法律、法规、规章,对在街道、路面、灯光夜市摆卖、兜售非法出版物和未经批准在室外进行营业性演出的行为进行查处”。

相关规定

《营业性演出管理条例》(2020修订)

第十三条　举办营业性演出,应当向演出所在地县级人民政府文化主管部门提出申请。县级人民政府文化主管部门应当自受理申请之日起3日内作出决定。对符合本条例第二十五条规定的，发给批准文件；对不符合本条例第二十五条规定的，不予批准，书面通知申请人并说明理由。

第四十四条　违反本条例第十三条、第十五条规定，未经批准举办营业性演出的，由县级人民政府文化主管部门责令停止演出，没收违法所得，并处违法所得8倍以上10倍以下的罚款；没有违法所得或者违法所得不足1万元的，并处5万元以上10万元以下的罚款；情节严重的，由原发证机关吊销营业性演出许可证。

违反本条例第十六条第三款规定，变更演出举办单位、参加演出的文艺表演团体、演员或者节目未重新报批的，依照前款规定处罚；变更演出的名称、时间、地点、场次未重新报批的，由县级人民政府文化主管部门责令改正，给予警告，可以并处3万元以下的罚款。

演出场所经营单位为未经批准的营业性演出提供场地的，由县级人民政府文化主管部门责令改正，没收违法所得，并处违法所得3倍以上5倍以下的罚款；没有违法所得或者违法所得不足1万元的，并处3万元以上5万元以下的罚款。

98. 违法建筑能出租吗？

具体案例

刘某为经营食品有限公司，2016年6月1日与文某、欧某签订了一份《厂房租赁合同》，合同约定文某、欧某将厂房租赁给刘某使用，租期自2016年6月1日起算，租金每月4000元。签订合同后，刘某建设了冷库，在厂房外建设了员工宿舍等固定设施，购置了真空包装机等生产办公设备。2018年11月9日，文武坝镇政府发出通知书，认定其所建食品加工厂系违法建筑，并限期自行拆除。2019年1月23日，文武坝镇政府又向欧某发出限期拆除违法建筑通知书，确认其未经批准擅自占用××小坝村××小组的集体土地建大棚房(出租的厂房)，限在2019年1月29日前自行拆除，退还非法占用的土地。诉讼期间，经法院委托相关机构评估，刘某对承租厂房的财产投资总计459,651元。2020年8月26日，刘某与妻子许某因故死亡。刘某继承人诉至法院，认为文某、欧某出租的房屋系违法建筑，是导致合同无法继续履行的原因，请求被告赔偿。承租厂房，经文武坝镇政府认定，系违法建筑并通知拆除。法院经审理认为，原告与被告签订的《厂房租赁合同》，因被告出租的建筑物未取得建设工程规划许可证，该合同为无效合同，双方无法实现合同目的，造成原告的损失为459,651元，应根据双方的过错程度分担责任。综合本案情况，酌定由被告承担损失的70%计321,755元，其余30%计137,896元由原告自负。[①]

律师答疑

什么是违法建筑？习惯上，法律、法规将未取得建设工程规划许可证或者未按照建设工程规划许可证的规定进行建设的行为统称为违法建设。住房和城乡建设部《关于规范城乡规划行政处罚裁量权的指导意见》第2条第2款规定："本意见所称违法建设行为，是指未取得建设工程规划许可证或者未按照建设工程规划许可证的规定进行建设的行为。"结合最高人民法院《关于审理城镇房屋租赁合同纠纷案件具体应用法律若干问题的解释》第2条"出租人就未取得建设工程规划许可证

① 参见赣州市会昌县人民法院民事判决书，(2021)赣0733民初541号。

或者未按照建设工程规划许可证的规定建设的房屋,与承租人订立的租赁合同无效”的规定,未取得建设工程规划许可证或者未按照建设工程规划许可证的规定建设的建筑就应当认定为违法建筑。

《商品房屋租赁管理办法》第 6 条规定,违法建筑不得出租。第 21 条规定:“违反本办法第六条规定的,由直辖市、市、县人民政府建设(房地产)主管部门责令限期改正,对没有违法所得的,可处以五千元以下罚款;对有违法所得的,可以处以违法所得一倍以上三倍以下,但不超过三万元的罚款。”

出租违法建筑不仅要承担上述行政法上的责任,还应当承担相应的民事责任。最高人民法院《关于审理城镇房屋租赁合同纠纷案件具体应用法律若干问题的解释》(2020 修正)第 2 条规定:“出租人就未取得建设工程规划许可证或者未按照建设工程规划许可证的规定建设的房屋,与承租人订立的租赁合同无效。但在一审法庭辩论终结前取得建设工程规划许可证或者经主管部门批准建设的,人民法院应当认定有效。”前述案例中,文某、欧某出租给刘某的房屋被镇政府认定为违法建筑,法院认定双方签订的租赁合同无效,造成的损失根据双方过错承担。文某、欧某将违法建筑租于他人,获得 12 万元租金,最终却赔了 32 万元,赔了夫人又折兵,教训深刻。

相关规定

《商品房屋租赁管理办法》

第六条　有下列情形之一的房屋不得出租:

(一)属于违法建筑的;

(二)不符合安全、防灾等工程建设强制性标准的;

(三)违反规定改变房屋使用性质的;

(四)法律、法规规定禁止出租的其他情形。

第二十一条 违反本办法第六条规定的,由直辖市、市、县人民政府建设(房地产)主管部门责令限期改正,对没有违法所得的,可处以五千元以下罚款;对有违法所得的,可以处以违法所得一倍以上三倍以下,但不超过三万元的罚款。

99. 房屋租赁当事人未向租赁房屋所在地城市建设(房地产)主管部门办理房屋租赁登记备案的怎么处罚?

具体案例

2022年5月10日至6月10日,南京市浦口区综合行政执法局、浦口区住房保障和房产局联合开展中介租赁市场专项检查。在检查中发现,某住房租赁企业经营的浦口区江浦街道新浦路105号江佑铂庭17幢某租赁房屋未按规定办理房屋租赁登记备案手续。2022年7月1日,浦口区综合行政执法局向上述住房租赁企业下发限期整改通知书,要求其在5个工作日内对未按规定办理租赁登记备案手续的违法行为进行整改,完善手续办理。2022年7月8日,浦口区综合行政执法局执法队员约谈了上述住房租赁企业负责人,详细询问了合同签订、备案办理过程及逾期未按要求落实整改的原因。2022年7月18日,浦口区综合行政执法局对当事人未按规定办理房屋租赁登记备案手续违法行为进行立案查处,并依据《行政处罚法》《商品房屋租赁管理办法》《南京市房屋租赁管理办法》等有关法律,对当事人处以罚款人民币1000元的行政处罚。2022年8月10日,当事人按照规定缴纳罚款,并办理了房屋租赁登记备案手续。

律师答疑

《商品房屋租赁管理办法》第14条第1款规定："房屋租赁合同订立后三十日内，房屋租赁当事人应当到租赁房屋所在地直辖市、市、县人民政府建设(房地产)主管部门办理房屋租赁登记备案。"

房屋租赁登记备案有什么作用呢？一是审查作用。看合同的主体是否合格，出租人和承租人是否具备相应的条件，出租的房屋是否是法律、法规允许出租的房屋；租赁的合同是否齐全、完备，是否确定了租赁的期限，租赁的修缮责任等；租赁行为是否符合国家及房屋所在地人民政府规定的租赁政策。二是管理作用。明确租赁双方的法律行为，了解掌握租赁市场的基本行情，监督租赁双方的法律行为，为调解房屋租赁纠纷提供法律依据，从而达到规范和引导房屋租赁市场健康发展的目的。三是维护秩序作用。根据有关部门对部分城市社会治安状况的调查分析，发生于城市的刑事犯罪案件70%以上与"出租房屋"有关。因此，强化房屋租赁的规范化管理，将使房屋租赁当事人的责、权、利得到明确，有效预防利用出租屋违法犯罪，有利于社会治安的综合治理。此外，一些通过房产中介租赁房屋，需要提供发票的，必须进行登记才能取得开票的资格。

当前，各地为方便群众办理登记备案，出台了不少便民措施，有租赁关系的租赁双方可以到房屋所在街道办事大厅办理房屋租赁登记备案。办理房屋租赁登记备案，出租方和承租方需要提供的资料有：身份或法律资格证明(个人提供：身份证、社保卡、驾驶证或居住证；企业提供：工商营业执照、组织机构代码证、税务登记证合一的营业执照)。另外，出租方需提供产权或使用权证明(如房产证、抵押贷款合同)，如果出租方或承租方当事人不能到现场办理，可以出具委托书委托办理，委托书应当载明授权委托事项和签署地。个人委托的，委托代理人须持有委托人和本人的有效身份证件；企业委托的，委托代理人须持有加盖单位公章和法人签字的授权委托书和本人身份证件。

即便如此,在实际生活中,办理房屋租赁登记备案的比例仍不高。最高人民法院《关于审理城镇房屋租赁合同纠纷案件具体应用法律若干问题的解释》(2009)第4条规定,“当事人以房屋租赁合同未按照法律、行政法规规定办理登记备案手续为由,请求确认合同无效的,人民法院不予支持。当事人约定以办理登记备案手续为房屋租赁合同生效条件的,从其约定。但当事人一方已经履行主要义务,对方接受的除外”。《民法典》第706条规定:“当事人未依照法律、行政法规规定办理租赁合同登记备案手续的,不影响合同的效力。”2020年修正的最高人民法院《关于审理城镇房屋租赁合同纠纷案件具体应用法律若干问题的解释》根据《民法典》的规定,删除了原解释第4条关于“办理登记备案手续”的规定。虽然不办理备案登记不影响合同的效力,但仍然要承担行政法上的责任。《商品房屋租赁管理办法》第23条规定:“违反本办法第十四条第一款、第十九条规定的,由直辖市、市、县人民政府建设(房地产)主管部门责令限期改正;个人逾期不改正的,处以一千元以下罚款;单位逾期不改正的,处以一千元以上一万元以下罚款。”

前述案例中,行政机关作出处罚的依据是《南京市房屋租赁管理办法》第14条的规定,房屋租赁当事人应当在签订房屋租赁合同后30日内,向房屋所在地房产部门或者其委托的镇人民政府、街道办事处申请办理房屋租赁登记备案。住房租赁企业出租住房的,由住房租赁企业办理房屋租赁登记备案。房地产经纪机构促成房屋租赁合同订立的,可以代为办理房屋租赁登记备案。因此,对于从事房屋租赁的企业和中介机构而言,办理租赁房屋登记备案既是落实法律规定,也是应当承担的社会责任。

相关规定

《商品房屋租赁管理办法》

第十四条　房屋租赁合同订立后三十日内,房屋租赁当事人应当到租赁房屋所在地直辖市、市、县人民政府建设(房地产)主管部门办理房屋租赁登记备案。

房屋租赁当事人可以书面委托他人办理租赁登记备案。

第二十三条　违反本办法第十四条第一款、第十九条规定,由直辖市、市、县人民政府建设(房地产)主管部门责令限期改正;个人逾期不改正的,处以一千元以下罚款;单位逾期不改正的,处以一千元以上一万元以下罚款。

100. 厨房、卫生间、阳台和地下储藏室能出租供人居住吗?

具体案例

2018年1月20日,徐某(甲方)将位于贵阳市南明区的房屋(建筑面积99.72平方米)租于周某(乙方),租期从2018年4月21日至2024年4月20日,共计6年,押金1600元,月租金1600元。乙方承诺在不破坏主体结构的情况下安全装修,因装修违规造成的损失由乙方自行承担。甲方允许乙方将该房屋分割出租。租赁期间,甲方允许乙方转租。合同签订后,周某接收案涉房屋后,对房屋进行了装修出租。2019年9月23日,周某向贵州宏立城物业服务有限公司缴纳案涉房屋2020年1月1日至2021年12月12日的物业费3301.89元。2020年3月30日,南明区住房和城乡建设局向徐某发出限期整改通知书,以徐某将客厅、阳台增设墙体分隔出租，违反《商品房屋租赁管理办法》第8条的规定为由，责令其5日内将该套房屋恢复原有设计。徐某与周某诉至法院，请求解除租赁合同，赔偿各自损失。一审法院判决解除租赁合同，徐某返还押金、剩余租金和周某多交的物业费。周某不服，提起上诉。二审法院认为，周某承租期间将房屋阳台、客厅分隔为更小空间后出租，违反《商品房屋租赁管理办法》第8条的规定，构成违约，应当对案涉租赁合同的解除承担违约责任，维持了一审判决。[①]

律师答疑

国家统计局公布的《中国人口普查年鉴—2020》显示，我国家庭户人均居住面积达到41.76平方米，平均每户住房间数为3.2(间)，平均每户居住面积达到111.18平方米。但在一线城市，由于低收入人群对廉价住房的巨大需求，催生出群租房这一城市“顽疾”。

群租房在广东等地也叫“笼屋”，是指房东或二房东将住宅通过改变房屋结构和平面布局，把房间、厨房、卫生间、阳台和地下储藏室分割改建成若干小间分别按间出租或按床位出租。这类房屋出租方主攻都市“蚁族”，如求职公寓、青年公寓、学生公寓等，虽打着不同的招牌，实质上都是“笼屋”。市场上很多群租房不同程度地存在更改房屋结构、改造水路和电路的现象，部分业主用非耐火材料的木板分隔房间，私拉乱接，易引起火灾，存在较大的安全隐患。此外，群租房男女混住，人数众多，由此引发的公共安全事件和治安刑事案件屡见不鲜。尽管各地纷纷出台措施，进行专项整治行动，但依然屡禁不止。

在群租房乱象中，最常见的是将厨房、卫生间、阳台和地下储藏室改造以供人居住，这是法规明令禁止的行为。《商品房屋租赁管理办法》第8条规定：“出租住房的，应当以原设计的房间为最小出租单位，人均

① 参见贵州省贵阳市中级人民法院民事判决书，(2020)黔01民终9220号。

租住建筑面积不得低于当地人民政府规定的最低标准。厨房、卫生间、阳台和地下储藏室不得出租供人员居住。”第22条规定:“违反本办法第八条规定的,由直辖市、市、县人民政府建设(房地产)主管部门责令限期改正,逾期不改正的,可处以五千元以上三万元以下罚款。”前述案例中,周某在承租期间将房屋阳台、客厅分隔为更小空间后出租,不仅属于违约行为,应承担相应的违约责任,而且导致了房屋所有人徐某面对行政处罚的风险。在类似的判例中,二房东通过对承租房屋进行拆改等方式改变房屋户型,超出住宅原设计的卧室数量进行群租,法院往往会依据《商品房屋租赁管理办法》第8条、第10条的规定,以及《民法典》或原《合同法》的相关条款,判决解除合同,恢复原状。如果属于恶意添附给房屋所有人带来损失的,还可能面临高额的装修费用赔偿。

相关规定

《商品房屋租赁管理办法》

第八条　出租住房的,应当以原设计的房间为最小出租单位,人均租住建筑面积不得低于当地人民政府规定的最低标准。

厨房、卫生间、阳台和地下储藏室不得出租供人员居住。

第二十二条　违反本办法第八条规定的,由直辖市、市、县人民政府建设(房地产)主管部门责令限期改正,逾期不改正的,可处以五千元以上三万元以下罚款。